ゼロからの TOEIC® L&Rテスト リーディング講義

ゼロから シリーズ

MP3音声
無料
ダウンロード

無料音声アプリ
PCでもダウンロードできる

和久健司 著

the japan times 出版

はじめに

リーディングだけで300～400のスコアを取り、合計750をクリアする。
これが本書の目的です。

前著『ゼロからのTOEIC® L&Rテスト600点 全パート講義』は、おかげさまで多くの人にお読みいただくことができましたが、あちらは是が非でも600を取るためのなりふり構わぬ構成になっています。600の内訳はリスニングセクションに多くを依存し、リーディングでは捨てる問題も提案しました。「結果さえ取れれば、手段は正当化される」という思いが前著にはあります。

しかしながら、より高いスコアを目指すとき、避けては通れないのがこのリーディングです。実際の教室でもTOEIC学習者の8割以上がリスニングセクションよりもリーディングセクションを難しいと感じており、事実スコアが低く出ています。

だとすれば、攻略の余地があるのはリーディングセクションです。が、ひと言で「攻略」と言ってもそう単純なものではありません。75分で100問という非常に厳しい状況のなかで、大量の英文を読み、解くことが課されます。たぶん、英語が苦手と感じている学習者の方は、山脈をスコップで崩していくような「これどうしたらいいの」という思いでいることでしょう。そしてその気持ちの裏には、「できるわけがない」という諦めと、「自分にはできない」という悲しさがあるのかもしれません。

しかし私には「これどうしたらいいの」に対する明確な回答があります。それは、できる経験を積み、不安を自信に変える作業です。レシピ本をどれだけ読んでも、実際にキッチンに立って作ってみなければ料理がうまくならないように、勉強でも遊びでも、人は経験からしか学べないと私は思っています。だとしたら、「できなかった」「間違っていた」という経験よりも「わかった」「合っていた」という経験のほうが自信につながるはずです。そしてその自信が次の問題に挑戦するエネルギーになります。何より、そのほうが楽しく進められるでしょう。

本書を読み進めていくうちに、きっと「できる」が蓄積されて少しずつ自信が生まれるはずです。中には、「こんなの当たり前じゃん」と思うような問題もあるかもしれません。しかし、そういった問題、つまり基礎中の基礎が実際の TOEIC の問題につながり、解答できる経験を積むうちに、不安が自信に変わっていることに気づかれるでしょう。

「木の枝々が天まで達するためには、その根が地獄まで伸びていなくてはならない」。これはニーチェの言葉ですが、地獄かと思えたリーディングへの不安が、天まで達する何かに変わる。本書がその一助となれば幸いです。

和久健司

目次

Contents

カバー・本文デザイン・DTP　清水裕久（Pesco Paint）
イラスト　【似顔絵】cawa-j ☆かわじ、【本文】島津 敦（Pesco Paint）
英文校正　Owen Schaefer
音声収録・編集　ELEC 録音スタジオ
ナレーター　Karen Haedrich（米）、Jack Merluzzi（米）、Jennifer Okano（米）
引用　【p. 094、196、246】
日本音楽著作権協会（出）許諾第 2107188-101 号

本書の構成と学習の進め方

本書はリーディングセクションの全パートを攻略したい人向けに、**実力と「できた」実感**を積み上げる構成になっています。各パート内はもちろん、Part 5 → 6 → 7と学習を進めることで効果を発揮します。前から順に学習を進めてください。

1 「わくわくポイント」を確認

各セクションのポイントをひと言に集約。まず何をすべきかがわかるので、攻略に集中できます。話し言葉でわかりやすい解説を読み進めてください。

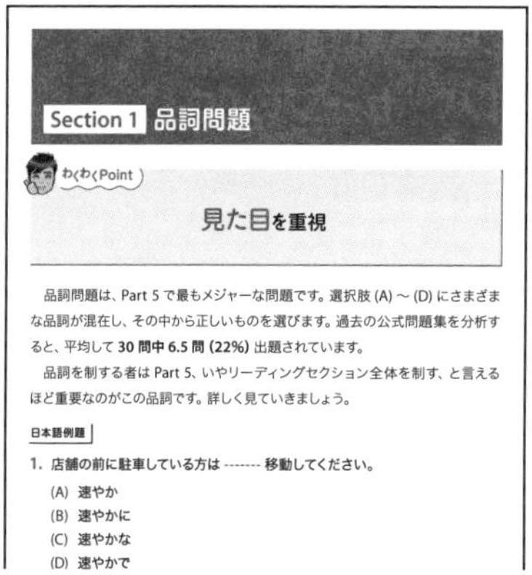

Section 1 品詞問題

わくわくPoint

見た目を重視

品詞問題は、Part 5 で最もメジャーな問題です。選択肢 (A) ～ (D) にさまざまな品詞が混在し、その中から正しいものを選びます。過去の公式問題集を分析すると、平均して **30 問中 6.5 問 (22%)** 出題されています。

品詞を制する者は Part 5、いやリーディングセクション全体を制す、と言えるほど重要なのがこの品詞です。詳しく見ていきましょう。

日本語例題

1. 店舗の前に駐車している方は ------- 移動してください。
(A) 速やか
(B) 速やかに
(C) 速やかな
(D) 速やかで

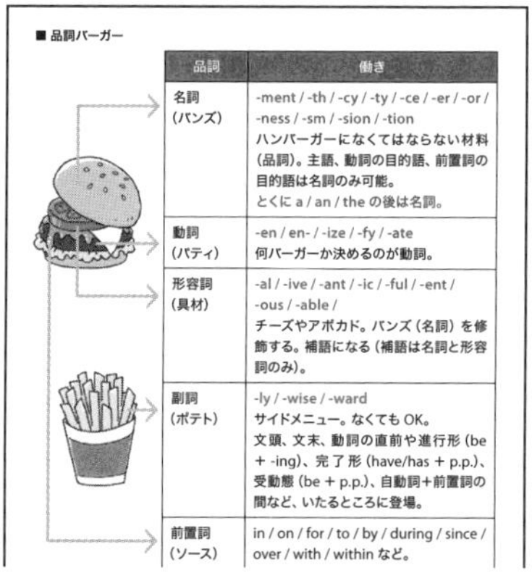

■ 品詞バーガー

品詞	働き
名詞 (バンズ)	-ment / -th / -cy / -ty / -ce / -er / -or / -ness / -sm / -sion / -tion ハンバーガーになくてはならない材料(品詞)。主語、動詞の目的語、前置詞の目的語は名詞のみ可能。 とくに a / an / the の後は名詞。
動詞 (パティ)	-en / en- / -ize / -fy / -ate 何バーガーか決めるのが動詞。
形容詞 (具材)	-al / -ive / -ant / -ic / -ful / -ent / -ous / -able / チーズやアボカド。バンズ (名詞) を修飾する。補語になる (補語は名詞と形容詞のみ)。
副詞 (ポテト)	-ly / -wise / -ward サイドメニュー。なくても OK。 文頭、文末、動詞の直前や進行形 (be + -ing)、完了形 (have/has + p.p.)、受動態 (be + p.p.)、自動詞+前置詞の間など、いたるところに登場。
前置詞 (ソース)	in / on / for / to / by / during / since / over / with / within など。

2 例題で問題形式や攻略のコツを理解

Part 5 & Part 6

例題と解説を通して、おもに Part 5 は文法、Part 6 は読解のための知識や理解を積み上げます。例題は簡単な語句を使ったシンプルな英文なので、英語の難しさにつまずくことなく、そのときに学ぶべきことがしっかり身につきます。

Part 7 戦略を学び、文書ごとのストーリー例と代表的問題の攻略法を押さえます。

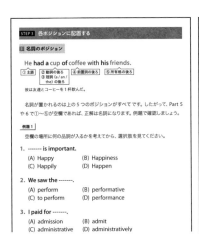

STEP 3 各ポジションに配置する

1 名詞のポジション

He had a cup of coffee with his friends.

①主語 ②動詞の後ろ ③冠詞（a / an / the）の後ろ ④前置詞の後ろ ⑤所有格の後ろ

彼は友達とコーヒーを1杯飲んだ。

名詞が置かれるのは上の5つのポジションがすべてです。したがって、Part 5や6で①～⑤が空欄であれば、正解は名詞になります。例題で確認しましょう。

例題 1

空欄の場所に何の品詞が入るかを考えてから、選択肢を見てください。

1. ------- is important.
   (A) Happy (B) Happiness
   (C) Happily (D) Happen

2. We saw the -------.
   (A) perform (B) performative
   (C) to perform (D) performance

3. I paid for -------.
   (A) admission (B) admit
   (C) administrative (D) administratively

■ストーリー例

デザイン・ラボはウェブサイト、名刺、ロゴ、チラシから本のカバーまで、あらゆる広告をあなたのイメージどおりに制作します。経験豊富なデザイナーとイラストレーター、コピーライターがビジネス拡大のお手伝いをします。ウェブサイトをご覧いただければ、街で目を引いている多くの広告が、弊社スタッフの手によるものだとおわかりいただけるでしょう。
販売促進について、ぜひお気軽にご相談ください。無料相談にて、弊社コンサルタントがターゲットに伝わるメッセージをご提案します。無料相談からご契約いただいた方は、デザイン料を20% 割引いたします。この機会をお見逃しなく！

代表的問題

1. What is indicated about Design Lab?
   デザイン・ラボについてわかることは何ですか。
2. What is NOT mentioned about Design Lab?
   デザイン・ラボについて述べられていないことは何ですか。

攻略法

indicate 問題、NOT 問題という典型的な登山問題です。登山問題は全体を読むことが必要なため、腹を決めて全体を読みます。登山問題については手紙・メールの項目で解法を詳しく解説します。

これも問われる

1. How can customers receive a discount?

3 3段階演習＆文書別演習でステップアップ！

Part 5と6は超基礎問題 → 基本問題 → 実践問題の3段階演習でテンポよく、Part 7は文書別演習で効率よく、TOEIC 本番レベルの問題に自信を持って高速解答できる力を養います。

超基礎問題

2択の問題で演習します。例題同様、このポジションにはこの品詞を入れる、という手順で解いてください。

1. They offered Ms. Smith a -------.
   (A) promote
   (B) promotion

2. She read the ------- book.
   (A) difficult
   (B) difficulty

3. She is -------.
   (A) kind
   (B) kindness

4. The old desk was ------- replaced.
   (A) finally
   (B) final

超基礎問題

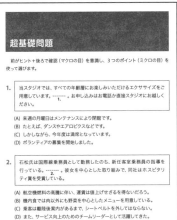

前がヒント＋後ろで確認（マクロの目）を意識し、3つのポイント（ミクロの目）を使って選びます。

1. 当スタジオでは、すべての年齢層にお楽しみいただけるエクササイズをご用意しています。-------(1.)。お申し込みはお電話か直接スタジオにお越しください。
   (A) 来週の月曜日はメンテナンスにより閉館です。
   (B) たとえば、ダンスやエアロビクスなどです。
   (C) しかしながら、今年度は満席となっています。
   (D) ボランティアの募集を開始しました。

2. 石松氏は国際線乗務員として勤務したのち、新任客室乗務員の指導を行っている。-------(2.)。彼女を中心とした取り組みで、同社はホスピタリティ賞を受賞している。
   (A) 航空機燃料の高騰に伴い、運賃は値上げせざるを得ないだろう。
   (B) 機内食では肉以外にも野菜を中心としたメニューを用意している。
   (C) 乗客は離陸後案内があるまで、シートベルトを外してはならない。
   (D) また、サービス向上のためのチームリーダーとして活躍してきた。

■ 本書で使っている記号

名 名詞　動 動詞　形 形容詞　副 副詞　前 前置詞　接 接続詞
代 代名詞　疑 疑問詞

音声のご利用方法

特典MP3音声を無料でスマートフォンやPCにダウンロードできます。

▶ **スマートフォン**

1. **音声再生アプリ「OTO Navi」**をインストール
2. OTO Navi で本書を検索
3. OTO Navi で音声をダウンロードし、再生

3秒早送り・早戻し、繰り返し再生などの便利機能つき。学習にお役立てください。

▶ **PC**

1. ブラウザから **BOOK CLUB にアクセス**
   https://bookclub.japantimes.co.jp/book/b590008.html
2. 「ダウンロード」ボタンをクリック
3. 音声をダウンロードし、iTunes などに取り込んで再生

※音声は zip ファイルを展開（解凍）してご利用ください。

特典音声について

全セクションの基本問題と実践問題について、以下の音声を用意しています。音声とともに学習すると英文の理解度が格段にアップします。音声トレーニングにぜひご利用ください。

Part 5：正解の選択肢を入れた問題英文
Part 6、Part 7：基本問題・実践問題の文書の読み上げ音声

TOEIC® L&R テスト基本情報

TOEIC® Listening & Reading Test は、英語でのコミュニケーション能力を測る TOEIC® Program のテストの一つです。

問題形式

リスニングセクション（100 問・約 45 分）とリーディングセクション（100 問・75 分）があり、計 200 問をマークシート形式で解答します。テストは英文のみで構成されています。リスニングセクションの発音は、アメリカ、イギリス、カナダ、オーストラリアのものです。

本書は**リーディングセクションの Part 5 ～ 7** を対象としています。

	Part	出題形式	問題数	時間
リスニング	Part 1	写真描写問題	6	約 45 分
	Part 2	応答問題	25	
	Part 3	会話問題	39	
	Part 4	説明文問題	30	
リーディング	Part 5	短文穴埋め問題	30	75 分
	Part 6	長文穴埋め問題	16	
	Part 7	1 つあるいは複数の文書の長文問題	54	

テストの日程、受験料、申込方法、当日の流れなどの最新情報は、TOEIC 公式サイト https://www.toeic.or.jp をご覧ください。

「ゼロからの TOEIC」で リーディング力を上げるために

リーディングセクションを攻略するためは、当然リーディング力が必要となりますが、ここではリーディング力を**「ルールに則って読める力」**と定義します。そのために必要なことはこの 2 つです。

① ルールそのものを知っていること
② そのルールを使って読解できること

音楽にたとえれば「#」や「♭」が①何を意味するか知っていて、②演奏時に半音上げたり、下げたりできることが楽譜どおりに演奏するために必要です。

英語も同じく、be ＋ p.p.（受動態）や to ＋動詞の原形（不定詞）が何を意味するか知っていて、それが英文内で使われたときにどう解釈すればよいかわかることが「リーディング力がある」状態です。

♪や𝄞を音符や記号と呼ぶのに対し、英文を読むために必要な知識を「文法」と言います。「でたよ、大嫌いなブンポーだよ」と思うのはちょっと待ってください。曲が楽譜のルールに沿って演奏されているように、英文も文法に則って書かれたものです。したがって、この文法の攻略が読解の鍵であることは疑いありません。文法すべての量は膨大ですが、本書ではリーディング攻略に必要な文法事項にしぼって解説しています。具体的には

- **Part 5　正解に直結する項目を理解**
- **Part 6　Part 5 で学んだ知識＋αを利用して読解力をつける**
- **Part 7　上記を駆使して解答力を養成**

とし、目標スコアを達成できる内容になっています。

また、各パートに多くの演習問題を入れています。これで理解度をチェックしたのち、音声を使って音読をし、その理解を固めてください（音読の方法は Part 5 まとめで紹介しています）。以上まとめると、**「読んで理解 → 解いて確認 → 話して固める」**といった流れです。本書ではこのサイクルを繰り返すうちに、リーディング力がつく構成になっています。各パートのまとめで手順の詳細を紹介しますので、参考にしてください。

Part 5

Section 0 Part 5 攻略ルート

30問／100問

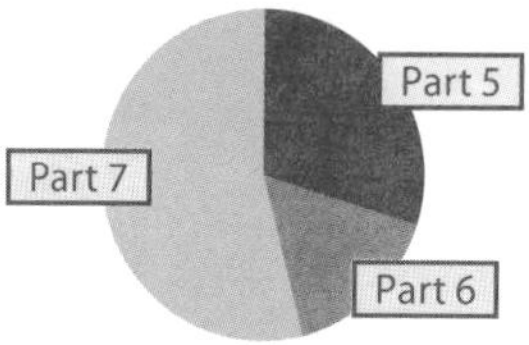

時間配分**10**分／75分

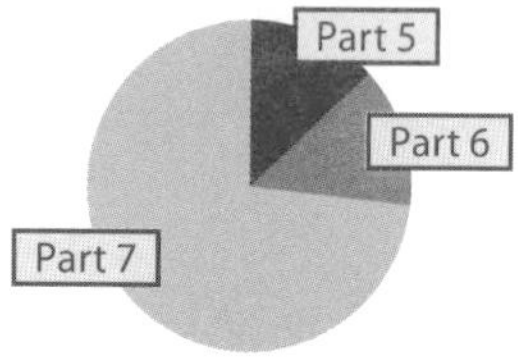

目標正解数**24**問／30問

問題形式

短文穴埋め形式の問題です。「1問20秒」が一般的に求められるスピードですが、本書では「10秒問題」と「30秒問題」に分けます。次の101と102を見てその問題の違いを確認しましょう（解かなくてOKです）。

101. The board member clearly mentioned that the contract of the merger should ------- be noticed by their employees.
(A) definitely
(B) definite
(C) define
(D) definitive

102. The new sales director, Mr. Kato, will be ------- for increasing the sales their company stated at the annual conference.
(A) responsible
(B) reasonable
(C) relatable
(D) possible

最初に目をつけるべきは選択肢で、次のように分けることができます。

101. (A) definitely
(B) definite
(C) define
(D) definitive

102. (A) responsible
(B) reasonable
(C) relatable
(D) possible

101のように共通点がある問題は**品詞・文法問題**、102のように選択肢に共通点がない問題は**語彙問題**です。

▶2つの問題タイプ

品詞・文法問題は問題の一部だけを見て解ける問題です。 → さくっと問題
語彙問題は問題全部を読んで解く問題です。 → じっくり問題

さくっと問題 **10秒で解く!**(約15問)
じっくり問題 **30秒で解く!**(約15問)

攻略の鍵
ヒントの場所と高速解答

▶Part 5 攻略ルート

Section 1～6 TOEIC頻出の文法事項を理解。さらに高速解答のための「ここに注目!」というヒントを見つけるコツを習得
Section 7 じっくり問題対策。グループ化で語彙力をUP

Section 1～6で学ぶ事項がPart 5では「高速解答」に、Part 6では「読解の基礎」に生かせる構成と解説にしています。それぞれ別の学習ではなく、リーディングセクションをスムーズに進める「レール」をつなげるイメージで理解していきましょう。

[問題の解答と訳]
101. 正解:(A)。役員たちは、合併の契約は自社の従業員によって確実に通知されるべきだとはっきり述べた。
102. 正解:(A)。新しい営業部長であるKato氏は、年次会議で発表された会社の売上増の責任者となる予定だ。

Section 1 品詞問題

わくわくPoint

見た目を重視

品詞問題は、Part 5 で最もメジャーな問題です。選択肢 (A) ～ (D) にさまざまな品詞が混在し、その中から正しいものを選びます。過去の公式問題集を分析すると、平均して **30 問中 6.5 問 (22%)** 出題されています。

品詞を制する者は Part 5、いやリーディングセクション全体を制す、と言えるほど重要なのがこの品詞です。詳しく見ていきましょう。

日本語例題

1. 店舗の前に駐車している方は ------- 移動してください。

(A) 速やか
(B) 速やかに
(C) 速やかな
(D) 速やかで

2. 私の ------- は周りの人に恵まれていることです。

(A) 強い
(B) 強く
(C) 強める
(D) 強み

解説

正解は 1 (B)、2 (D) です。これが英語になったものが品詞問題です。次の手順で Part 5 の本丸を攻略しましょう。

品詞問題攻略の 3 ステップ

- **STEP 1** 6 品詞の働きを理解する
- **STEP 2** 4 品詞（名詞、動詞、形容詞、副詞）を見分ける
- **STEP 3** 各ポジションに配置する

STEP 1 6 品詞の働きを理解する

■ **品詞の働き**

	品詞	働き
1	名詞	主語 (S)、動詞の目的語 (O)、前置詞の目的語、補語 (C)
2	動詞 (V)	文型と時制を決める
3	形容詞	名詞修飾または補語 (C)
4	副詞	名詞以外のすべてを修飾、おもに動詞を修飾する
5	前置詞	名詞とセットで形容詞句または副詞句の働きをする
6	接続詞	同じ品詞をつなげる、後ろに SV（主語＋動詞）が続く

いかにも勉強！ という感じの内容が並びました。本音を言えばこの表はすべて覚えてほしいのですが、わかりやすくハンバーガーの図で説明します。

■ 品詞バーガー

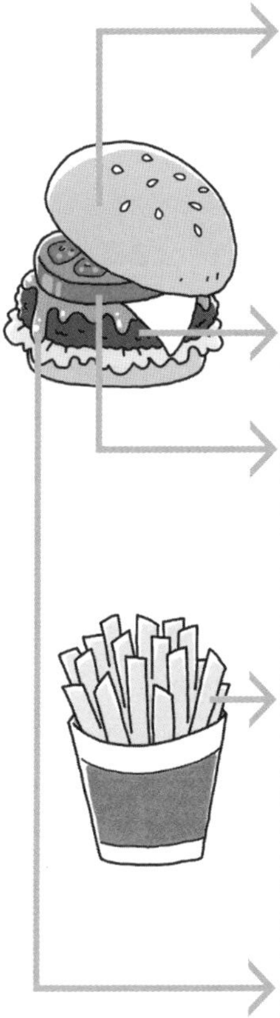

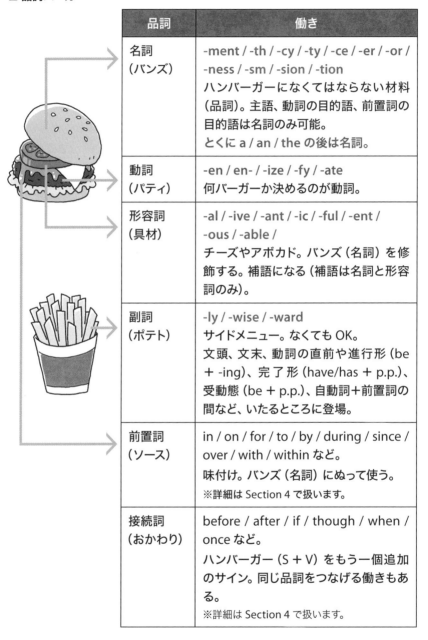

品詞	働き
名詞 （バンズ）	-ment / -th / -cy / -ty / -ce / -er / -or / -ness / -sm / -sion / -tion ハンバーガーになくてはならない材料（品詞）。主語、動詞の目的語、前置詞の目的語は名詞のみ可能。 とくに a / an / the の後は名詞。
動詞 （パティ）	-en / en- / -ize / -fy / -ate 何バーガーか決めるのが動詞。
形容詞 （具材）	-al / -ive / -ant / -ic / -ful / -ent / -ous / -able / チーズやアボカド。バンズ（名詞）を修飾する。補語になる（補語は名詞と形容詞のみ）。
副詞 （ポテト）	-ly / -wise / -ward サイドメニュー。なくても OK。 文頭、文末、動詞の直前や進行形（be + -ing）、完了形（have/has + p.p.）、受動態（be + p.p.）、自動詞＋前置詞の間など、いたるところに登場。
前置詞 （ソース）	in / on / for / to / by / during / since / over / with / within など。 味付け。バンズ（名詞）にぬって使う。 ※詳細は Section 4 で扱います。
接続詞 （おかわり）	before / after / if / though / when / once など。 ハンバーガー（S + V）をもう一個追加のサイン。同じ品詞をつなげる働きもある。 ※詳細は Section 4 で扱います。

STEP 2 4品詞（名詞、動詞、形容詞、副詞）を見分ける

ハンバーガーならバンズ、パティやチーズが一目瞭然ですが、**英語は語尾で判断**します。これがステップ2です。大切なのは**見た目**。例題を通して語尾を覚え、「これは○詞」がわかるようになれば、第2段階完了です。

1 名詞を見抜く

覚え方（語尾）

「メントス買いたいっす、あーねえっす、すいましょんしょん」
-ment / -th / -cy / -ty / -ce / -er / -or / -ness / -sm / -sion / -tion

例題 1

次の (A) ～ (C) のうち、**名詞**を選んでください。

1.	(A) happy	(B) happiness	(C) happily
2.	(A) secure	(B) securely	(C) security
3.	(A) agreement	(B) agree	(C) agreeable
4.	(A) decide	(B) decidedly	(C) decision
5.	(A) information	(B) inform	(C) informative

解説

見た目に注目！ -ment / -th / -cy / -ty / -ce / -er / -or / -ness / -sm / -sion / -tion が名詞です。

1. (B) happiness	(A) 形 幸せな	(B) 名 幸せ	(C) 副 幸せに
2. (C) security	(A) 形 安全な	(B) 副 安全に	(C) 名 安全
3. (A) agreement	(A) 名 同意	(B) 動 同意する	(C) 形 同意できる
4. (C) decision	(A) 動 ～を決める	(B) 副 きっぱりと	(C) 名 決断
5. (A) information	(A) 名 情報	(B) 動 ～に知らせる	(C) 形 有益な

※動詞には他動詞（目的語をとるもの）と自動詞（目的語をとらないもの）がありますが、本書の語注では、4 (A) や 5 (B) のように他動詞には「～を」「～に」とつけています。

2 動詞を見抜く

覚え方（語尾）

「エンエンイゼファイエイト」
-en / en- / -ize / -fy / -ate

例題 2

次の (A) ～ (C) のうち、**動詞**を選んでください。

	(A)	(B)	(C)
1.	(A) satisfy	(B) satisfaction	(C) satisfactorily
2.	(A) widely	(B) wide	(C) widen
3.	(A) organization	(B) organize	(C) organic
4.	(A) education	(B) educational	(C) educate
5.	(A) encourage	(B) encouragement	(C) encouragingly

解説

同じく見た目で！ -en / en- / -ize / -fy / -ate があれば動詞です。

	(A)	(B)	(C)
1. (A) satis**fy**	(A) 動 ～を満足させる	(B) 名 満足	(C) 副 申し分なく
2. (C) wid**en**	(A) 副 広く	(B) 形 広い	(C) 動 ～を広げる
3. (B) organ**ize**	(A) 名 組織	(B) 動 ～を整える	(C) 形 有機的な
4. (C) educ**ate**	(A) 名 教育	(B) 形 教育の	(C) 動 ～を教育する
5. (A) **en**courage	(A) 動 ～を励ます	(B) 名 奨励	(C) 副 奨励して

3 形容詞を見抜く

覚え方（語尾）

「アライブ、アンティック、フルエント、オーサブル」
-al / -ive / -ant / -ic / -ful / -ent / -ous / -able

例題 3

次の (A) ～ (C) のうち、**形容詞**を選んでください。

	(A)	(B)	(C)
1.	production	productive	produce
2.	creative	create	creation
3.	reality	realistic	really
4.	final	finalize	finally
5.	useful	usefully	use

解説

語尾に -al / -ive / -ant / -ic / -ful / -ent / -ous / -able を探すだけです。

正解	(A)	(B)	(C)
1. (B) productive	名 生産	形 生産的な	動 ～を生産する
2. (A) creative	形 創造的な	動 ～を創造する	名 創造
3. (B) realistic	名 現実	形 現実的な	副 本当に
4. (A) final	形 最後の	動 ～を完結させる	副 ついに
5. (A) useful	形 役に立つ	副 有効に	動 ～を使う

4 副詞を見抜く

覚え方（語尾）

-ly / -wise / -ward

例題 4

次の (A) ～ (C) のうち、**副詞**を選んでください。

	(A)	(B)	(C)
1.	economics	economic	economically
2.	relative	relation	relatively
3.	internationally	international	internationalize
4.	complete	completely	completion
5.	otherness	other	otherwise

解説

副詞については、まず **-ly で終わるもの**を探します。ほかに -wise / -ward も押さえましょう。たとえば、for**ward** は「前へ」という具合です。

		(A)	(B)	(C)
1.	**(C)** economical**ly**	名 経済学	形 経済の	副 経済的に
2.	**(C)** relative**ly**	形 相対的な	名 関係	副 比較的
3.	**(A)** international**ly**	副 国際的に	形 国際的な	動 ～を国際化する
4.	**(B)** complete**ly**	動 ～を完了する	副 完全に	名 完了
5.	**(C)** other**wise**	名 他と違うこと	形 他の	副 他のやり方で

以上で品詞の見分けができるようになりました。では、これらの品詞が入る場所を確認しましょう。

STEP 3 各ポジションに配置する

1 名詞のポジション

He had a cup of coffee with his friends.

①主語（He） ②動詞の後ろ ③冠詞（a / an / the）の後ろ（cup） ④前置詞の後ろ（coffee） ⑤所有格の後ろ（friends）

彼は友達とコーヒーを1杯飲んだ。

名詞が置かれるのは上の**5つのポジションがすべて**です。したがって、Part 5や6で①～⑤が空欄であれば、正解は名詞になります。例題で確認しましょう。

例題 1

空欄の場所に何の品詞が入るかを考えてから、選択肢を見てください。

1. ------- is important.

(A) Happy (B) Happiness
(C) Happily (D) Happen

2. We saw the -------.

(A) perform (B) performative
(C) to perform (D) performance

3. I paid for -------.

(A) admission (B) admit
(C) administrative (D) administratively

4. He is a -------.

(A) produce (B) productive
(C) producer (D) productively

5. That ------- is very important to us.

(A) inform (B) informative
(C) informed (D) information

6. We accepted his -------.

(A) decision (B) decide
(C) decidedly (D) decided

7. The company signed an ------- on Thursday.

(A) agreeably (B) agreeable
(C) agree (D) agreement

8. This is the -------.

(A) replace (B) to replace
(C) replacement (D) replaced

解説

1. is の前の主語がありません。主語になれる品詞は名詞だけなので -ness で終わる **(B) Happiness** を選びます。

2. saw の後ろが冠詞＋空欄なので、動詞の目的語が必要です。動詞の目的語になれる品詞は名詞だけ。-ce で終わっている **(D) performance** を選びます。

3. 前置詞 for の後ろが空欄です。前置詞の目的語になれるのは名詞だけなので、-sion で終わっている **(A) admission** を選びます。

4. is の後ろが冠詞＋空欄です。冠詞 a の後ろなので、-er で終わっている **(C) producer** を選びます。

5. That とともに is の主語になる名詞が必要です。-tion で終わっている **(D) information** が正解です。

6. 動詞 accepted の目的語を入れます。-sion で終わっている **(A) decision** が正解です。

7. 冠詞 an の後ろなので、名詞を入れます。-ment で終わっている **(D) agreement** が正解です。

8. is の後ろで補語、また the の直後なので名詞を入れます。-ment で終わっている **(C) replacement** が正解です。

訳 1. 幸せは大切だ。　2. 私たちはパフォーマンスを見た。　3. 私は入場料を払った。
4. 彼はプロデューサーです。　5. あの情報は私たちにとってとても重要だ。
6. 私たちは彼の決定を受け入れた。　7. その会社は木曜に契約書にサインした。
8. これが代替品です。

2 動詞のポジション

He **had** a cup of coffee with his friends.

主語と名詞の間

彼は友達とコーヒーを1杯飲んだ。

名詞のポジションを応用すると、動詞の場所がはっきりします。なお、動詞は基本的に1つの英文に1つです。

例題 2

空欄の場所に何の品詞が入るかを考えてから、選択肢を見てください。

1. We ------- the desks before class every day.

(A) organic　(B) organization
(C) organize　(D) organizer

2. The city will ------- the road next year.

(A) wide　(B) widen
(C) widely　(D) width

解説

1. 主語の後ろ、つまり動詞の位置が空欄になっています。-ize で終わっている **(C) organize** が正解です。

2. 同じく動詞を入れます。-en で終わっている **(B) widen** が正解です。

訳 1. 私たちは毎日、授業の前に机を並べます。　2. 市は来年、道路を広げる予定です。

3 形容詞のポジション

He is a **famous** singer.

名詞の前（名詞修飾）

彼は有名な歌手だ。

His songs are **beautiful**.

補語（S とイコール）※彼の歌＝美しい

彼の歌は美しい。

形容詞のポジションはこの 2 つのみです。とくに Part 5 で空欄に補語を入れる場合はほぼ、形容詞が正解と思って問題ありません。

例題 3

空欄の場所に何の品詞が入るかを考えてから、選択肢を見てください。

1. This is the ------- document.

(A) origin　(B) original
(C) originate　(D) originally

2. This software is -------.

(A) useful　(B) use
(C) usefully　(D) user

3. I bought an ------- watch.

(A) expense　(B) expensively
(C) expend　(D) expensive

4. His speech was -------.

(A) remark　(B) remarked
(C) remarkable　(D) remarkably

解説

1. 空欄の後ろを見ます。document は名詞なので、名詞修飾をする形容詞が入ります。-al で終わっている **(B) original** が正解です。

2. 空欄の前は is です。be 動詞の後ろは補語を狙います。補語はまず形容詞です。-ful で終わっている **(A) useful** を選びます。

3. 空欄の後ろは名詞なので、名詞修飾をする形容詞を入れます。-iveで終わっている **(D) expensive** が正解です。

4. be 動詞の後ろが空欄。補語の形容詞狙いです。-able で終わっている **(C) remarkable** が正解です。

形容詞が入るパターンをすべて確認しました。

訳 1. これは原本です。 2. このソフトは役に立つ。 3. 私は高価な腕時計を買った。
4. 彼のスピーチは素晴らしかった。

4 副詞のポジション

ざっくり言えば、これまでの **1～3（名詞、動詞、形容詞）以外**のポジションはすべて副詞です。ただし、次のパターンは頻出のため、覚えておくと高速解答できます。

We usually reply quickly to our e-mail.

①動詞の直前　②動詞＋前置詞の間

私たちは通常、メールに迅速に返信します。

We have finally finished very difficult work.

③完了（have＋p.p.）、進行（be＋-ing）、受け身（be＋p.p.）の間　④副＋形＋名の語順

非常に難しい仕事をやっと終えました。

また、「⑤文頭でカンマ（,）」（Generally, ...）、「⑥文末」（... to help designers think creatively.）も頻出です。

例題 4

副詞のポジションは数が多いため、この問題で慣れてください。

1. He ------- gets up at six.

(A) usually (B) usual
(C) usualness (D) than usual

2. She drives her car -------.

(A) care (B) careful
(C) cared (D) carefully

3. The shop sells ------- expensive watches.

(A) extras (B) extreme
(C) extremely (D) extremeness

4. -------, I caught the last train.

(A) Fortunate (B) Fortunately
(C) Fortunateness (D) Fortune

5. He is ------- working at home.

(A) currently (B) current
(C) currency (D) currents

6. I have ------- done my homework.

(A) final (B) finally
(C) finish (D) finished

7. Our shop is ------- located in the downtown area.

(A) convenient (B) convenience
(C) conveniences (D) conveniently

8. I responded ------- to the call.

(A) quickly (B) quickening
(C) quicken (D) quickness

解説

すべて-lyを探します。

1. 動詞直前なので (A) usually が正解です。

2. 動詞の後に名詞がきています。文末にくる副詞のパターン。(D) carefully が正解です。

3. 副＋形＋名の語順です。(C) extremely が正解。

4. 文頭が空欄＋カンマ（,）です。(B) Fortunately が正解。

5. 進行形の間です。(A) currently が正解。

6. 完了形の間です。(B) finally が正解。

7. 受け身の間です。(D) conveniently が正解。

8. 動詞と前置詞の間です。(A) quickly が正解。

訳 1. 彼はたいてい6時に起きる。 2. 彼女は注意深く車を運転する。
3. その店は非常に高い腕時計を売っている。 4. 幸運にも、私は終電に間に合った。
5. 彼は現在、家で働いている。 6. やっと宿題が終わった。
7. 店は便利なことに街の中心部に位置しています。 8. 私は素早く電話に出た。

超基礎問題

2 択の問題で演習します。例題同様、このポジションにはこの品詞を入れる、という手順で解いてください。

1. They offered Ms. Smith a -------.

(A) promote
(B) promotion

2. She read the ------- book.

(A) difficult
(B) difficulty

3. She is -------.

(A) kind
(B) kindness

4. The old desk was ------- replaced.

(A) finally
(B) final

5. I am ------- checking the data.

(A) closely
(B) close

6. He has an -------.

(A) appointment
(B) appoint

7. She left without an -------.

(A) explains
(B) explanation

8. Jane bought an ------- book.

(A) expensively
(B) expensive

9. This restaurant has ------- closed for a renovation.

(A) temporarily
(B) temporary

10. The company ------- updates their software.

(A) frequent
(B) frequently

超基礎問題

解答と解説

1. They offered Ms. Smith a -------.

(A) promote

(B) promotion

彼らは Smith さんに昇進を打診した。

a の後ろなので名詞に決まりです。-tion で終わっている (B) が正解です。

2. She read the ------- book.

(A) difficult

(B) difficulty

彼女は難しい本を読んだ。

book は名詞で空欄の左には the があるので、形容詞が入ります。(B) は -ty で終わる＝名詞のため、消去法で (A) が正解です。

3. She is ------- .

(A) kind

(B) kindness

彼女は親切だ。

補語の位置には形容詞でした。(B) kindness は名詞です。

4. The old desk was ------- replaced.

(A) finally

(B) final

その古い机はやっと取り換えられた。

受動態 (was + replaced) の間があいています。-ly で終わっている (A) が正解です。

5. I am ------- checking the data.

(A) closely

(B) close

私は注意深くデータをチェックしています。

進行形 (am + checking) の間があいています。-ly で終わっている (A) が正解です。

6. He has an -------.

(A) appointment
(B) appoint

彼には予定がある。

an の後ろがあいているため名詞を選びます。-ment で終わっている (A) が正解です。

7. She left without an -------.

(A) explains
(B) explanation

彼女は説明もなく出ていった。

without が前置詞なので、名詞を入れます。-tion の (B) が正解です。

8. Jane bought an ------- book.

(A) expensively
(B) expensive

Jane は高い本を買った。

book は名詞なので形容詞が入ります。-ive の (B) が正解です。

9. This restaurant has ------- closed for a renovation.

(A) temporarily
(B) temporary

このレストランは改装のため、一時的に閉まっている。

完了形（has + closed）の間があいています。-lyで終わっている (A) が正解です。

10. The company ------- updates their software.

(A) frequent
(B) frequently

その会社は頻繁に自社のソフトウエアをアップデートする。

動詞（updates）の前があいています。副詞が入る場所です。

基本問題

選択肢が４つになっていますが、行うことは同じです。空欄のポジションを確認して解きましょう。

1. Ms. Suganuma will ------- use Room C this month.

(A) occasions
(B) occasion
(C) occasionally
(D) occasional

2. The new software is ------- for scheduling.

(A) effective
(B) effectiveness
(C) effectuate
(D) effect

3. Altren Computer will release its ------- smartphone.

(A) reason
(B) reasonable
(C) reasonably
(D) reasoning

4. -------, Alan Gale declined the offer.

(A) Surprise
(B) Surprises
(C) Surprisingly
(D) Surprising

5. Ms. Hoshimiya is famous for her ------- design of furniture.
(A) create
(B) creation
(C) creatively
(D) creative

6. This is a ------- confidential file.
(A) completely
(B) completing
(C) completeness
(D) completion

7. The city council granted ------- for the music festival in August.
(A) permit
(B) permission
(C) permissive
(D) permitted

8. The performance of the sales department was -------.
(A) remark
(B) remarks
(C) remarkable
(D) remarkably

9. The staff ------- adapted to the new workplace.
(A) gradual
(B) gradualness
(C) gradually
(D) grade

10. The bakery ------- prepares more than 1,000 orders in a day.
(A) generalizes
(B) generally
(C) general
(D) generality

基本問題

解答と解説

1. 正解 C

Ms. Suganuma will ------- use Room C this month.

(A) occasions
(B) occasion
(C) occasionally
(D) occasional

Suganumaさんは今月、C会議室を何度か使う予定だ。

(A) 名 occasionの複数形
(B) 名 機会
(C) 副 時折
(D) 形 時折の

動詞の前なので、副詞を入れます。

2. 正解 A

The new software is ------- for scheduling.

(A) effective
(B) effectiveness
(C) effectuate
(D) effect

その新しいソフトウエアはスケジュール管理に効果的だ。

(A) 形 効果的な
(B) 名 有効性
(C) 動 ～を実施する
(D) 名 作用

補語の位置が空欄なので形容詞を入れます。

3. 正解 B

Altren Computer will release its ------- smartphone.

(A) reason
(B) **reasonable**
(C) reasonably
(D) reasoning

Altren コンピューターは手頃な値段のスマートフォンを発売する予定だ。

(A) 名 理由
(B) 形 手頃な
(C) 副 手頃に
(D) 動 reason（～と推論する）の -ing 形

名詞の前があいています。名詞修飾の形容詞を入れます。

語注｜□ release 動 ～を発売する　□ reasonable 形 手頃な

4. 正解 C

-------, Alan Gale declined the offer.

(A) Surprise
(B) Surprises
(C) **Surprisingly**
(D) Surprising

驚いたことに Alan Gale はその申し出を断った。

(A) 動 ～を驚かせる
(B) 動 surprise の 3 人称単数形
(C) 副 驚いたことに
(D) 形 驚くべき

文頭が空欄＋カンマなので副詞が入ります。

語注｜□ decline 動 ～を断る

5. 正解 D

Ms. Hoshimiya is famous for her ------- design of furniture.

(A) create
(B) creation
(C) creatively
(D) **creative**

Hoshimiya 氏は家具の創造的なデザインで有名だ。

(A) 動 ～を創造する
(B) 名 創造
(C) 副 創造的に
(D) 形 創造的な

名詞 design を修飾する形容詞を選びます。

6. 正解 A

This is a ------- confidential file.

これは完全に機密のファイルだ。

(A) **completely**
(B) completing
(C) completeness
(D) completion

(A) 副 完全に
(B) 動 complete（～を完了する）の -ing 形
(C) 名 完全さ
(D) 名 完了

形容詞の前があいているので副詞が入ります。

語注 | □ confidential 形 機密の

7. 正解 B

The city council granted ------- for the music festival in August.

町議会は 8 月の音楽祭の許可を与えた。

(A) permit
(B) **permission**
(C) permissive
(D) permitted

(A) 動 ～を許可する
(B) 名 許可
(C) 形 寛大な
(D) 動 permit の過去形

動詞の後ろのため、名詞が入ります。単語の意味がわからなくても、語尾で判断できていればバッチリです。

8. 正解 C

The performance of the sales department was -------.

営業部の業績は素晴らしかった。

(A) remark
(B) remarks
(C) **remarkable**
(D) remarkably

(A) 動 言う
(B) 動 remark の 3 人称単数形
(C) 形 注目に値する
(D) 副 非常に

be 動詞の後ろなので補語を狙います。形容詞が入ります。

語注 | □ department 名 部署

9. 正解 C

The staff ------- adapted to the new workplace.

(A) gradual
(B) gradualness
(C) gradually
(D) grade

スタッフは新しい職場にだんだんと適応した。

(A) 形 段階的
(B) 名 漸進的なこと
(C) 副 だんだんと
(D) 名 等級

動詞の直前が空欄です。副詞が入ります。

語注 | □ adapted to ～に適応する

10. 正解 B

The bakery ------- prepares more than 1,000 orders in a day.

(A) generalizes
(B) generally
(C) general
(D) generality

そのパン屋は通例、1日に1000個を超える注文に対応する。

(A) 動 generalize（～を一般化する）の3人称単数形
(B) 副 一般的に
(C) 形 一般的な
(D) 名 一般性

9同様、動詞の直前があいているため、副詞を入れます。

語注 | □ prepare 動 ～を準備する

次は実践問題です。単語のレベルが上がって「難しい！」と感じるかもしれませんが、ここまで身につけた知識で十分に解くことができます。さっそくやってみましょう。

実践問題

知らない単語に惑わされずに、見るべきポイントを見て解答してください。

1. The president of Cellid Dynamics proposed a ------- between its research division and Everton University.

(A) collaboration
(B) collaboratively
(C) collaborative
(D) collaborates

2. Todd Harris works at Goyette Pharmaceutical, where he has served in ------- leadership positions over the years.

(A) variety
(B) varies
(C) various
(D) vary

3. Setting goals for your business is not only ------- but also important for remaining competitive.

(A) strategies
(B) strategize
(C) strategic
(D) strategically

4. Although discounts are ------- offered at Shapparel's online shop, the retailer's actual stores make far more sales.

(A) frequented
(B) frequency
(C) frequent
(D) frequently

5. The pilot announced that an aircraft mechanic is ------- inspecting the engine for any mechanical problems.

(A) care
(B) carefully
(C) caring
(D) careful

6. After the chemical spill at the factory, management took steps to avoid a ------- of the incident.

(A) repeated
(B) repetition
(C) repeatable
(D) repeatedly

7. When the sales team returned from Italy, they were reimbursed for ------- related to their trip.

(A) expenses
(B) expensive
(C) expend
(D) expensively

8. *Artfilm Magazine* was granted an ------- interview with the director of last year's award-winning movie.

(A) exclusivity
(B) exclusively
(C) exclusive
(D) excludes

9. The students have ------- combined various pieces of equipment to make an electric generator.

(A) innovative
(B) innovation
(C) innovatively
(D) innovate

10. Because the product development department changed the shape of the coffeemaker, we must ------- redesign its packaging.

(A) completes
(B) complete
(C) completion
(D) completely

実践問題

解答と解説

1. 正解 A

The president of Cellid Dynamics proposed a ------- between its research division and Everton University.

Cellid Dynamics の社長は同社の調査部と Everton 大学との協同を提案した。

(A) **collaboration**
(B) collaboratively
(C) collaborative
(D) collaborates

(A) 名 協力
(B) 副 協同で
(C) 形 協同の
(D) 動 collaborate の 3 人称単数形

冠詞の後ろのため名詞を選びます。

語注 | □ president 名 社長　□ research division 名 調査部　□ collaborate 動 協力する

2. 正解 C

Todd Harris works at Goyette Pharmaceutical, where he has served in ------- leadership positions over the years.

Todd Harris は Goyette 製薬で勤務しているが、彼はそこで長年にわたってさまざまなリーダー職を担ってきた。

(A) variety
(B) varies
(C) **various**
(D) vary

(A) 名 種類
(B) 動 vary の 3 人称単数形
(C) 形 さまざまな
(D) 動 異なる

in とセットになる名詞は leadership positions です。これは「複合名詞」といいますが、まとめて名詞と考えてください。名詞の前なので形容詞を選びます。

語注 | □ pharmaceutical 名 製薬　□ serve 動 仕える、従事する

3. 正解 C

Setting goals for your business is not only ------- but also important for remaining competitive.

自身のビジネスで目標を決めることは、競争力を保つために戦略的なだけでなく重要でもある。

(A) strategies
(B) strategize
(C) strategic
(D) strategically

(A) 名 strategy（戦略）の複数形
(B) 動 戦略を練る
(C) 形 戦略的な
(D) 副 戦略的に

not only A but also B は無視し、be 動詞の後ろが空欄と考えて、補語になる形容詞を選びます。

語注 | □ remain 動 ～のままである　□ competitive 形 競争力のある

4. 正解 D

Although discounts are ------- offered at Shapparel's online shop, the retailer's actual stores make far more sales.

Shapparel's のオンラインショップでは頻繁に値引きしているが、実店舗の方が売上はずっと高い。

(A) frequented
(B) frequency
(C) frequent
(D) frequently

(A) 動 frequent（～によく行く）の過去形
(B) 名 頻度
(C) 形 たびたびの
(D) 副 頻繁に

are ------- offered の受動態の間を見抜いたら、すぐに副詞を選びましょう。

語注 | □ discount 名 値引き　□ retailer 名 小売店　□ actual store 名 実店舗

5. 正解 B

The pilot announced that an aircraft mechanic is ------- inspecting the engine for any mechanical problems.

パイロットは、機械トラブルがないか航空機械工が注意深くエンジンを調べているとアナウンスした。

(A) care
(B) carefully
(C) caring
(D) careful

(A) 動 気づかう
(B) 副 注意深く
(C) 動 care の -ing 形
(D) 形 注意深い

is ------- inspecting の進行形の間です。副詞を選びます。

語注 | □ announce 動 ～と知らせる　□ aircraft 名 飛行機　□ mechanic 名 機械工
□ inspect 動 ～を調べる

6. 正解 B

After the chemical spill at the factory, management took steps to avoid a ------- of the incident.

工場での化学薬品流出後、経営陣は事故再発防止のために対策した。

(A) repeated
(B) repetition
(C) repeatable
(D) repeatedly

(A) 動 repeat（繰り返す）の過去形
(B) 名 繰り返し
(C) 形 繰り返せる
(D) 副 繰り返して

冠詞 a の後ろなので名詞を選びます。

語注 | □chemical 形 化学薬品の　□spill 名 流出　□avoid 動 ～を避ける
□incident 名 事故

7. 正解 A

When the sales team returned from Italy, they were reimbursed for ------- related to their trip.

営業チームがイタリアから戻ったとき、彼らは出張にかかった経費の払い戻しを受けた。

(A) expenses
(B) expensive
(C) expend
(D) expensively

(A) 名 expense（費用）の複数形
(B) 形 高価な
(C) 動 ～を費やす
(D) 副 費用がかかって

前置詞 for の後ろなので名詞を入れます。

語注 | □sales team 名 営業部　□return 動 戻る　□reimburse 動 ～に払い戻す
□related 形 関連する　□trip 名 出張

8. 正解 C

Artfilm Magazine was granted an ------- interview with the director of last year's award-winning movie.

Artfilm 誌には、昨年の映画賞を受賞した監督との独占インタビューが載っている。

(A) exclusivity
(B) exclusively
(C) exclusive
(D) excludes

(A) 名 限定性
(B) 副 限定で
(C) 動 独占の
(D) 動 exclude（～を締めだす）の 3 人称単数形

名詞 interview の前なので形容詞を選びます。

語注 | □grant 動 ～に認める、与える　□director 名 監督

9. 正解 C

The students have ------- combined various pieces of equipment to make an electric generator.

学生たちはさまざまな装置の部品を革新的に組み合わせ、発電機を製作した。

(A) innovative
(B) innovation
(C) innovatively
(D) innovate

(A) 形 革新的な
(B) 名 革新
(C) 副 革新的に
(D) 動 革新する

have ------- combined の完了形の間です。副詞を選びます。

語注 | □ combine 動 ～をつなぐ、結合する　□ piece 名 一部、部品
□ generator 名 発電機、発生器

10. 正解 D

Because the product development department changed the shape of the coffeemaker, we must ------- redesign its packaging.

製造課がコーヒーメーカーの形を変更したので、われわれはパッケージデザインをまるまるやり直さなければならない。

(A) completes
(B) complete
(C) completion
(D) completely

(A) 動 complete の 3 人称単数形
(B) 動 ～を完了する
(C) 名 完了
(D) 副 完全に

動詞の前なので副詞が入ります。redesign が動詞なのは前に助動詞 must があることでわかります。

語注 | □ product development department 名 製造課　□ shape 名 形
□ redesign 動 ～を再びデザインする　□ packaging 名 パッケージ

実践問題の英文の長さや単語の難しさに戸惑った人もいるかもしれません。こうした問題を目にしたときに「あわわわ」とうろたえずに、手がかりをもとに解答できる力を本書で蓄えていきましょう。まずはファーストセクションお疲れさまでした！

Section 2 代名詞問題

わくわくPoint

場所を見て考える

The Beatles のシングル売上トップ 3 は

1. “**She** Loves **You**”
2. “**I** Want To Hold **Your** Hand”
3. “Can’t Buy **Me** Love”

です。

I や you を見ると、場所によって形が変わっています。この変化が問われるのが代名詞問題。Part 5 で必ず 1 ～ 3 問出題され、Part 6 にも登場します。

代名詞とは、いわゆる「アイ、マイ、ミー、マイン」ととなえたアレです。出題パターンも決まっていて覚えてしまえば確実に得点できるので、今一度ここで Back in the アイ、マイ、ミー、マインしてみましょう。

格	主格	所有格	目的格	所有代名詞	再帰代名詞
訳	～は、が	～の	～を、に	～のもの	～自身
単数	I	my	me	mine	myself
	you	your	you	yours	yourself
	he	his	him	his	himself
	she	her	her	hers	herself
	it	its	it		itself
複数	we	our	us	ours	ourselves
	you	your	you	yours	yourself
	they	their	them	theirs	themselves

覚えるコツは、**①訳を意識し、②同じ語が登場する部分（色文字）に注目**すること。色文字を含む列を見ると、同じ語と微妙に違う語があり、ここが狙われます。これが**代名詞の罠**です。したがって、まずはこの表を訳とともに頭にたたき込んでください。

次に出題傾向です。これまでに出ているすべての公式問題集を分析すると、**所有格**が圧倒的に多く、代名詞問題の約7割を占めます。次いで**主格、再帰代名詞、所有代名詞、目的格**と続きます。例題を解きながらマスターしていきましょう。

日本語例題

空港に着いたら、------- 連絡してください。

(A) 私は
(B) 私に
(C) 私のもの
(D) 私自身で

正解は (B) ですよね。これが英語になったものが代名詞問題です。

所有格

まず、圧倒的に多く出題される所有格からです。次の例題を解いてください。

例題 1

1. I know ------- name.

(A) he (B) his (C) him (D) himself

2. The staff checked ------- appointment.

(A) they (B) their (C) them (D) theirs

解説

正解はいずれも (B)。**空欄の後ろ**に注目してください。name、appointment ともに名詞です。仮に appointment の意味を知らなかったとしても、-ment は名詞ですから、品詞は確定できます。そこで、**名詞の前があいていたら所有格**を入れます。

代名詞のルール 1

------- 名詞：名詞の左が空欄 → 所有格

冒頭で挙げた曲"I Want To Hold Your Hand"も、hand（名詞）の前は your で所有格です。実際の問題では、名詞の前に修飾語が入って名詞の存在がわかりづらくなっていますが、名詞の左があいていたらまず所有格を選びます。

訳 1. 私は彼の名前を知っている。　2. そのスタッフは彼らの予約を確認した。

主格と目的格

次に主格と目的格を一気に片づけましょう。ポイントは動詞です。

主語	動詞	目的語
She	loves	you.
I	like	it.
They	saw	her.
↓	↓	↓
主格ゾーン	基準	目的格ゾーン

代名詞のルール 2

① ------- 動詞　：動詞の左が空欄 → 主格
② 動詞 -------　：動詞の右が空欄 → 目的格
③ 前置詞 ------- ：前置詞の右が空欄で、空欄右に名詞なし
→ 目的格

また、接続詞は「S＋Vのおかわり」ですから、接続詞の後にも①のルールが使えます。

I know **that** he is kind.
　　　接　S V
　　　　↓
　　　　主格

私は彼が親切だと知っている。

このように動詞の左右どちらが空欄になっているかによって、入れる「格」を判断します。私は長年、「覚えてください」と言うことや、「○○格」といった文法用語を使うことに抵抗があったのですが、**主**語の位置にあるものが**主**格、動詞の**目的**語だから**目的**格というのは理解しやすいネーミングだと思います。前置詞の**目的**語も同様です。では例題です。

例題 2

1. ------- met Bob yesterday.

(A) He　(B) His　(C) Him　(D) Himself

2. We don't know whether ------- will come or not.

(A) they　(B) their　(C) them　(D) themselves

3. Mr. Suzuki contacted ------- last week.

(A) I　(B) my　(C) me　(D) myself

4. Please send the file to -------.

(A) my　(B) your　(C) she　(D) him

解説

1. **動詞 met の左**があいています。主格ゾーンなので **(A) が正解**です。実際の試験では、いきなり文頭が空欄で直後が動詞だと、正解が主格だとすぐにわかってしまうため、問題作成者は接続詞を入れて惑わせます。

2. 文の真ん中があいていますが空欄の左は whether で接続詞。右の will come は動詞です。**正解は (A)** です。

3. 先週、Suzuki さんが「私に」連絡した、と意味を考えて (C) を選ぶ方法はおすすめしません。contacted が動詞、その**右側**があいているので**目的格の (C) が正解**、とさばきましょう。

4. 前置詞 to の右側があいています。空欄の右に名詞がなく、選択肢の中で目的格は him だけなので、**(D) が正解**です。

訳　1. 彼は昨日、Bob に会った。　2. 彼らが来るかどうか、私たちにはわからない。
3. Suzuki さんは先週、私に連絡をとった。　4. 彼にそのファイルを送ってください。

再帰代名詞

再帰代名詞の出題パターンは次の 3 つです。

代名詞のルール 3：再帰代名詞

① 動詞の左右が埋まり、「～自身で」と意味を強調する
② 主語と目的語の人・物が同じ
③ by -self → おもに文末に置かれる。
on one's own（自分自身で）と同じ意味

例題 3

1. The chef selects the herbs -------.

(A) he　(B) his　(C) him　(D) himself

2. She looked at ------- in the mirror.

(A) she　(B) he　(C) your　(D) herself

3. She went there by --------.

(A) hers　(B) her　(C) herself　(D) she

解説

1. 動詞の select を基準にしようにも、左の主格ゾーン、右の目的格ゾーンともに埋まっています。そんなときに使われるのが再帰代名詞です。つまり**正解は (D)**。この場合は「**彼自身で**ハーブを選ぶ」という意味になります。

2. 動詞 looked at の右側があいています。が、選択肢に目的格がないので in the mirror（鏡で）をヒントに、「**自分自身を**見た」と考えます。主語で使った She が「再び帰ってきた」再帰代名詞パターンです。**(D) が正解。**

3. by -------. で代名詞の選択肢なら即座に -self を選びます。**(C) が正解。**「自分一人でそこへ行った」という意味です。

訳 1. そのシェフはハーブを自分で選ぶ。 2. 彼女は鏡で自分を見た。
3. 彼女は一人でそこへ行った。

所有代名詞

代名詞のルール 4

所有代名詞は「所有格＋名詞」

その名のとおり、（代）名詞の働きをします。主語、または動詞の目的語で使われます。

例題 4

If you don't have your manual, you can use -------.

(A) She (B) my (C) he (D) mine

解説

動詞の右が空欄なので (A) (C) を除外、直後に名詞がないため (B) も切ります。ここで注目したいのは your manual。所有代名詞は「所有格＋名詞」の代わりとして使われます。したがって、これらが前半で出たら所有代名詞のサインです。**正解は (D)** で「私のものを使っていいですよ」という意味になります。

訳 マニュアルがないなら、私のものを使っていいですよ。

次ページで各代名詞の場所をまとめます。

代名詞攻略マップ

------- 動詞 -------. ↑主格 ↑↓目的格 前置詞 -------.	------- 名詞 ↑↓所有格 on ------- own
by ------- ↑再帰代名詞	「所有格+名詞」あり + ------- ↑所有代名詞

ここまでの解説を読んで、「こんな中学生レベルの問題、ほんとに出るのかな？」と思ったかもしれません。そこで、演習問題に入る前にいったん本番レベルの問題を見てみましょう。

例題 5

The editor of *The Bangkok Post* is writing an article for next issue and will forward it to ------- by the end of this month.

(A) we (B) us (C) our (D) ourselves

解説

例題で見てきたように、選択肢は代名詞のみ。p. 047 にあったように前置詞の右があいています。空欄後ろに名詞がないことを確認して、目的格の **(B) us が正解**です。
つまり、基礎ができていれば本番の問題も必ず正解できます。次ページ以降の演習問題は、TOEIC と同レベルの問題を解答する力が徐々につく構成になっていますので、自信を持って取り組んでください。

訳 *The Bangkok Post* の編集者は次号の記事を書いており、今月末までにそれが私たちに送られてくる予定だ。

超基礎問題

例題レベルの問題で代名詞選択の練習です。空欄の位置を確認し、選択肢を見る前に「ここはこの格しかない」と決めて解いてください。

1. I know ------- brother.

(A) you
(B) your

2. I saw ------- dog.

(A) their
(B) them

3. I know -------.

(A) it
(B) its

4 I know -------.

(A) she
(B) her

5. You know -------.

(A) I
(B) me

6. ------- know it.

(A) They
(B) Them

7. ------- knows it.

(A) His
(B) He

8. He did it -------.

(A) himself
(B) him

9. She walks to school by -------.

(A) she
(B) herself

10. My dog is white, and ------- is black.

(A) your
(B) yours

超基礎問題

解答と解説

1. I know ------- brother.

(A) you
(B) your

私はあなたのお兄さんを知っている。

名詞の左が空欄です。所有格を入れます。

2. I saw ------- dog.

(A) their
(B) them

私は彼らの犬を見た。

1. と考え方はまったく同じ。名詞の左が空欄なので所有格です。

3. I know -------.

(A) it
(B) its

私はそれを知っている。

動詞の右が空欄です。目的格ゾーンです。

4. I know -------.

(A) she
(B) her

私は彼女を知っている。

3. と考え方はまったく同じです。目的格を入れます。

5. You know -------.

(A) I
(B) me

あなたは私を知っている。

これも 3. と同じ。目的格を入れます。

6. ------- know it.
(A) **They**
(B) Them

彼らはそれを知っている。

動詞の左が空欄です。主格ゾーンです。

7. ------- knows it.
(A) His
(B) **He**

彼はそれを知っている。

6. と考え方はまったく同じです。主格を入れます。

8. He did it -------.
(A) **himself**
(B) him

彼はそれを自分自身で行った。

動詞の左右が埋まっています。再帰代名詞を入れます。

9. She walks to school by -------.
(A) she
(B) **herself**

彼女は自分で歩いて学校に行く。

空欄左の by に注目です。再帰代名詞を入れます。

10. My dog is white, and ------- is black.
(A) your
(B) **yours**

うちの犬は白く、あなたの犬は黒い。

My dog に注目です。所有格+名詞が前半で出たら所有代名詞のサインです。

空欄の位置と入る格に集中してもらうため、英文はシンプルにしました。基本問題と実践問題もこの考え方で攻略します。次の基本問題 10 題で攻略法をしっかり身につけてください。

基本問題

空欄の位置を確認し、選択肢を見る前に「ここはこの格しかない」と決めて解いてください。

1. Ms. Suganuma's assistant can check ------- appointment.

(A) you
(B) your
(C) yours
(D) yourself

2. Please contact ------- when you arrive at the airport.

(A) I
(B) my
(C) me
(D) myself

3. The president announced that ------- will retire next year.

(A) she
(B) her
(C) hers
(D) herself

4. The software sold well because of ------- low price.

(A) it
(B) its
(C) itself
(D) it's

5. The new staff member made the presentation by -------.

(A) he
(B) themselves
(C) they
(D) himself

6. The company chose both his idea and -------.

(A) we
(B) my
(C) our
(D) mine

7. The manager didn't join the meeting since ------- was sick.

(A) he
(B) their
(C) him
(D) themselves

8. Due to the cancellation of the flight, ------- business trip was put off.

(A) she
(B) her
(C) herself
(D) hers

9. Please fill out the form and send ------- to us.

(A) it's
(B) its
(C) itself
(D) it

10. Though Mr. White was busy, he organized the whole conference -------.

(A) his
(B) himself
(C) he
(D) him

基本問題

解答と解説

1. 正解 B

Ms. Suganuma's assistant can check ------- appointment.

(A) you
(B) your
(C) yours
(D) yourself

Suganuma さんのアシスタントがあなたの予約を確認できます。

(A) あなたは（主格）
(B) あなたの（所有格）
(C) あなたのもの（所有代名詞）
(D) あなた自身（再帰代名詞）

名詞（appointment）の左が空欄です。所有格を入れます。

2. 正解 C

Please contact ------- when you arrive at the airport.

(A) I
(B) my
(C) me
(D) myself

あなたが空港に着いたら私に連絡してください。

(A) 私は（主格）
(B) 私の（所有格）
(C) 私に（目的格）
(D) 私自身（再帰代名詞）

動詞（contact）の右が空欄です。目的格を入れます。

3. 正解 A

The president announced that ------- will retire next year.

その社長は来年引退すると発表した。

(A) **she**
(B) her
(C) hers
(D) herself

(A) 彼女は（主格）
(B) 彼女の（所有格）
(C) 彼女のもの（所有代名詞）
(D) 彼女自身（再帰代名詞）

「接続詞 (that) + 空欄 + 動詞 (will retire)」です。

4. 正解 B

The software sold well because of ------- low price.

そのソフトウエアはその低価格が理由でよく売れた。

(A) it
(B) **its**
(C) itself
(D) it's

(A) それは（主格）
(B) それの（所有格）
(C) それ自身（再帰代名詞）
(D) it is の短縮形

low（低い）という修飾語が入っていますが、名詞（price）の左が空欄です。所有格を入れます。

5. 正解 D

The new staff member made the presentation by -------.

その新しいスタッフはプレゼンテーションを自分自身で行った。

(A) he
(B) themselves
(C) they
(D) **himself**

(A) 彼は（主格）
(B) 彼ら自身（再帰代名詞）
(C) 彼らは（主格）
(D) 彼自身（再帰代名詞）

空欄左の by に注目です。再帰代名詞を入れますが主語（staff member）が単数のため (B) は×です。

6. 正解 D

The company chose both his idea and -------.

(A) we
(B) my
(C) our
(D) mine

その会社は彼のアイデアと私のアイデアの両方を選んだ。

(A) 私たちは（主格）
(B) 私の（所有格）
(C) 私たちの（所有格）
(D) 私のもの（所有代名詞）

his idea に注目です。所有格+名詞が前半で出たら所有代名詞のサインです。

7. 正解 A

The manager didn't join the meeting since ------- was sick.

(A) he
(B) their
(C) him
(D) themselves

部長は病気だったため、会議に参加しませんでした。

(A) 彼は（主格）
(B) 彼らの（所有格）
(C) 彼に（目的格）
(D) 彼ら自身（再帰代名詞）

「接続詞（since）+ 空欄 + 動詞（was）」です。

8. 正解 B

Due to the cancellation of the flight, ------- business trip was put off.

(A) she
(B) her
(C) herself
(D) hers

フライトのキャンセルが原因で、彼女の出張は延期された。

(A) 彼女は（主格）
(B) 彼女の（所有格）
(C) 彼女自身（再帰代名詞）
(D) 彼女のもの（所有代名詞）

名詞（business trip [出張]）の左が空欄です。所有格を入れます。

9. 正解 D

Please fill out the form and send ------- to us.

(A) it's
(B) its
(C) itself
(D) it

そのフォームに記入してそれを私たちに送ってください。

(A) it is の短縮形
(B) それの（所有格）
(C) それ自身（再帰代名詞）
(D) それを（目的格）

動詞（send）の右が空欄です。目的格を入れます。

10. 正解 B

Though Mr. White was busy, he organized the whole conference -------.

(A) his
(B) himself
(C) he
(D) him

White 氏は忙しかったにもかかわらず、その会議を全部自分で準備した。

(A) 彼の（所有格）
(B) 彼自身（再帰代名詞）
(C) 彼は（主格）
(D) 彼に（目的格）

動詞（organized）の左右はそれぞれ he と the whole conference で埋まっています。再帰代名詞を入れます。

基本問題も、超基礎問題と変わりません。同じ考え方で解いていきます。次の実践問題は単語のレベルが上がり、英文も長くなりますが、ここまでに身につけた解き方を貫いてください。空欄に Hello、わくわくポイントに Get back、選んで Goodbye です。

実践問題

Section 1と同じく、難しい単語に惑わされず空欄前後に集中して解いてください。

1. Before ordering ink cartridges, make sure to read the information on the top of ------- printer.

(A) you
(B) your
(C) yourself
(D) yours

2. Customers with questions or concerns about ------- insurance coverage should call our toll-free number.

(A) them
(B) themselves
(C) their
(D) they

3. Ms. Shelton and Mr. Doyle have hired twenty-six employees since ------- opened a restaurant last autumn.

(A) they
(B) their
(C) them
(D) themselves

4. Anyone interested in helping to organize the company picnic should contact either ------- or another manager.

(A) mine
(B) me
(C) I
(D) my

5. Supporters of the mayor claim that ------- has had several accomplishments over the past three years.

(A) herself
(B) hers
(C) her
(D) she

6. Rather than having a lawyer negotiate the terms of the contract, Mr. Rodriguez will do that -------.

(A) his
(B) him
(C) he
(D) himself

7. Because many firms submitted design proposals, everyone at Signa Architecture was delighted when the developer selected -------.

(A) they
(B) themselves
(C) their
(D) theirs

8. Mr. Dawson did not believe that his assistant had conducted the entire sales presentation by -------.

(A) her own
(B) herself
(C) hers
(D) she

9. The project launch held last month at the Harrington Hotel cost far more than ------- had anticipated.

(A) us
(B) our
(C) we
(D) ourselves

10. The company displayed a number of ------- cutting-edge technologies at the Mobile Tech Expo in Miami.

(A) it
(B) its
(C) they
(D) itself

実践問題

解答と解説

1. 正解 B

Before ordering ink cartridges, make sure to read the information on the top of ------- printer.

(A) you
(B) your
(C) yourself
(D) yours

インクカートリッジを注文する前に、ご自身のプリンターの上部にある情報を必ずお読みください。

(A) あなたは（主格）
(B) あなたの（所有格）
(C) あなた自身（再帰代名詞）
(D) あなたのもの（所有代名詞）

名詞 (printer) の左が空欄です。所有格を入れます。

2. 正解 C

Customers with questions or concerns about ------- insurance coverage should call our toll-free number.

(A) them
(B) themselves
(C) their
(D) they

ご自身の保険の適用範囲についてご質問、ご不明な点がある方は無料相談へお電話ください。

(A) 彼らに（目的格）
(B) 彼ら自身（再帰代名詞）
(C) 彼らの（所有格）
(D) 彼らは（主格）

これも insurance coverage が名詞です。名詞の左が空欄は所有格です。

語注 | □ insurance 名 保険

3. 正解 A

Ms. Shelton and Mr. Doyle have hired twenty-six employees since ------- opened a restaurant last autumn.

(A) they
(B) their
(C) them
(D) themselves

昨年秋にレストランをオープンしてからShelton氏とDoyle氏は26名のスタッフを雇用してきた。

(A) 彼女らは（主格）
(B) 彼女らの（所有格）
(C) 彼女らに（目的格）
(D) 彼女ら自身（再帰代名詞）

since は接続詞です。接続詞の直後は主格です。

語注｜□ hire 動 ～を雇用する

4. 正解 B

Anyone interested in helping to organize the company picnic should contact either ------- or another manager.

(A) mine
(B) me
(C) I
(D) my

社内ピクニックのとりまとめの手伝いに興味がある方はどなたでも、私かもう一人のマネジャーに連絡してください。

(A) 私のもの（所有代名詞）
(B) 私に（目的格）
(C) 私は（主格）
(D) 私の（所有格）

either をカットして contact（動詞）を基準に考えます。

語注｜□ contact 動 ～に連絡をとる　□ either A or B　A か B のどちらか

5. 正解 D

Supporters of the mayor claim that ------- has had several accomplishments over the past three years.

(A) herself
(B) hers
(C) her
(D) she

市長の支持者たちは、同市長が3年間にわたって複数の成果を出したと主張している。

(A) 彼女自身（再帰代名詞）
(B) 彼女のもの（所有代名詞）
(C) 彼女に（目的格）
(D) 彼女は（主格）

that は接続詞です。接続詞の直後は主格です。

語注｜□ claim 動 ～と主張する　□ accomplishment 名 達成、成果

6. 正解 D

Rather than having a lawyer negotiate the terms of the contract, Mr. Rodriguez will do that -------.

契約項目についての交渉を弁護士に頼まず、Rodriguez 氏はそれを自分でするつもりだ。

(A) his
(B) him
(C) he
(D) himself

(A) 彼の（所有格）
(B) 彼に（目的格）
(C) 彼は（主格）
(D) 彼自身（再帰代名詞）

動詞 will do の左に主語（Mr. Rodriguez）、右に目的語（that）があり、各ゾーンは埋まっています。空欄が文末にあることから、再帰代名詞の (D) を入れます。

語注｜□negotiate 動 ～を交渉する　□contract 名 契約（書）

7. 正解 D

Because many firms submitted design proposals, everyone at Signa Architecture was delighted when the developer selected -------.

多くの企業がデザインを提案したため、Signa Architecture の人は皆、開発業者が彼らのデザインを選んだとき大いに喜んだ。

(A) they
(B) themselves
(C) their
(D) theirs

(A) 彼らは（主格）
(B) 彼ら自身（再帰代名詞）
(C) 彼らの（所有格）
(D) 彼らのもの（所有代名詞）

動詞 selected の右が空欄です。目的格ゾーンですが、選択肢に them はありません。(A) は主格なので×。後ろに名詞がないため (C) も×です。主語は developer（単数）なので themselves（複数）は使えません。(D) を選び、「theirs（彼らのもの）を選んだ」とします。

語注｜□proposal 名 提案　□delight 動 ～を大喜びさせる

8. 正解 B

Mr. Dawson did not believe that his assistant had conducted the entire sales presentation by -------.

Dawson 氏は彼のアシスタントが自分だけですべての営業プレゼンをしたことが信じられなかった。

(A) her own
(B) herself
(C) hers
(D) she

(A) 彼女自身の（所有格 + own）
(B) 彼女自身（再帰代名詞）
(C) 彼女のもの（所有代名詞）
(D) 彼女は（主格）

文末で by の後ろが空欄です。by -self の形になる (B) が正解です。

語注｜□conduct 動 ～を実施する

9. 正解 C

The project launch held last month at the Harrington Hotel cost far more than ------- had anticipated.

(A) us
(B) our
(C) we
(D) ourselves

先月、Harrington Hotel で行われたプロジェクト立ち上げにはわれわれが予想していたよりもはるかに多くのコストがかかった。

(A) 私たちに（目的格）
(B) 私たちの（所有格）
(C) 私たちは（主格）
(D) 私たち自身（再帰代名詞）

空欄の位置は動詞（had anticipated）の前です。また than が接続詞なので主格の we が正解です。

語注 | □ launch 名 立ち上げ　□ anticipate 動 予想する

10. 正解 B

The company displayed a number of ------- cutting-edge technologies at the Mobile Tech Expo in Miami.

(A) it
(B) its
(C) they
(D) itself

マイアミでの Mobile Tech Expo で、その企業は同社のたくさんの最先端技術を展示した。

(A) それは（主格）
(B) それの（所有格）
(C) それらは（主格）
(D) それ自身（再帰代名詞）

空欄の後ろは形容詞（cutting-edge）＋ 名詞（technologies）です。所有格の its を入れます。

語注 | □ display 動 ～を展示する

本番の問題で代名詞の選択肢を見たときに、「これはとれるやつだ」となれば、しめたものです。次のセクションでもとれるやつを増やしましょう。

Section 3 時制問題

わくわくPoint

時を表すヒントをチェック

時制問題は、代名詞問題と同じく Part 5 と 6 の両方で出題される重要単元です。「時制」と聞くと難しく感じますが、TOEIC の出題パターンはヒントを見ればとっても簡単！ まず日本語で考えてみましょう。

日本語例題

1. 私の上司はロンドンへ -------。

(A) 出張するでしょう
(B) 出張します
(C) 出張しました
(D) 出張中です

2. 私の上司は先月ロンドンへ -------。

(A) 出張するでしょう
(B) 出張します
(C) 出張しました
(D) 出張中です

解説

1. **わからない、が正解**です。選択肢のすべてが正解の候補となり、どれを当てはめても文意が通じます。

2. (C) が正解です。もちろん、文中の「先月」という語から正解を出しています。時制問題で行うことは**この 1 点のみ**です。つまり、「先月」のように**時制を表すヒントを探し、それに合った時制を選ぶだけ**。シンプルに解けます。

攻略方法がわかったところで、次はどんな時制が出題されるかを確認していきましょう。結論から言えば、出るポイントはこれです。

TOEIC で出る時制

「現在形」「過去形」「未来を表す形」
「現在完了形 (have/has + p.p.)」「進行形 (be + -ing)」

さっそく例題で練習してみましょう。

例題 1

1. I ------- the piano yesterday.

(A) play (B) played
(C) have played (D) will play

2. He ------- Sydney next year.

(A) will visit (B) visited
(C) has visited (D) to visit

3. My sister ------- sick since last week.

(A) is (B) has been
(C) will be (D) to be

4. They are ------- soccer in the park.

(A) played (B) play
(C) playing (D) have played

解説

1. yesterday が過去を表しています。過去形の **(B) が正解。**

2. next year が未来を表すので、will の入っている **(A) が正解。**

3. since がポイント。「～以来」という意味で過去 ➡ 現在までのつながりを表しています。この過去 ➡ 現在までのつながりは現在完了（have/has ＋過去分詞）を使います。したがって **(B) が正解**です。

4. 空欄の左に are があります。be ＋ -ing にして進行形を作ります。**(C) が正解**です。

訳 1. 私は昨日、ピアノを弾いた。　2. 彼は来年、シドニーを訪れる予定だ。
3. 私の妹は先週から具合が悪い。　4. 彼らは公園でサッカーをしている。

ここまで見たとおり、時制問題は非常に簡単です。しかし、「時制が苦手」という声をよく聞きます。TOEIC を指導する中で学習者の「時制問題、苦手！」の原因を 3 つ発見しました。

▶ 時制問題 3 つの罠

1 to 不定詞 と過去完了の罠

選択肢に「to 不定詞」または「過去完了（had ＋過去分詞）」があると、やたらとそれを選ぶ人が多いです。難しく見えて正解っぽい、という心理をついて、ダミー選択肢の常連として置かれています。

※ to 不定詞については Section 5 で解説します。

2 現在形の罠

yesterday なら過去、next ~ なら未来と判断がつくのに対し、現在形は「現在を明示する語」がありません。が、逆の発想で「時を表す語がないときは現在形」というスタンスで攻略できます。このパターンは 3 単現の s が鍵です。

3 時、条件を表す副詞節の罠

時、条件を表す副詞節では未来のことでも現在形を使います。「将来的に～」、あるいは「～であれば」と書かれていたら現在形を使うルールだとざっくり理解してください。

3つの罠を例題で確認しましょう。

例題 2

1. He ------- an e-mail two hours ago.

(A) is sending (B) had sent
(C) to send (D) sent

2. She ------- a window every morning.

(A) open (B) opens
(C) opening (D) to open

3. If a problem -------, I will help you.

(A) occurs (B) will occur
(C) occurring (D) to occur

解説

1. two hours ago が過去を表します。(B) had sent、(C) to send に惑わされずに過去形を選びましょう。**正解は (D)**。

2. 過去や未来を表す言葉がありません。現在形を探しましょう。主語は She で 3 人称単数なので 3 単現の s がついている **(B) が正解**です。

3. 「もし問題が起きたら」という内容です。時、条件を表す副詞節では未来のことでも現在形を使います。現在形は occurs のみ。**(A) が正解**です。

訳 1. 彼は 2 時間前にメールを送った。 2. 彼女は毎朝、窓を開ける。
3. もし問題が生じたら助けます。

時制問題 解答のテクニック

その1 時制を表すヒントに合った時制を選ぶ

その2 to 不定詞 / 過去完了（had + p.p.）は時制問題の正解にならない（罠 1）

その3 If ～ / When / Once 付近の空欄は現在形が正解（罠 3）

■ 時制を表すヒントまとめ

狙われる時制	形（例：play）	注目ポイント
現在形	play/plays	未来、過去を表す言葉がない（罠 2）。単数の主語。
過去形	played	yesterday、~ ago などの過去ワード。
未来を表す形	will play	tomorrow、next ~ などの未来ワード。
進行形	be + playing	空欄前の be 動詞。またはほかの選択肢だと時制が矛盾する。
現在完了形	have/has + played	since、for、over、~ years の期間を表す語。

解答のフレームワーク

1 時制を表すワードが ない → 主語を確認して**現在形**
ある → yesterday、~ ago など → **過去形**
tomorrow、next ~ など → **未来形**
since、for、over、~ years → **現在完了**

2 空欄の左に be 動詞が ある → 主語を確認して**進行形**

3 空欄前に If ~ 、When ~ 、Once ~ が ある
→ 主語を確認して**現在形**

4 「上から目線動詞」※が ある → 後ろの動詞が**原形**

※上から目線動詞とは
demand (～を要求する)、order (～を命令する)、propose (～を提案する)、suggest (～を提案する)、advise (～に忠告する) などの要求・命令系の動詞です。

He suggested that we (should) write a report.
彼は私たちが報告書を書いた方がいいと提案した。

これらの動詞の後ろは「～すべき」の助動詞 should が隠れているため、動詞は原形になります。少しハイレベルです。

超基礎問題

時制を表すヒントを探して解答してください。

1. I ------- it yesterday.

(A) see
(B) saw

2. You ------- him next week.

(A) will meet
(B) to meet

3. He ------- in Tokyo for ten years.

(A) live
(B) has lived

4. We are ------- English now.

(A) studying
(B) studied

5. He ------- tennis with his family.

(A) to play
(B) plays

6. The bakery ------- on Wednesdays.

(A) closing
(B) closes

7. My father ------- busy since last week.

(A) being
(B) has been

8. I will go to the airport when he -------.

(A) arrives
(B) will arrive

9. If it ------- tomorrow, I will stay home.

(A) will rain
(B) rains

10. The book ------- popular over the past five years.

(A) has been
(B) have been

超基礎問題

解答と解説

1. I ------- it yesterday.

(A) see
(B) saw

私は昨日それを見た。

文末にある yesterday に注目。過去を表す言葉なので、過去形になっている (B) を選びます。

2. You ------- him next week.

(A) will meet
(B) to meet

あなたは来週、彼に会うでしょう。

next week があります。next ~ は未来を表す言葉なので、will がついている (A) が正解です。

3. He ------- in Tokyo for ten years.

(A) live
(B) has lived

彼は 10 年間東京に住んでいる。

for ten years（10 年間）と期間を表す言葉があります。現在完了を選びましょう。ただし、for を見つけたらすぐに現在完了と判断せずに、必ず期間を表す言葉が続いているかを確認してください。

4. We are ------- English now.

(A) studying
(B) studied

私たちは今、英語を勉強しています。

空欄の左に be 動詞（are）があります。be + -ing で進行形を作ります。文末の now もヒントになっています。

5. He ------- tennis with his family.

(A) to play
(B) plays

彼は家族とテニスをする。

罠に注意です。時制を表す言葉がないため現在形。主語が He で 3 人称単数のため、s がついている (B) を選びます。

6. The bakery ------- on Wednesdays.

(A) closing
(B) closes

そのパン屋は水曜定休だ。

時制を表す言葉がありません。5同様に現在形を狙い、(B) が正解です。(A) の closing は be 動詞とセットで初めて進行形として使えます。

7. My father ------- busy since last week.

(A) being
(B) has been

父は先週からずっと忙しい。

-ing は be 動詞とセットで使う必要があることは 6 で確認しました。文末に since があるため、現在完了の (B) が正解です。

8. I will go to the airport when he -------.

(A) arrives
(B) will arrive

彼が到着する時間に私は空港へ行きます。

時、条件を表す副詞節では未来のことでも現在形のパターンです。空欄近くに when があること、主語が he で 3 人称単数であることから (A) を選びます。

9. If it ------- tomorrow, I will stay home.

(A) will rain
(B) rains

明日雨が降ったら、私は家にいます。

8 同様に、時、条件を表す副詞節の文。tomorrow があり (A) を入れたくなるところですが注意しましょう。空欄前に If があること、主語が it で 3 人称単数であることから (B) を選びます。

10. The book ------- popular over the past five years.

(A) has been
(B) have been

その本は過去 5 年にわたって人気だ。

over the past five years があるため、現在完了を選びます。が、選択肢はともに現在完了の形。主語が book で 3 人称単数のため (A) has been が正解です。

基本問題

「時制を表すヒントを探す → 時制を選ぶ」を徹底します。

1. We ------- a meeting every month.

(A) have
(B) to have
(C) having
(D) has

2. The staff ------- these computers for six years.

(A) using
(B) to use
(C) have used
(D) will be used

3. Our annual meeting ------- next week.

(A) will be held
(B) to hold
(C) held
(D) has been held

4. Many employees ------- by bus.

(A) commuting
(B) commutes
(C) commute
(D) to commute

5. Once he ------- the ID, he doesn't have to sign here.
(A) show
(B) will show
(C) shows
(D) showing

6. Inside the factory, please ------- a pair of gloves.
(A) wears
(B) wear
(C) wearing
(D) to wear

7. Our sales ------- over the past ten years.
(A) increasing
(B) have increased
(C) has increased
(D) to increasing

8. The company's board members ------- the new president.
(A) welcomed
(B) welcomes
(C) welcoming
(D) has welcomed

9. Ms. Miura ------- two boxes of paper on the first business day of each month.
(A) ordering
(B) to order
(C) order
(D) orders

10. The manager, along with her assistants, ------- the project.
(A) plan
(B) plans
(C) planning
(D) to plan

基本問題

解答と解説

1. 正解 A

We ------- a meeting every month.

私たちは毎月、会議をする。

(A) have
(B) to have
(C) having
(D) has

(A) 現在形
(B) to 不定詞
(C) have の -ing 形
(D) 3 人称単数現在形

文末の every month は「毎月」という意味なので過去も未来も表しません。したがって、現在形の (A)(D) にしぼります。主語を見ると複数になっているため、3 単現の s がついている (D) は NG。(A) が正解です。

2. 正解 C

The staff ------- these computers for six years.

スタッフは 6 年間、これらのコンピューターを使っている。

(A) using
(B) to use
(C) have used
(D) will be used

(A) use の -ing 形
(B) to 不定詞
(C) 現在完了形
(D) 未来を表す形の受動態

文末の for six years に注目します。「6 年間」という期間を表す言葉なので、現在完了を使います。(C) が正解です。

3. 正解 A

Our annual meeting ------- next week.

年次会議は来週行われます。

(A) **will be held**
(B) to hold
(C) held
(D) has been held

(A) 未来を表す形の受動態
(B) to 不定詞
(C) 過去形
(D) 現在完了の受動態

next ~ を見て未来形を選ぶ練習は超基礎問題でも行いました。Part 5 では未来の表現として be going to よりも will が圧倒的に多いため、受動態（be + p.p. の形、Section 6 で解説します）になっていても安心して (A) を選んでください。

語注｜□ annual 形 年 1 回の、年次の

4. 正解 C

Many employees ------- by bus.

多くの従業員がバスで通勤します。

(A) commuting
(B) commutes
(C) **commute**
(D) to commute

(A) -ing 形
(B) 3 人称単数形
(C) 現在形
(D) to 不定詞

-ing は単独で動詞として使えないこと、なんとなく to 不定詞を選んでしまわないかを確認したかった問題です。(A)(D) をすぐに切って主語の単数・複数を確認します。Many employees のため、3 単現の s がついていない (C) を選びます。

語注｜□ commute 動 通勤する

5. 正解 C

Once he ------- the ID, he doesn't have to sign here.

一度、彼が身分証明書を見せれば、彼はここにサインする必要はありません。

(A) show
(B) will show
(C) **shows**
(D) showing

(A) 現在形
(B) 未来を表す形
(C) 3 人称単数現在形
(D) -ing 形

Once がポイント。後ろに he があるため主語と動詞が続くと考えます。つまり、この Once は接続詞。接続詞の Once は「一度~すれば」という条件の意味を持つので現在形を選びます。主語が he で単数のため、(C) が正解です。

6. 正解 B

Inside the factory, please ------- a pair of gloves.

工場内はこの手袋を着用してください。

(A) wears　(A) 3 人称単数現在形
(B) wear　(B) 原形
(C) wearing　(C) -ing 形
(D) to wear　(D) to 不定詞

時制問題ではあるものの、「please の後の動詞は原形」と覚えれば一発で解けます。動詞の原形や Don't、Please で始まる命令文の主語は you なので、3 単現の s がついている (A) は正解になりません。

7. 正解 B

Our sales ------- over the past ten years.

弊社の売上は過去 10 年にわたってずっと上がっています。

(A) increasing　(A) -ing 形
(B) have increased　(B) 現在完了形
(C) has increased　(C) 3 人称単数現在完了形
(D) to increasing　(D) 前置詞 to ＋動名詞

over the past ten years が期間を表す語なので現在完了ですね。(B)(C) が候補になりますが、主語が sales と複数形なので (B) が正解です。

8. 正解 A

The company's board members ------- the new president.

その企業の役員たちは新社長を歓迎した。

(A) welcomed　(A) 過去形
(B) welcomes　(B) 3 人称単数現在形
(C) welcoming　(C) -ing 形
(D) has welcomed　(D) 現在完了形

絶対に正解してほしい問題でした。文中に時制を表す言葉はありません。期間を表す言葉もないため、(D) は選べません。現在形の (B) にいきがちですが、主語が members のため 3 単現の s は NG。したがって (A) が正解です。

9. 正解 D

Ms. Miura ------- two boxes of paper on the first business day of each month.

Miura 氏は毎月第 1 営業日に紙を 2 箱注文する。

(A) ordering
(B) to order
(C) order
(D) orders

(A) -ing 形
(B) to 不定詞
(C) 現在形
(D) 3 人称単数現在形

each month は時制を表す語ではないので現在形を探します。主語（Ms. Miura）が 3 人称単数なので、s がついている (D) が正解です。

10. 正解 B

The manager, along with her assistants, ------- the project.

部長と部下らが協力してその事業を計画します。

(A) plan
(B) plans
(C) planning
(D) to plan

(A) 現在形
(B) 3 人称単数現在形
(C) -ing 形
(D) to 不定詞

主語がポイントです。この場合の主語は The manager です。along with her assistants は The manager を修飾する語なので無視します。イメージとしてはこう見てください。
The manager (, along with her assistants,) ------- the project.
主語が単数であることをしっかり認識して (B) を選びます。

実践問題

1. Throughout the summer, the scenic waterfall on Tybera Island ------- hundreds of visitors daily.
   (A) was attracted
   (B) attracts
   (C) attracting
   (D) has been attracted

2. Company vice president Sean Payton ------- all the branch managers via teleconference next Monday.
   (A) having addressed
   (B) to address
   (C) will address
   (D) addressing

3. According to its Web site, the Transford Corporation ------- the impressive Davenport Bridge over eighty years ago.
   (A) construct
   (B) constructs
   (C) constructing
   (D) constructed

4. The new security cameras, which ------- last month, monitor all entry points into the auditorium.
   (A) were installed
   (B) are being installed
   (C) had installed
   (D) installed

5. The company's manufacturing plant near Taipei ------- more than 80,000 computer chips since it opened in March.

(A) will be produced
(B) has produced
(C) will have produced
(D) has been produced

6. Once the shipment -------, we will need some time to arrange the new items around the store.

(A) arrives
(B) to arrive
(C) arriving
(D) arrival

7. Through her internship at the Krieger Institute over the past few months, Ms. Harrington ------- valuable skills.

(A) gains
(B) to gain
(C) has gained
(D) was gained

8. Due to increased demand for biodegradable plastics, the Polymat Group's sales revenue ------- in the last five years.

(A) to double
(B) was doubling
(C) doubling
(D) has doubled

9. As soon as our vegetables are delivered in the morning, please ------- the salad buffet for lunch.

(A) preparing
(B) prepare
(C) prepared
(D) to prepare

10. The safety inspectors ------- that all of the building's elevators are running properly.

(A) confirmed
(B) to confirm
(C) confirming
(D) confirms

実践問題

解答と解説

1. 正解 B

Throughout the summer, the scenic waterfall on Tybera Island ------- hundreds of visitors daily.

夏を通してタイベラ島の風光明媚な滝が1日に何百人もの観光客を呼び込んでいる。

(A) was attracted
(B) attracts
(C) attracting
(D) has been attracted

(A) 過去形の受動態
(B) 3人称単数現在形
(C) -ing 形
(D) 3人称単数現在完了の受動態

文頭の Throughout the summer は時制を表す語にはなりません。したがって現在形を探します。waterfall が主語なので、3人称単数の (B) が正解です。

語注 | □ scenic 形 風光明媚な　□ visitor 名 観光客

2. 正解 C

Company vice president Sean Payton ------- all the branch managers via teleconference next Monday.

Sean Payton 副社長は次の月曜、電話会議ですべての支部のマネジャーと話す予定です。

(A) having addressed
(B) to address
(C) will address
(D) addressing

(A) -ing 形・現在完了形
(B) to 不定詞
(C) 未来を表す形
(D) -ing 形

文末に next Monday という時制を表す語があります。文が長く複雑になっても、ブレずに (C) を選んでください。

語注 | □ branch 名 支部　□ via 前 ～経由で　□ teleconference 名 電話会議

3. 正解 D

According to its Web site, the Transford Corporation ------- the impressive Davenport Bridge over eighty years ago.

(A) construct
(B) constructs
(C) constructing
(D) constructed

Transford 社のウェブサイトによれば、同社は 80 年以上前に見事なダベンポート橋を建設した。

(A) 現在形
(B) 3 人称単数現在形
(C) -ing 形
(D) 過去形

文末の over eighty years ago が過去を表しています。過去形の (D) が正解です。

語注 | □ impressive 形 見事な、印象に残る

4. 正解 A

The new security cameras, which ------- last month, monitor all entry points into the auditorium.

(A) were installed
(B) are being installed
(C) had installed
(D) installed

先月設置された新しいセキュリティカメラは講堂へのすべての入り口を監視する。

(A) 過去形の受動態
(B) 進行形の受動態
(C) 過去完了形
(D) 過去形

カンマ (,) に挟まれた中に空欄があり、その中に last month があります。過去を表す (A) (D) にしぼります。主語は cameras のため、設置された (受動態) と考えて (A) が正解です。

語注 | □ monitor 動 ～を監視する □ auditorium 名 講堂 □ install 動 ～を設置する

5. 正解 B

The company's manufacturing plant near Taipei ------- more than 80,000 computer chips since it opened in March.

(A) will be produced
(B) has produced
(C) will have produced
(D) has been produced

台北近郊にあるその企業の製造工場は、3 月の操業開始から 8 万個以上のコンピューターチップを製造してきた。

(A) 未来を表す形の受動態
(B) 現在完了形
(C) 未来完了形
(D) 現在完了の受動態

文末近くに since があるため、現在完了を選びます。空欄の後ろに目的語の computer chips があるため、(D) の「生産された」ではなく、「生産した」となる (B) が正解です。

語注 | □ manufacturing plant 名 製造工場 □ produce 動 ～を製造する

6. 正解 A

Once the shipment -------, we will need some time to arrange the new items around the store.

配送品が届いたら、店に新しい品を並べる時間が必要になる。

(A) **arrives**
(B) to arrive
(C) arriving
(D) arrival

(A) 3 人称単数現在形
(B) to 不定詞
(C) -ing 形
(D) 名 到着

基本問題 5 と同じ解き方をし、Once を接続詞として捉えます。現在形の (A) が正解です。shipment が単数のため、3 人称単数の s にも注目。

語注 | □ shipment 名 配送品　□ item 名 商品

7. 正解 C

Through her internship at the Krieger Institute over the past few months, Ms. Harrington ------- valuable skills.

Krieger 研究所での過去数カ月のインターンを通して、Harrington さんは価値あるスキルを得た。

(A) gains
(B) to gain
(C) **has gained**
(D) was gained

(A) 3 人称単数現在形
(B) to 不定詞
(C) 現在完了形
(D) 過去形の受動態

over the past few months に気づければ、すぐに (C) が正解だと見抜けます。

語注 | □ valuable 形 価値ある

8. 正解 D

Due to increased demand for biodegradable plastics, the Polymat Group's sales revenue ------- in the last five years.

生分解性プラスチックの需要が高まったため、Polymat Group の売上高はここ 5 年で倍になった。

(A) to double
(B) was doubling
(C) doubling
(D) **has doubled**

(A) to 不定詞
(B) 過去進行形
(C) -ing 形
(D) 現在完了形

文末の in the last five years に注目します。期間を表す語なので現在完了の (D) が正解です。

語注 | □ demand 名 需要　□ revenue 名 収入

9. 正解 B

As soon as our vegetables are delivered in the morning, please ------- the salad buffet for lunch.

(A) preparing
(B) prepare
(C) prepared
(D) to prepare

午前中に野菜が配達されたらすぐにランチのサラダビュッフェの準備に取り掛かってください。

(A) -ing 形
(B) 原形
(C) 過去形
(D) to 不定詞

please の後なので、動詞の原形を選べば OK です。

語注 | □ prepare 動 ～を準備する

10. 正解 A

The safety inspectors ------- that all of the building's elevators are running properly.

(A) confirmed
(B) to confirm
(C) confirming
(D) confirms

安全調査員たちは建物のすべてのエレベーターが問題なく動いていることを確認した。

(A) 過去形
(B) to 不定詞
(C) -ing 形
(D) 3 人称単数現在形

時制問題の卒業試験的な問題です。時制を表す語はありません。したがって現在形が候補になりますが、主語の inspectors は複数のため 3 人称単数の s がついている (D) は入れられません。(B) (C) は動詞ではないため (A) が正解です。

Section 4 前置詞、接続詞問題

わくわくPoint

空欄の後ろを見て即決

TOEIC の前置詞問題、接続詞問題では微妙なニュアンスは問われません。大事なのはその使い方。超重要ルールとして、空欄の後ろが**名詞なら前置詞**、後ろが**S + V なら接続詞**です。まず日本語で見てみます。

日本語例題

1. 私の父は毎朝 6 時 ------- 起きる。

(A) を
(B) で
(C) に
(D) は

2. 彼は昨日、頭痛がひどかった ------- 会社を休んだ。

(A) ので
(B) にもかかわらず
(C) ならば
(D) でない限り

3. 彼は昨日、具合が悪かった -------、今日は調子がいい。

(A) を
(B) ならば
(C) に
(D) けれど

解説

1. 正解は (C)。2 は (A) が正解。次に選択肢を見ていきましょう。1 はひらがな 1 文字で、英語では「前置詞問題」。2 は文のつながりを問う「接続詞問題」です。**前置詞、接続詞ともに正しい使い方が問われます。**

3. 「明らかに (A)(C) はおかしいでしょ！」と思いますよね。次に (B)(D) を比べて、(D) が正解と考えたはずです。

Part 5、6 ではこの「明らかにおかしいでしょ！」が頻繁に登場します。つまり、空欄の後ろが**名詞なら前置詞**、**S ＋ V なら接続詞**のルールに違反しているものが選択肢に入っています。まずはそれを見抜き、次に意味を確認すれば OK です。例題で練習します。

例題 1

1. My father sometimes works ------- Saturday.

(A) when　(B) as soon as
(C) on　(D) with

2. My father always works hard ------- he likes his job.

(A) of　(B) on
(C) because　(D) throughout

解説

1. 空欄の後ろに Saturday という名詞があるため、正解の候補は前置詞だけ。したがって、「(A)(B) は明らかにおかしいでしょ」と切ります。(C)(D) を残して、ここで初めて曜日の前には on という知識を使います。**正解は (C)**。

2. he likes と後ろが SV になっています。前には接続詞しか入りません。(A)(B)(D) はすべて前置詞のため、**(C) が正解**となります。

訳 1. 私の父は時々、土曜に働く。
2. 私の父は仕事が好きなのでいつも仕事に励んでいる。

前置詞、接続詞問題が苦手な人に共通するのは、意味から考えていること。そのアプローチはやめて、品詞から入る見方を身につければ高速で処理できます。必要なのは、**「何が前置詞で何が接続詞なのか」**の理解です。次の流れでさばきましょう。

〈前置詞・接続詞問題　攻略フロー〉

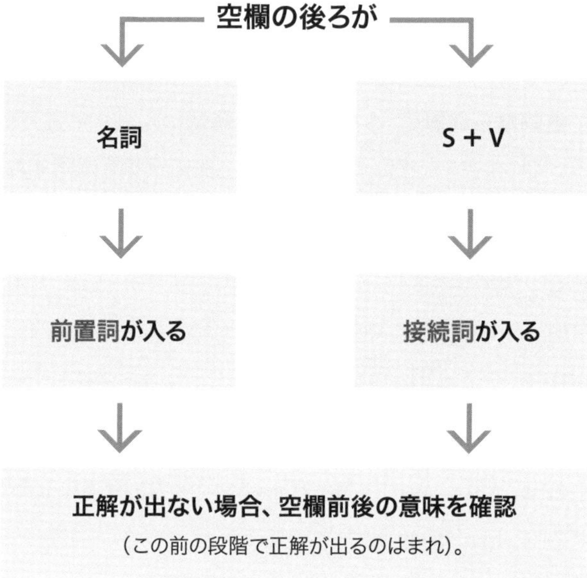

主な前置詞と接続詞

以下で主な前置詞と接続詞をまとめました。次のページから、効率よく覚える方法を紹介します。

■ 前置詞

despite	～にもかかわらず
before	～の前に
after	～の後に
for	～間
through	～の間ずっと
within	～以内に
on	～に（曜日、日付）
during	～の間（まとまった期間）
over	～の期間にわたって
by	～までに、～の近くに
in	～に（時刻）、～後に
throughout	～の期間を通じて
owing to	～のために、～が原因で
because of	～のために、～が原因で
due to	～のために、～が原因で
until/till	～まで

■ 接続詞

when	～するとき
if	もし～ならば
as soon as	～するとすぐに
once	一度～すると
while	～している間
for	～なので
because	～なので
but	しかし
although	～ではあるが
though	～ではあるが
now that	今や～なので

接続詞の歌

♪おたまじゃくしは　蛙の子	なまずのまごでは ないわいな
SV 前には　　　接続詞	**ウェン アズ ビコーズ アズスーンアズ** **when, as, because, as soon as**
♪それが何より証拠には	やがて手が出る 足が出る
ビーフォー アフター ナウザット **before, after, now that**	**ワンス ワイルに イフ バット** **once, while, if, but**

（『お玉杓子は蛙の子』より）

さて、主な前置詞と接続詞を紹介しましたが、中には前置詞と接続詞を兼ねるものがあります。これについて次にまとめました。

	前置詞での意味	接続詞での意味
since	～から、以来	
before	～の前に	
after	～の後で	
until / till	～（する）まで	
as	～のように	～するとき

上の表のように、前置詞、接続詞の 2 つの働きを持つものでも as 以外は意味が同じです。これらが出てきたら、「どっちもあり」と構えておけば OK です。

ほかに覚えておくべきなのは

when / while には **when / while -ing の形がある**

という点です。

効果的な覚え方

前置詞と接続詞についてはたくさん覚えるに越したことはありませんが、TOEICでの時間対効果としてはあまり高くありません。知らない語が出てきたときに、**単語帳ではなく辞書**を使って確認すれば十分です。

その際、1つの前置詞に1つの意味で覚える方法だと時間もかかり、正解できる問題も限られてしまいます。たとえばthroughなら、**「その期間を通して」「ウェブサイトを通して」**など、イメージとともに学ぶと効果的で定着度が違います。

次に接続詞です。p. 093の表に加えて理解しておきたいグループは「条件」「目的」を表す2つです。例文とともに確認してください。

意味	接続詞	例文
条件	if もし～ならば	Please help me **if** you aren't busy. **もし**忙しくなけれ**ば**、手を貸してください。
条件	provided (that) もし～ならば	**Provided that** he comes with us, they'll be happy. 彼が私たちと一緒に来てくれ**たら**、彼らは喜ぶでしょう。
条件	unless ～しない限り	I'll work late tonight **unless** I get too tired. ヘトヘトになら**ない限り**、今夜は遅くまで働くつもりです。
目的	so (that) ～するように	I studied hard **so that** I could get a good job. 私はいい仕事に就ける**ように**相当勉強した。

これらすべてをいきなり覚えようとすると楽しくありません。問題を解きながら英文とともに身につけていきましょう。では、超基礎問題をどうぞ。

超基礎問題

フローに沿って空欄の後ろを確認し、前置詞 or 接続詞で解答してください。

1. I have lived in Tokyo ------- three years.

(A) when
(B) for

2. He went to Australia ------- summer vacation.

(A) during
(B) as soon as

3. She didn't work yesterday ------- the holiday.

(A) because of
(B) because

4. He helped me, ------- he was busy.

(A) though
(B) despite

5. He will come here ------- an hour.

(A) within
(B) while

6. Nana is off ------- Wednesday.

(A) on
(B) when

7. Wash your hands ------- you eat lunch.

(A) in
(B) before

8. He went to the office ------- an umbrella.

(A) without
(B) unless

9. Ken has lived in Kyoto ------- he was born.

(A) since
(B) by

10. ------- you see him, you'll like him.

(A) Due to
(B) Once

超基礎問題

解答と解説

1. I have lived in Tokyo ------- three years.

(A) when
(B) for

私は3年間ずっと東京に住んでいる。

空欄の右はthree yearsという名詞です。したがって、前置詞のforを選びます。

2. He went to Australia ------- summer vacation.

(A) during
(B) as soon as

夏休みの間、彼はオーストラリアに行った。

空欄の右はsummer vacationという名詞です。したがって、前置詞のduringを選びます。

3. She didn't work yesterday ------- the holiday.

(A) because of
(B) because

休日のため、彼女は昨日、働かなかった。

空欄の右はholidayという名詞です。したがって、前置詞ofで終わっているbecause ofを選びます。

4. He helped me, ------- he was busy.

(A) though
(B) despite

彼は忙しかったにもかかわらず、私を手伝ってくれた。

空欄の右はhe wasとS + Vが続いています。したがって、接続詞のthoughを選びます。

5. He will come here ------- an hour.

(A) within
(B) while

彼は1時間以内にここに来るでしょう。

空欄の右はhourという名詞です。したがって、前置詞のwithinを選びます。

6. Nana is off ------- Wednesday.

(A) on
(B) when

Nana は水曜に休みをとっている。

空欄の右は Wednesday という名詞です。曜日の前に使われる前置詞の on を選びます。

7. Wash your hands ------- you eat lunch.

(A) in
(B) before

昼食を食べる前に手を洗いなさい。

空欄の右は you eat と S + V が続いています。したがって、接続詞の before を選びます。

8. He went to the office ------- an umbrella.

(A) without
(B) unless

彼は傘を持たずにオフィスへ行った。

空欄の右は umbrella という名詞です。したがって、前置詞の without を選びます。

9. Ken has lived in Kyoto ------- he was born.

(A) since
(B) by

ケンは生まれてからずっと京都に住んでいる。

空欄の右は he was と S + V が続きます。時制のセクションでも確認したとおり、動詞が現在完了の形（has lived）になっているため、接続詞でも使える since が正解です。

10. ------- you see him, you'll like him.

(A) Due to
(B) Once

一度彼に会ったら、彼を気に入るよ。

空欄の右は you see と S + V が続きます。したがって接続詞の once が正解です。

基本問題

選択肢が 4 つになり、意味の確認も出てきます。が、攻略の基本は空欄の後ろをチェックです。

1. She has worked at the school ------- more than ten years.

(A) when
(B) since
(C) once
(D) for

2. He won a prize ------- he sold many cars.

(A) due to
(B) because
(C) instead of
(D) through

3. The event was canceled ------- the bad weather.

(A) due to
(B) because
(C) on
(D) and

4. ------- you can use this computer, you must enter a password.

(A) Without
(B) Along
(C) But
(D) Before

5. ------- leaving the office, please turn off the lights.

(A) Though
(B) Before
(C) However
(D) Therefore

6. ------- space was limited, sixty people managed to crowd into the meeting room.

(A) Although
(B) Owing to
(C) However
(D) Due to

7. We'll ship your order ------- we receive the goods.

(A) because of
(B) until
(C) during
(D) as soon as

8. Our new software is popular ------- designers.

(A) or
(B) among
(C) between
(D) and

9. Over one hundred children were invited to the East Park Zoo ------- the event.

(A) when
(B) for
(C) if
(D) within

10. Please wear this helmet ------- entering our factory.

(A) in
(B) but
(C) when
(D) at

基本問題

解答と解説

1. 正解 **D**

She has worked at the school ------- more than ten years.

彼女はその学校で10年以上働いている。

(A) when　　(A) 接 ～するとき
(B) since　　(B) 接 前 ～以来
(C) once　　(C) 接 一度～すると
(D) for　　(D) 前 ～間

空欄の右は more than ten years とやや長くなりましたが S + V ではなく名詞です。前置詞の (D) を選びます。(B) も前置詞ですが、「～以来」という意味のため文意に合いません。for は接続詞の用法もありますが、その場合は理由を表します。

2. 正解 **B**

He won a prize ------- he sold many cars.

多くの車を販売したので、彼は賞をとった。

(A) due to　　(A) 前 ～が原因で
(B) because　　(B) 接 ～なので
(C) instead of　　(C) 前 ～の代わりに
(D) through　　(D) 前 ～を通して

空欄の右は he sold と S + V が続きます。接続詞で理由を表す (B) が正解です。

3. 正解 A

The event was canceled ------- the bad weather.

(A) **due to**
(B) because
(C) on
(D) and

悪天候のため、そのイベントは中止になった。

(A) 前 ～が原因で
(B) 接 ～なので
(C) 前 ～の上で
(D) 接 ～と

空欄の右はthe bad weatherで名詞。前置詞の(A)(C)が残り、理由を表す(A)が正解です。

4. 正解 D

------- you can use this computer, you must enter a password.

(A) Without
(B) Along
(C) But
(D) **Before**

このコンピューターの使用には、パスワードの入力が必要です。

(A) 前 ～なしで
(B) 前 ～に沿って
(C) 接 しかし
(D) 接 前 ～の前に

空欄の右は you can use と S + V が続きます。接続詞の (C)(D) が残ります。But（しかし）だと文がつながりません。(D) が正解です。

5. 正解 B

------- leaving the office, please turn off the lights.

(A) Though
(B) **Before**
(C) However
(D) Therefore

オフィスを出る前に、電気を消してください。

(A) 接 ～ではあるが
(B) 接 前 ～の前に
(C) 副 しかしながら
(D) 接 それゆえ

leaving の前に主語がありません。この leaving は動名詞と呼ばれ（次のセクションで詳しく説明します）、名詞の性格を持っています。つまり、この前には前置詞が来るため、接続詞と前置詞の 2 つの働きを持つ (B) が正解です。

6. 正解 A

------- space was limited, sixty people managed to crowd into the meeting room.

スペースが限られていたにもかかわらず、60 名もの人々が会議室につめかけた。

(A) Although
(B) Owing to
(C) However
(D) Due to

(A) 接 ～ではあるが
(B) 前 ～のために
(C) 副 しかしながら
(D) 前 ～が原因で

空欄の右は space was と S + V が続きます。接続詞の (A) が正解です。

語注 | □ crowd into ～につめかける

7. 正解 D

We'll ship your order ------- we receive the goods.

商品が届き次第、お客様のご注文を発送いたします。

(A) because of
(B) until
(C) during
(D) as soon as

(A) 前 ～が原因で
(B) 接 前 ～まで
(C) 前 ～の間
(D) 接 ～するとすぐに

空欄の右は we receive と S + V が続きます。接続詞の (B)(D) が残ります。商品を受け取る「まで」発送するのは変なので、(B) は不可。(D) が正解です。

8. 正解 B

Our new software is popular ------- designers.

弊社の新しいソフトウエアはデザイナーたちの間で人気がある。

(A) or
(B) among
(C) between
(D) and

(A) 接 ～または
(B) 前 ～の間で
(C) 前 (between A and B) A と B の間で
(D) 接 ～と

空欄の右は designers で名詞です。空欄の左は popular という形容詞のため同じ品詞をつなぐ or と and は除外。(B)(C) はともに前置詞ですが 2 つの間ではないため (B) が正解です。

9. 正解 B

Over one hundred children were invited to the East Park Zoo ------- the event.

(A) when
(B) for
(C) if
(D) within

East Park 動物園のイベントに 100 人を超える子どもたちが招待された。

(A) 接 ～するとき
(B) 前 ～のために
(C) 接 もし～ならば
(D) 前 ～以内に

空欄の右は event で名詞。前置詞の (B)(D) が残ります。イベント「以内に」招待された、だとおかしいので (B) が正解です。

10. 正解 C

Please wear this helmet ------- entering our factory.

(A) in
(B) but
(C) when
(D) at

工場に入る際は、このヘルメットを着用してください。

(A) 前 ～の中で
(B) 接 しかし
(C) 接 ～するとき
(D) 前 ～で

文法的には (B) 以外すべて正解の可能性があります。ここで (C) を切ってしまった方は非常に惜しいです。p. 094 で説明したように「when には when -ing の形がある」ことを覚えておきましょう。(C) が正解です。

実践問題

ここまで学んだ内容を本番レベルの問題で演習します。まず空欄の後ろを確認、という手順を崩さずに取り組んでください。

1. Mr. Nguyen has been working at Navarro Financial ------- more than twenty-five years.

(A) for
(B) yet
(C) before
(D) until

2. Visitors are not permitted to use flash photography in the theater ------- camera flashes can distract the performers.

(A) but
(B) instead of
(C) with
(D) because

3. The price of avocados is expected to increase ------- a poor harvest caused by extremely dry conditions.

(A) due to
(B) and
(C) as soon as
(D) although

4. Travelers must present their boarding pass ------- purchasing duty-free goods at the airport.

(A) because
(B) when
(C) unless
(D) whether

5. The salespeople at Solebo Supply have more confidence in their roles ------- attending the training workshops in April.
(A) although
(B) for
(C) since
(D) of

6. ------- using a household cleaner, make sure to read the instructions and warnings on the product label.
(A) Within
(B) Until
(C) Before
(D) Among

7. At Buffalo Park, guests are responsible for removing any trash they generate ------- their visit.
(A) onto
(B) during
(C) across
(D) beyond

8. Many people have applied for the vacant administrative position, ------- only a few are qualified for the job.
(A) otherwise
(B) instead of
(C) whether
(D) although

9. The bookstore will send a tracking number to the customer by e-mail ------- their order leaves the warehouse.
(A) as soon as
(B) in order that
(C) in regard to
(D) above all

10. Shawn Trudeau's sculptures will be on exhibit ------- we have finished arranging them in our gallery space.
(A) then
(B) once
(C) whereas
(D) not only

実践問題

解答と解説

1. 正解 A

Mr. Nguyen has been working at Navarro Financial ------- more than twenty-five years.

(A) **for**
(B) yet
(C) before
(D) until

Nguyen 氏は Navarro Financial で 25 年以上働いている。

(A) 前 〜間
(B) 副 まだ
(C) 接 前 〜の前に
(D) 接 前 〜まで

空欄の右は twenty-five years で名詞。(B) の yet は副詞なので切ります。現在完了の文であることから「期間」を表す (A) が正解です。

2. 正解 D

Visitors are not permitted to use flash photography in the theater ------- camera flashes can distract the performers.

(A) but
(B) instead of
(C) with
(D) **because**

役者たちの気が散る可能性があるため、客は劇場内でのフラッシュ撮影を許可されていない。

(A) 接 しかし
(B) 前 〜の代わりに
(C) 前 〜と一緒に
(D) 接 〜なので

空欄の右は camera flashes can distract と S + V が続きます。前置詞の (B)(C) を切ってから意味を確認しましょう。フラッシュ撮影禁止の理由を述べている (D) が正解です。

語注 | □ distract 動 〜（人の集中・注意）を散らす、そらす

3. 正解 A

The price of avocados is expected to increase ------- a poor harvest caused by extremely dry conditions.

(A) **due to**
(B) and
(C) as soon as
(D) although

極端に乾燥した天候による不作が原因で、アボカドの値段は上昇することが見込まれている。

(A) 前 〜のために
(B) 接 〜と
(C) 接 〜するとすぐに
(D) 接 〜ではあるが

もし可能なら会って (D) を選んでいないか確認したい問題です。a poor harvest caused をS + Vと考えて選んだのなら解き方としては OK ですが、この caused は分詞で harvest を修飾しています (分詞については次のセクションで解説します)。harvest の前に a があるため名詞と判断し、前置詞 (A) を選びます。

語注 | □ be expected to *do* 〜すると見込まれている　□ harvest 名 収穫

4. 正解 B

Travelers must present their boarding pass ------- purchasing duty-free goods at the airport.

(A) because
(B) when
(C) unless
(D) whether

空港で免税品を購入する際、旅行者は搭乗券を提示しなければならない。

(A) 接 〜なので
(B) 接 〜するとき
(C) 接 〜でない限り
(D) 接 〜かどうか

選択肢はすべて接続詞。空欄の右が -ing になっていることを確認してください。基本問題 10 で学んだように when -ing の形を選びます。正解は (B)。

語注 | □ present 動 〜を提示する　□ purchase 動 〜を購入する

5. 正解 C

The salespeople at Solebo Supply have more confidence in their roles ------- attending the training workshops in April.

(A) although
(B) for
(C) since
(D) of

Solebo Supply の販売部員らは、4 月に行われた研修会に参加してから自分たちの役割により自信を持つようになった。

(A) 接 〜ではあるが
(B) 前 〜間
(C) 接 前 〜以来
(D) 前 〜の

空欄の右が -ing なので動名詞と考えます。接続詞の although を切った後に残った選択肢の意味を確認しましょう。ワークショップに参加して「から」となる (C) が正解です。

語注 | □ confidence 名 自信　□ role 名 役割

6. 正解 C

------- using a household cleaner, make sure to read the instructions and warnings on the product label.

洗剤を使う前にラベルの説明と注意事項を必ずお読みください。

(A) Within
(B) Until
(C) Before
(D) Among

(A) 前 ～以内に
(B) 接 前 ～まで
(C) 接 前 ～の前に
(D) 前 ～間で

空欄の右が -ing になっていることから前置詞が入ります。が、選択肢はすべて前置詞のため意味を考え、洗剤を使う「前に」となる (C) が正解です。なお、among の後は「3 つ以上のもの」のため、後ろの a と矛盾することから切れます。

語注 | □ instruction 名 説明　□ warning 名 注意、注意を促すもの

7. 正解 B

At Buffalo Park, guests are responsible for removing any trash they generate ------- their visit.

Buffalo 公園では、来園者は自分たちの滞在中に出したどんなゴミも持ち帰る責任がある。

(A) onto
(B) during
(C) across
(D) beyond

(A) 前 ～の上に
(B) 前 ～の間
(C) 前 ～を横切って
(D) 前 ～の上方に

空欄の右は they visit (S + V) ではなく their visit のため名詞です。ただし選択肢はすべて前置詞なので、意味を確認し、彼らの滞在「中」となる (B) が正解です。

語注 | □ be responsible for ～の責任がある　□ remove 動 ～を取り除く　□ trash 名 ゴミ

8. 正解 D

Many people have applied for the vacant administrative position, ------- only a few are qualified for the job.

その職の資格があるのはほんの数人であったにもかかわらず、多くの人が管理職の求人に応募した。

(A) otherwise
(B) instead of
(C) whether
(D) although

(A) 副 さもなければ
(B) 前 ～の代わりに
(C) 接 ～かどうか
(D) 接 ～ではあるが

空欄の右は S + V のため、副詞の (A) と前置詞の (B) は入りません。空欄前後で逆接の意味になっているため (D) が正解です。

語注 | □ vacant 形 あいている　□ administrative 形 管理の　□ position 名 職

9. 正解 A

The bookstore will send a tracking number to the customer by e-mail ------- their order leaves the warehouse.

(A) as soon as
(B) in order that
(C) in regard to
(D) above all

その書店では、顧客の注文品が倉庫から出荷したらすぐに顧客にメールで追跡番号を送る。

(A) 接 ～するとすぐに
(B) 接 ～するために
(C) 前 ～に応じて
(D) 副 とりわけ

空欄の右は S + V なので、前置詞の (C)、副詞の (D) は切ります。「～したらすぐに」となる (A) が正解です。

語注 | □ customer 名 顧客　□ warehouse 名 倉庫

10. 正解 B

Shawn Trudeau's sculptures will be on exhibit ------- we have finished arranging them in our gallery space.

(A) then
(B) once
(C) whereas
(D) not only

ギャラリーに作品を配置し終えたら、Shawn Trudeau の彫刻が展示されます。

(A) 副 そのとき
(B) 接 一度～すると
(C) 接 ～の一方で
(D) 接 ～だけでなく

空欄の右は S + V ですが (A) の副詞以外はすべて接続詞です。空欄の左が未来形、空欄の右が have finished と現在完了形になっていることがヒントとなります。前セクションの時制で出てきた (B) を入れると意味が通じます。

語注 | □ exhibit 名 展示　□ arrange 動 ～を整える、並べる

Part 5 の対策も折り返しを過ぎました。実践問題 10 のように、それまでのセクションの知識も要求される問題が出題されますが、知識がつながっていくと実力がついたことを感じていただけると思います。後半も頑張りましょう！

Section 5 準動詞問題

わくわくPoint

文の動詞（大将）と準動詞（弟子）を見抜く

「準動詞」は、英文に立ち向かう武器になる項目です。Part 5 での出題は 1 問あるかないかですが、Part 6 と 7 で**英文読解の鍵**になります。

［ 準動詞 ＝ 不定詞、動名詞、分詞 ］

まずは日本語の例題を使って、順に見ていきましょう。

日本語例題

1. 私の兄は ------- ニューヨークへ行った。

(A) 音楽を学ぶだろう
(B) 音楽を学ぶ
(C) 音楽を学ぶために
(D) 音楽の学ぶ

2. 私の父の仕事は中学校で -------。

(A) 英語を教えるために
(B) 英語を教えることだ
(C) 英語を教えて
(D) 英語を教えるための

3. ------- そのドーナツはとても人気がある。

(A) 有名パティシエが監修
(B) 有名パティシエが監修するだろう
(C) 監修は有名パティシエだ
(D) 有名パティシエが監修した

解説

1 (C)、2 (B)、3 (D) が正解です。これが英語になったものが準動詞問題です。

具体的に準動詞の特徴と攻略法を見ていきましょう。

準動詞問題の特徴

先ほどの例題を見てください。選択肢に「音楽を学ぶ（ために）」「英語を教える（ことだ）」「パティシエが監修した（ドーナツ）」といった動詞的な言葉が入っています。

英語は**「1つの文で、1つの主語に動詞は1つ」**というルールです（※接続詞でつながれる場合を除く）。そのため、文にほかの動詞を入れたい場合は動詞の格を1つ落として、このように「準」動詞扱いにします。1を英訳した文を見てみましょう。

My brother went to New York to study music.

主語 (S)　動詞 (V)　不定詞

兄は音楽を学ぶためにニューヨークへ行った。

この文の主語は My brother、動詞は went です。一見、study も動詞に思えますが、to をかぶせて不定詞の形にすることによって「ルール違反はしていませんよ！」というサインになっているわけです。

準動詞問題の攻略

- TOEIC では主語に対する動詞と「それ以外」（＝準動詞）を分ける視点が大事！
- 準動詞は不定詞、動名詞、分詞に割り振る。

本書では、動詞（述語動詞）を**「大将」**と呼びます。どっしりと板場に陣取って動詞に専念してもらいましょう。準動詞は**「弟子」**です。動詞以外のこまごまとした働きがあります。先ほどの例文の「大将」と「弟子」の位置は次のとおりです。

My brother went to New York to study music.

went：大将（V）
to study：弟子（不定詞）

このセクションでは、英文内での大将と弟子の区別する視点を身につけていきます。**大将は、be 動詞、動詞の現在形、過去形、助動詞つきの動詞、の 4 つ**です。弟子は 3 人います。次ページからそれぞれの弟子の働きと Part 5 での出題タイプを確認していきましょう。

弟子の働きその1 不定詞

形 to ＋ 動詞の原形
働き ① 名詞的用法　「～すること」
② 形容詞的用法　「～するための」「～すべき」
③ 副詞的用法　「～するために」「～して」

名詞、形容詞、副詞の働きは、Section 1 で確認しました。「to ＋動詞の原形」を見たら、その不定詞が名詞、形容詞、副詞のどの働きをしているかをチェックします。方法は次の 4 つです。

① **動詞の後ろ** → 「～すること」と訳す！（名詞的用法）

I like **to play** soccer.
（like = V）

私はサッカーを**すること**が好きだ。

② **名詞の後ろ** → 「～するための」「～すべき」と訳す！（形容詞的用法）

I have lots of things **to do.**
（things = 名詞）

私は**すべき**ことがたくさんある。

うまくいかない場合は「～するために」と訳す！（副詞的用法）

We went to the airport **to see** her off.
（airport = 名詞）

私たちは彼女を見送る**ために**、空港へ行った。

③ **「感情」の後ろ** → 「～して」と訳す！（副詞的用法）

I'm happy **to see** you again.
（happy = 感情）

また会え**て**うれしいです。

④ **文頭**に To 不定詞〜、または**名詞以外の後ろ**

→「〜するために」と訳す！（副詞的用法）

To sign up for this event, call 024-0927.

このイベントに登録する**ために**は、024-0927 までお電話ください。

Part 5 を高速で解く人は、頭の中で**文頭の不定詞は副詞的用法「〜するために」**と決めて読んでいるわけです。この知識と経験がたまることで、どの問題も高速に処理することができるようになります。では例題です。

例題 1

1. He got up early ------- the store.

(A) will open (B) opened
(C) to open (D) open

2. He wants ------- a hamburger.

(A) eating (B) ate
(C) will eat (D) to eat

3. She has many things ------- today.

(A) do (B) to do
(C) did (D) will do

4. We are happy ------- our new TV.

(A) will show (B) showed
(C) to show (D) be shown

解説

1. 大将は got up（＝過去形）なので、------- には弟子（不定詞、動名詞、分詞）の形を入れます。不定詞の形になっている **(C) to open** を選びます。

2. wants が現在形で 3 人称単数の s つきなので大将です。つまり、弟子の (A) eating と (D) to eat が候補になります。どちらを選ぶかは、大将が**未来を表すか、現在・過去を意味するかがポイント**。want は「（まだしていないことを）～したい」と未来を表す単語のため、**(D) to eat** を選びます。なお、不定詞が目的語になるこのパターンは Part 5 頻出です。

3. 大将は、3 単現の形になっている has です。弟子を選び、**(B) to do** が正解。この to do は things（名詞）を修飾しています。名詞の修飾は形容詞の働きのため、この to do は形容詞的用法です。

4. 大将は are、弟子の形になっているのは **(C) to show** です。happy という感情を表す言葉があり、その理由となっている事柄が to 以下で説明されています。「感情の原因」を表す副詞的用法です。

訳 1. 店を開けるために、彼は早起きした。
2. 彼はハンバーガーが食べたい。
3. 彼女は今日することがたくさんある。
4. 弊社の新しいテレビをお見せできてうれしいです。

大将の確認と、しかるべき弟子の選定を行いました。次に続く動名詞と分詞もこの考え方で攻略していきましょう。

弟子の働きその 2 動名詞

形 動詞の ing 形
働き 主語、動詞の目的語、前置詞の目的語、補語

弟子の 2 番目は動名詞です。ご覧のとおり、働きは Section 1 で説明した名詞とまったく同じです。この動名詞、「動詞生まれの名詞育ち」のため、**見た目は動詞ですが名詞の働きをします。**

Seeing is believing.
S V C（補語）
見ることは信じること → 百聞は一見に如かず。

Seeing は主語として、believing は補語として働いています。

次の例文も見てみましょう。

I like **watching** movies.
S V O(目的語)
私は映画を観ることが好きだ。

この場合は watching が動詞の目的語として働いています。英文を読むときのコツは、movies までまとめて見る視点です。

次の例文に進みましょう。

He is good at **playing** tennis.
S V C 前
彼はテニスが上手だ。

at が前置詞のため、その後ろは名詞しか来られません。この位置に「ドウシても」動詞を入れたいときが動名詞の出番です。play を -ing の形にしてあげれば解決。もちろん tennis までをまとめて読みます。

さて、聡明なあなたは動名詞の働きが不定詞の名詞的用法と同じであることに気づいたかもしれません。そのとおりです。以下のように言い換えられます。

I like **watching** movies. = I like **to watch** movies.

ただし、動詞によっては後ろに不定詞・動名詞のどちらが来るか決まっているものがあります。これについては、p. 120 の表にまとめてあります。また、不定詞は前置詞の目的語の働きはできません。

× He is good at to play tennis.

上記は誤りです（to は元来、前置詞のため、at と重ねては使えません）。

では、動名詞の例題です。

例題 2

1. My father's job is ------- English at a junior high school.

(A) teaching (B) teach
(C) will teach (D) have taught

2. **------- early is good for our health.**

(A) Get up (B) Getting up
(C) Have got (D) Got

3. **Wash your hands before ------- lunch.**

(A) eat (B) to eat
(C) ate (D) eating

4. **She finished ------- the book.**

(A) to be read (B) reads
(C) reading (D) has read

解説

1. 大将は is（be 動詞）。弟子の形である **(A) teaching** が正解です。be + -ing の進行形になりますが、My father's job が「〜しているところです」という意味は不自然なため、teaching を補語と考えます。日本語例題の 2 が英語になったものです。

2. こちらも大将は is。弟子の形は **(B) Getting up** です。この文の中で主語の働きをしています。

3. 大将は Wash。弟子の形は (B) to eat、(D) eating の 2 つです。Section 4 の超基礎問題 7 と似ていますが、空欄の後ろには lunch しかなく、選択肢に主語の候補もないため、この before は前置詞と考えます。before が前置詞と決まれば、正解は **(D) eating** です。

4. 大将は finished。弟子の形は (A) to be read、(C) reading です。(A) は受動態なので意味が通じず×（受動態については次のセクションで解説します）。動名詞の **(C) reading** を選びます。3 と 4 は、動名詞が正解になるパターンとして Part 5 で頻出です。

訳 1. 父の仕事は中学校で英語を教えることだ。 2. 早起きは健康によい。
3. 昼食をとる前に手を洗いなさい。 4. 彼女はその本を読み終えた。

ここまで不定詞と動名詞の用法と見分け方を確認しました。英文の不定詞と動名詞を見分けられると、リーディングセクションで絶大な効果を発揮します。

① Part 5 のダミー選択肢を高速で切れるようになる。
② Part 6 と 7 の読解問題が解けるようになる。

大事なポイントなので以下にまとめます。

不定詞と動名詞のまとめ

不定詞	動名詞
① 名詞的用法 → **主語、動詞の目的語、補語**	**主語、動詞の目的語、補語、** 前置詞の目的語
② 形容詞的用法 → 名詞修飾	
③ 副詞的用法 → 感情の原因、目的	

※ 網掛け部分は同じ働き

■ **不定詞と動名詞の見分け方**

大将となる動詞の後に、不定詞・動名詞どちらが続くかをまとめました。未来を表すか、現在・過去を意味するかがポイントです！

不定詞グループ

非現実的・未来系の動詞

覚え方 まだ PART TWO

manage	～を管理する
agree	～に同意する
decide	～を決める
aim	～を狙う
promise	～を約束する
appear	～のようだ

動名詞グループ

現実的・過去または現在系の動詞

覚え方 SMAP PIG CAFE で楽しみにする

stop	～をやめる
mind	～を気にする
avoid	～を避ける
put off	～を延期する
postpone	～を延期する
include	～を含む

refuse	～を拒む
tend	～の傾向がある
try	～に挑戦する
wish	～を願う
offer	～を提案する

give up	～を諦める
consider	～を考慮する
admit	～を認める
finish	～を終える
enjoy	～を楽しむ
deny	～を否定する
escape	～を逃れる
look forward to	～を楽しみにする

※ look forward to の to は前置詞のため後ろは（動）名詞を入れます。

以上、かなりボリュームがありましたが、不定詞・動名詞と TOEIC の出題形式について確認しました。さあ、最後の分詞です。もうひと頑張り！

弟子の働きその3　分詞

形 動詞の ing 形 ／ 過去分詞形

3 番弟子である「分詞」は、現在分詞（-ing）と過去分詞（p.p.）に**分かれ**ます。これが**分**詞の由来です。現在分詞は動名詞と同じ形で、過去分詞は現在完了（have/has + p.p.）の p.p. と同じ形ですが、使われ方が異なります。

現在分詞の働き	過去分詞の働き
① 進行形（Section 3）	① 完了形（Section 3）
② 動名詞（Section 5）	② 受動態（Section 6）
③ 形容詞用法（Section 1）	③ 形容詞用法（Section 1）
④ 分詞構文	④ 分詞構文

（網掛け）は -ing / p.p. に共通する部分です。詳しく見ていきましょう。

③形容詞用法は、名詞の修飾です。たとえば、

He saw a **shooting star.**

彼は流れ星を見た。

では、現在分詞 shooting が star を修飾しています。また、

He bought a **used car.**

彼は中古車を買った。

は過去分詞 used が car を修飾している、といった具合です。

これらは分詞が「名詞を前から修飾するパターン」でしたが、分詞に語句がつく場合は「名詞を後ろから修飾」します。

I know the **man sleeping** under the tree.

私は木の下で寝ている男性を知っている。

We like the **bread made** by that bakery.

私たちはそのパン屋で作られたパンが好きだ。

いずれにせよ、**分詞は必ず、修飾する名詞の隣に置かれます。**つまり、名詞の隣が空欄になっていたら分詞を入れるサインです。そして、**名詞の立場に立って、「〜している（進行形）」または「〜した（完了）、〜された（受動態）」のどちらか**を判断して分詞を選びます。

④の分詞構文は、さまざまな意味がありますが、TOEIC ではさくっと次のように理解してください。

分詞構文のポイント

POINT 1 副詞の働きをする
POINT 2 カンマ (,) とセットで出題
POINT 3 「時、理由、結果、条件、譲歩、付帯状況」すべて「て」と訳す

Being late for school, I was running.
学校に遅れていて、私は走っていた。

Seen from the plane, the island looked small.
飛行機から見て、その島は小さく見えた。

例題 3

1. I drank a grass of ------- water.

(A) sparkle (B) sparkling
(C) sparkled (D) to sparkle

2. ------- by his parents, the boy was happy.

(A) Love (B) Loving
(C) Loved (D) Have love

解説

1. 大将は drank (過去形)。名詞 water の隣のため、名詞を修飾する「分詞」にしぼります。water が sparkling (発泡**している**) と考えて **(B) が正解**です。

2. 大将は was (過去形)。弟子の形は (B) と (C) です。文中のカンマ (,) に注目して分詞構文を疑います。boy が loved (愛**されている**) と考えて p.p. の **(C) が正解**です。

訳 1. 私は炭酸水を 1 杯飲んだ。 2. 両親に愛されて、その少年は幸せだった。

さて、ここまで本当にお疲れさまでした。この後の演習で、「文法問題を解く」「英文を読む」という 2 つの力をさらに鍛えていきましょう。

超基礎問題

盛りだくさんの準動詞でしたが、まずは大将と弟子の選別です。そこから各項目の知識を定着させましょう。

1. He wants ------- an English teacher.

(A) is
(B) to be

2. She stopped -------.

(A) talk
(B) talking

3. She used the device ------- the file.

(A) to send
(B) send

4. He hoped ------- here.

(A) come
(B) to come

5. She looks forward to ------- from you.

(A) hear
(B) hearing

6. The language ------- in the country is English.

(A) speak
(B) spoken

7. The dog ------- in the garden is mine.

(A) running
(B) ran

8. He managed ------- to the party.

(A) going
(B) to go

9. I have a lot of homework ------- today.

(A) to do
(B) doing

10. My teacher says that ------- kind to others is important.

(A) be
(B) being

超基礎問題

解答と解説

1. He wants ------- an English teacher.

(A) is
(B) to be

彼は英語の教師になりたいと思っている。

wants が大将としてあるため、同じく be 動詞の is は使えません。want の後ろは不定詞が来ます。

2. She stopped -------.

(A) talk
(B) talking

彼女は話すのをやめた。

stopped が大将のため、弟子を選びます。talk は大将の形のため動名詞の talking を選びます。

3. She used the device ------- the file.

(A) to send
(B) send

彼女はファイルを送るためにそのデバイスを使った。

used が大将なので、空欄には弟子が来ます。不定詞の (A) が正解です。

4. He hoped ------- here.

(A) come
(B) to come

彼はここに来たいと思っていた。

hope は「～を望む」という意味で未来を表す語です。そのため後ろには不定詞が来ます。

5. She looks forward to ------- from you.

(A) hear
(B) hearing

彼女はあなたからの連絡を楽しみにしています。

look forward to の to は前置詞でした。したがって、動名詞の hearing を選びます。

6. The language ------- in the country is English.
(A) speak
(B) spoken

その国で話されている言語は英語だ。

大将はbe動詞のisです。名詞languageの立場から考えて、「話される」となる過去分詞spokenが正解です。

7. The dog ------- in the garden is mine.
(A) running
(B) ran

庭を走っている犬はうちの犬です。

大将はbe動詞のisです。弟子の形で、「走っている」と名詞のdogを修飾する現在分詞runningが正解です。

8. He managed ------- to the party.
(A) going
(B) to go

彼はなんとかそのパーティーに行こうとした。

manageは「(まだしていないこと)をなんとかやり遂げる」という未来を表す動詞です。後ろにはto不定詞が来ます。

9. I have a lot of homework ------- today.
(A) to do
(B) doing

今日はするべき仕事がたくさんあります。

大将はhaveです。選択肢はともに弟子の形ですが、名詞のhomeworkを修飾するには不定詞の形容詞的用法を使います。(A)が正解です。

10. My teacher says that ------- kind to others is important.
(A) be
(B) being

私の先生は他人に親切にすることが大切だと言います。

isの主語(S)が必要です。Sになれるのは名詞ですから、動名詞の(B)が正解です。

基本問題

選択肢が４つになるため、大将→弟子→弟子の働きまで注意して解答してください。

1. She was pleased ------- her colleagues in the airport.

(A) see
(B) seeing
(C) to see
(D) will see

2. He is responsible for ------- the invitations.

(A) send
(B) sends
(C) to send
(D) sending

3. The staff have instructions -------.

(A) to read
(B) reading
(C) will read
(D) have read

4. She is proud of ------- won a medal at the tournament.

(A) have
(B) had
(C) has
(D) having

5. The singer received a letter ------- him to attend the festival in May.
(A) invite
(B) inviting
(C) invited
(D) invites

6. ------- by many tourists, Byron Bay is a popular town in Australia.
(A) Visit
(B) Visited
(C) Visiting
(D) Visits

7. The CEO is expected ------- in ten minutes.
(A) arrive
(B) arriving
(C) arrived
(D) to arrive

8. The customer presented a coupon before ------- the shirt.
(A) purchase
(B) purchased
(C) purchasing
(D) to purchase

9. We're looking forward to ------- you again.
(A) serve
(B) be served
(C) serving
(D) have served

10. ------- dishes from the tables is my role in this restaurant.
(A) Remove
(B) Removing
(C) Removed
(D) Removal

基本問題

解答と解説

1. 正解 C

She was pleased ------- her colleagues in the airport.

彼女は空港で同僚に会えて喜んだ。

(A) see　(A) 原形
(B) seeing　(B) -ing 形
(C) to see　(C) to 不定詞
(D) will see　(D) 未来を表す形

pleased が感情を表しています。この感情の原因となる働きをしている不定詞の副詞的用法を選びます。

2. 正解 D

He is responsible for ------- the invitations.

彼は招待状を発送する責任がある。

(A) send　(A) 原形
(B) sends　(B) 3 人称単数現在形
(C) to send　(C) to 不定詞
(D) sending　(D) -ing 形

前置詞 for の後です。動名詞を選びます。

3. 正解 A

The staff have instructions -------.

スタッフは読むべき説明書を持っている。

(A) to read
(B) reading
(C) will read
(D) have read

(A) to 不定詞
(B) -ing 形
(C) 未来を表す形
(D) 現在完了形

instructions が名詞です。名詞修飾をする (A) の不定詞を選びます。

4. 正解 D

She is proud of ------- won a medal at the tournament.

彼女はそのトーナメントでメダルをとったことを誇りに思っている。

(A) have
(B) had
(C) has
(D) having

(A) 原形
(B) 過去形・過去分詞形
(C) 3 人称単数現在形
(D) -ing 形

確実に正解したい問題です。of が前置詞のため、後ろは動名詞を選びます。(D) having が正解です。

5. 正解 B

The singer received a letter ------- him to attend the festival in May.

その歌手は 5 月のフェスティバルへの参加を依頼する手紙を受け取った。

(A) invite
(B) inviting
(C) invited
(D) invites

(A) 原形
(B) -ing 形
(C) 過去形・過去分詞形
(D) 3 人称単数現在形

大将が received ですから、(A)(D) は不可。(C) は過去分詞として考えることもできますが、修飾する名詞 letter の立場に立つと、彼を「招待している」という意味にする必要があります。現在分詞の (B) が正解です。

6. **正解 B**

------- by many tourists, Byron Bay is a popular town in Australia.

(A) Visit
(B) Visited
(C) Visiting
(D) Visits

Byron Bay は多くの観光客が訪れる、オーストラリアで人気の街です。

(A) 原形
(B) 過去形・過去分詞形
(C) -ing 形
(D) 3 人称単数現在形

大将は is。空欄後の by とその後のカンマが分詞構文のヒントです。省略された S の Byron Bay は「訪れられる」ので過去分詞の (B) が正解です。

7. **正解 D**

The CEO is expected ------- in ten minutes.

(A) arrive
(B) arriving
(C) arrived
(D) to arrive

その CEO は 10 分後に来ることになっている。

(A) 原形
(B) -ing 形
(C) 過去形・過去分詞形
(D) to 不定詞

is expected は「〜と予想されている」という未来を表す動詞です。不定詞の (D) to arrive が正解です。Section 4 の実践問題 4 にも The price of avocados **is expected to** increase ... と出てきました。

8. **正解 C**

The customer presented a coupon before ------- the shirt.

(A) purchase
(B) purchased
(C) purchasing
(D) to purchase

その客はシャツを購入する前にクーポンを提示した。

(A) 原形
(B) 過去形・過去分詞形
(C) -ing 形
(D) to 不定詞

before が前置詞です。動名詞の形になっている (C) が正解です。

9. 正解 C

We're looking forward to ------- you again.

お客様にまたサービスすることを楽しみにしております。

(A) serve
(B) be served
(C) **serving**
(D) have served

(A) 原形
(B) 受動態
(C) -ing 形
(D) 現在完了形

look forward to は定番の形のため、超基礎問題に続き、ここでも出題しました。to にだまされずに動名詞を選んでください。

10. 正解 B

------- dishes from the tables is my role in this restaurant.

テーブルからお皿を下げることが、このレストランでの私の役割です。

(A) Remove
(B) **Removing**
(C) Removed
(D) Removal

(A) 原形
(B) -ing 形
(C) 過去形・過去分詞形
(D) 名 除去

is の S がありません。S になれるのは名詞だけですから、名詞の働きができるものを探します。ここでは (B) Removing のみ、**動名詞**として S になれます。(D) は名詞なので後ろに目的語の dishes をとれません。

次はいよいよ実践問題です。仮にここまでで間違えた問題があったら、必ず原因を確かめて納得してから次に進んでください。

実践問題

文は長く、単語のレベルは高くなりますが、すべてここまでで学んだ内容で解くことができます。自信を持って臨んでください。

1. Mr. Watson will decline the job offer from WEX Communications because he prefers ------- on his academic studies now.

(A) focuses
(B) focused
(C) focus
(D) to focus

2. If properly operated and maintained, diesel engines tend ------- longer than gasoline engines.

(A) last
(B) to last
(C) are lasting
(D) having lasted

3. Ms. Cooper was advised to paint the walls in her office lobby before ------- a new carpet.

(A) install
(B) have installed
(C) installing
(D) to install

4. The electronics makers agreed that ------- their business relationship would benefit them amid intense global competition.

(A) strengthening
(B) strengthened
(C) strengthens
(D) strengthen

5. Trespol Builders sent all of its clients a wall calendar ------- landscape photographs from across Australia.

(A) featured
(B) features
(C) featuring
(D) feature

6. Katz Electric cited poor sales as the reason for the decision ------- its line of computer monitors.

(A) discontinues
(B) discontinue
(C) has discontinued
(D) to discontinue

7. Anyone interested in ------- in the Arlsberg Bicycle Race should register by the end of September.

(A) participating
(B) participated
(C) participate
(D) to participate

8. ------- more than 1,500 passengers daily, the Stockert Ferry is a critical service for our city.

(A) Transport
(B) Transported
(C) Transporting
(D) Transports

9. The staff at the Carerra Company have managed ------- nearly £25,000 for local charities since January.

(A) raised
(B) raise
(C) had raised
(D) to raise

10. The colorful garden ------- the tower in Stoneville is a popular spot for tourists and locals alike.

(A) surround
(B) surrounding
(C) surrounds
(D) surrounded

実践問題

解答と解説

1. 正解 D

Mr. Watson will decline the job offer from WEX Communications because he prefers ------- on his academic studies now.

(A) focuses
(B) focused
(C) focus
(D) to focus

Watson 氏は目下、学術研究に専念したいので WEX Communications からの仕事のオファーを断るつもりだ。

(A) 3 人称単数現在形
(B) 過去形・過去分詞形
(C) 原形
(D) to 不定詞

空欄直後の on に注目し、focus on（～に集中する）の形を考えます。大将の prefer は動名詞、不定詞ともにとる動詞ですが、TOEIC では圧倒的に to *do* の形をとり、「～することを好む」という意味になります。(D) が正解です。

語注 | □ decline 動 ～を断る　□ focus on ～に集中する

2. 正解 B

If properly operated and maintained, diesel engines tend ------- longer than gasoline engines.

(A) last
(B) to last
(C) are lasting
(D) having lasted

適切に運転し、メンテナンスされれば軽油エンジンはガソリンエンジンよりも長く持つ傾向にある。

(A) 原形
(B) to 不定詞
(C) 現在進行形
(D) 現在完了の -ing 形

大将の tend に続く形が問われています。pp. 120-121 の不定詞グループ『まだ PART TWO』の T が tend です。不定詞の (B) が正解です。

語注 | □ maintain 動 ～を維持する　□ last 動 続く、もつ

3. 正解 C

Ms. Cooper was advised to paint the walls in her office lobby before ------- a new carpet.

(A) install
(B) have installed
(C) installing
(D) to install

Cooper さんは、新しいカーペットを敷く前にオフィスのロビーの壁を塗るようにアドバイスされた。

(A) 原形
(B) 現在完了形
(C) -ing 形
(D) to 不定詞

before が前置詞なので動名詞を入れます。(C) が正解です。

語注｜□ advise 動 〜に助言する

4. 正解 A

The electronics makers agreed that ------- their business relationship would benefit them amid intense global competition.

(A) **strengthening**
(B) strengthened
(C) strengthens
(D) strengthen

電機メーカー各社はし烈な国際競争のさなかではビジネス上の関係を強くすることが互いの利益になることに同意した。

(A) -ing 形
(B) 過去形・過去分詞形
(C) 3 人称単数現在形
(D) 原形

接続詞 that で区切って考えます。
------- their business relationship would benefit ...
↑ S になる語が必要　　V
S になれるのは選択肢の中で動名詞の (A) のみです。

語注｜□ relationship 名 関係　□ benefit 動 〜に利益をもたらす
□ amid 前 〜の真ん中で、さなかで　□ intense 形 し烈な　□ strengthen 動 〜を強くする

5. 正解 C

Trespol Builders sent all of its clients a wall calendar ------- landscape photographs from across Australia.

(A) featured
(B) features
(C) **featuring**
(D) feature

Trespol Builders は同社のすべての取引先にオーストラリア全土の風景写真が載った壁掛けカレンダーを送った。

(A) 過去形・過去分詞形
(B) 3 人称単数現在形
(C) -ing 形
(D) 原形

calendar が名詞でその隣が空欄です。名詞修飾ができるのは、(A) か (C) の分詞。landscape photographs「を扱っている」という意味になる (C) の現在分詞が正解です。基本的に、過去分詞の後に名詞は入りません。

語注｜□ feature 動 〜を扱う、目玉にする

6. 正解 D

Katz Electric cited poor sales as the reason for the decision ------- its line of computer monitors.

(A) discontinues
(B) discontinue
(C) has discontinued
(D) to discontinue

Katz Electricはコンピューターモニターの生産ライン打ち切りの決定に当たり、売上が振るわなかったことを理由に挙げた。

(A) 3人称単数現在形
(B) 原形
(C) 現在完了形
(D) to不定詞

decisionの右隣が空欄です。(A)(B)(C)はすべて大将となり、citedとバッティングします。名詞修飾ができる不定詞の(D)が正解。形容詞的用法です。

語注 | □cite 動 ～を引き合いに出す

7. 正解 A

Anyone interested in ------- in the Arlsberg Bicycle Race should register by the end of September.

(A) participating
(B) participated
(C) participate
(D) to participate

Arlsberg Bicycle Raceに興味がある人はどなたも9月末までに登録してください。

(A) -ing形
(B) 過去形・過去分詞形
(C) 原形
(D) to不定詞

前置詞inの後ろなので、動名詞を選びます。(A)が正解です。

語注 | □register 動 登録する

8. 正解 C

------- more than 1,500 passengers daily, the Stockert Ferry is a critical service for our city.

(A) Transport
(B) Transported
(C) Transporting
(D) Transports

1日に1,500人を超える乗客を輸送するStockertフェリーは、私たちの街になくてはならないサービスです。

(A) 原形
(B) 過去形・過去分詞形
(C) -ing形
(D) 3人称単数現在形

文頭の空欄と文中のカンマから分詞構文のにおいがかぎつけられたら、相当に実力がついています。分詞は(B)(C)ですが、後ろに名詞があるため過去分詞は選べません。現在分詞の(C)が正解です。

語注 | □passenger 名 乗客　□critical 形 極めて重要な

9. 正解 **D**

The staff at the Carerra Company have managed ------- nearly £25,000 for local charities since January.

(A) raised
(B) raise
(C) had raised
(D) to raise

Carerra 社のスタッフは、1 月以来、地域のチャリティーにおよそ 25,000 ポンドを調達している。

(A) 過去形・過去分詞形
(B) 原形
(C) 過去完了形
(D) to 不定詞

manage の後ろの形を選ぶ問題です。不定詞の (D) が正解です。

語注 | □ raise 動 ～（金など）を調達する

10. 正解 **B**

The colorful garden ------- the tower in Stoneville is a popular spot for tourists and locals alike.

(A) surround
(B) surrounding
(C) surrounds
(D) surrounded

Stoneville の塔を囲んでいるカラフルな庭は観光客にも地元民にも人気のスポットだ。

(A) 原形
(B) -ing 形
(C) 3 人称単数現在形
(D) 過去形・過去分詞形

名詞の右隣があいているため、名詞修飾する分詞が候補になります。また後ろに the tower という名詞があるので、現在分詞の (B) が正解です。

語注 | □ alike 副 同様に　□ surround 動 ～を囲む

大ボリュームの Section 5 でしたが、準動詞は Part 6 でもう一度復習します。その後またこの部分に戻っていただけると、より深く理解していただけるはずです。

Section 6 受動態、比較、関係詞問題

わくわくPoint

パターンを見抜いてさくっと選ぶ

受動態、比較、関係詞は難しいというイメージがあるかもしれません。しかしPart 5 では出題パターンが決まっていて、実は細かい知識は不要です。各ポイントをさくっと確認しましょう。

日本語例題

1. その小説は村上さんによって -------。

(A) 書くだろう
(B) 書きます
(C) 書かれた
(D) 書きません

2. 私の兄は私よりも背が -------。

(A) 同じくらい高い
(B) 高い
(C) 一番高い
(D) 高さ

3. ------- 肉じゃがはおいしかった。

(A) 私の母は作ること
(B) 私の母は作るだろう
(C) 私の母は作る
(D) 私の母が作った

解説

正解は 1 が (C)、2 が (B)、3 が (D)。「そりゃ日本語なんだから簡単に解けるさ」と思ったかもしれません。同じ気持ちで、英語になっても、「ここにヒントがあるんだから簡単に解けるさ」という状況にするのが、このセクションの目的です。
では、そのヒントとは？ 受動態、比較、関係詞それぞれのポイントと解き方を見ていきましょう。

1 受動態

ポイント 受動態の後ろに名詞はない
形 be + p.p.
働き ～されている、された

Tom uses this desk.
S V O
トムはこの机を使う。

このような文を能動態といいます。いわゆる普通の文です。受動態の定義は「能動態の目的語 (O) が主語の位置に来たもの」なので、この定義に沿って受動態を作ってみます。

Tom uses this desk.
S V O

This desk is used by Tom.
S V 前置詞＋名詞
この机はトムによって使われる。

受動態の英文では、be + p.p.（この場合は is used）の後ろに名詞がなくなっていることがわかります。もともとあった名詞 this desk が主語の位置に移動したので当たり前ですが、この考え方は Part 5 で役立ちます。

例題 1

1. This meeting will ------- by all employees.

(A) be attended　(B) attend
(C) attending　(D) attended

2. Mr. Cho ------- to manager last year.

(A) promotes　(B) promoted
(C) is promoted　(D) was promoted

3. Ms. Smith ------- a coupon last week.

(A) was used　(B) uses
(C) used　(D) to use

4. One of my friends ------- as a leader yesterday.

(A) selected　(B) are selected
(C) were selected　(D) was selected

解説

1. 「will の後ろで動詞は原形」とだけ考えた場合、(A)(B) の 2 つが残ってしまいます。しかし、「**受動態の後ろに名詞は来ない**」と知っていれば、すぐに (A) を選べます。このときに by all employees を「前置詞＋名詞」の修飾語句と捉え、名詞とはっきり分けることが大切です。**正解は (A)**。

2. promote（～を昇進させる）という単語の意味を知らなかったとします。その場合、文末の last year に引っ張られて (B) を選ぶリスクがあります。しかし、「**受動態の後ろに名詞は来ない**」と理解していれば、過去形かつ受動態の (D) を選ぶことができます。to manager は「前置詞＋名詞」ですから修飾語句です。**正解は (D)**。

3. 前セクションの「大将」目線で、弟子の (D) をバシっと切れていれば力がついていますね。さて、last week のヒントから (A)(C) にしぼった後、「結局、Smith さんはクーポン使ったのかな？ いや使われたのかな？」と迷うことがナンセンスなのは、もうおわかりいただけるはず。また、1、2 とは異なり、空欄の後ろに a coupon という明確な名詞があるので受動態は使えません。**(C) が正解。**

4. 「はい、yesterday が過去、空欄の後ろに名詞ない、主語が friends だから (C)、楽勝！」とやってしまったとしたら、出題者の思うツボです。せっかく「前置詞＋名詞」を修飾語句と見る習慣がついているわけですから、One of my friends と捉え、One が主語と見抜きましょう。One は単数ですから **(D) was selected** が正解です。出題者は were selected を選ばせたくて、意図的に空欄近くに friends を置いています。

訳 1. その会議は全従業員が出席することになっている。
2. Cho さんは去年、部長に昇進した。　3. 彼らは先週クーポンを使った。
4. 私の友人の一人が昨日、リーダーとして選ばれた。

「受動態の後に名詞は来ない」という視点で、「能動態／受動態」の問題が確実に解けるようになるだけでなく、解くスピードもアップします（SVOO の文では名詞が 1 つ残りますが、出題はほぼありません。高速解答のためにまず名詞は来ない、のスタンスで OK です）。

また Section 5 の実践問題の解説で触れましたが、基本的に、過去分詞の後に名詞は入りません。この考え方は分詞の問題にも応用できるというわけです。

受動態攻略フロー

STEP 1 空欄後の名詞の有無を確認

STEP 2 時を表すヒントをもとに be 動詞の時制を決める

STEP 3 主語の数をチェックして正解を選ぶ

2 比較

ポイント 比較できるのは形容詞・副詞だけ

	原級	比較級	最上級
形	as ~ as	-er / more-	(the) -est / the most-
意味	同じくらい	～よりも	一番～

最も大事なのが「比較できる品詞は形容詞と副詞のみ」という点です。たとえば、「私は姉より背が**高い**です」という文は「高い」が形容詞なので問題ありませんが、「私は姉より**コーラ**」では意味が通じませんよね。「コーラ」という名詞では比べられません。ここをしっかり理解しておけば、**比較問題で「形容詞と副詞以外」を真っ先に切れます。**

次に出題傾向ですが、原級、比較級、最上級のうち最も出題されるのは比較級です。前著で比較を説明する際、以下の①～③で済ませていますが、本当にこれだけで十分です。

比較の「それが大事」

難しいことを覚える必要はありません。次の 3 つを確認してください。

① than があったら -er / more-

② the / of / in があったら -est / most-

③ as ~ as の間はそのままの形

（『ゼロからの TOEIC® L&R テスト 600 点 全パート講義』p. 211「それが大事 2」）

TOEIC では「馬が魚でないのと同様、クジラも魚ではない」とか考えなくて OK です。例題で確認します。

例題 2

1. I am as ------- as Tom.

(A) old (B) older
(C) oldest (D) oldness

2. He gets up ------- than his brother.

(A) early (B) earlier
(C) the earliest (D) earliness

3. Mt. Fuji is the ------- mountain in Japan.

(A) high (B) higher
(C) highest (D) highness

解説

1. 「それが大事」に沿って攻略していきましょう。「③ as ~ as の間はそのままの形」なので、(B)(C) を切ります。(D) は -ness で終わっていて名詞ですから除外。**正解は (A)** です。

2. 「① than があったら -er / more-」を使います。**(B)** を選びます。(D) は先ほど同様 -ness なので名詞です。

3. 「② the / of / in があったら -est / most-」から **(C) が正解**です。(D) は名詞のため選べません。

訳 1. 私はトムと同い年だ。 2. 彼は彼の兄よりも早く起きる。
3. 富士山は日本で一番高い山だ。

あっけないほど簡単、と思ったかもしれませんが、英文が長く複雑になってもこのアプローチで攻略できます。この後の演習で確認してください。

3 関係詞

ポイント 先行詞と空欄前後がすべて

既刊の公式問題集 8 冊 480 問を分析すると、純粋な関係詞の出題はわずか 5 問です（who 1 回、which 1 回、that 1 回、whose 2 回）。割合としては非常に低いのにこのセクションで扱った理由は 2 つあります。

まず、**読解に必要な項目である**こと。次に公式問題集 5 ～7 まで連続して必ず 1 題の出題例があることです。

関係詞には大きく分けて「関係代名詞」と「関係副詞」の2種類がありますが、出題されるのは**関係代名詞**。攻略方法は比較同様、シンプルです。

先行詞	主格	目的格	所有格
人	who	whom	whose
人以外	which	which	whose
どちらもでも	that	that	

関係詞の「それが大事」

① 先行詞を「人」か「人以外」に分ける。
② 空欄の後ろが「動詞」「S ＋ V の目的語なし」「名詞」のどれかを確認。
③ 上記②に対応するものを選ぶ。
「動詞」→ 主格
「S ＋ V の目的語なし」→ 目的格
「（何もつかない）名詞」→ 所有格

聞き慣れない言葉が 1 つありますね。「先行詞」は、関係代名詞によって説明される名詞のこと。つまり、書き手が詳しく伝えたい名詞です。

I have a car that runs very fast.
（a car：先行詞）

考え方は、「俺、車持ってるんだけどさ（that が「車を詳しく説明するよー」のサインです）、その車がすごい速く走るのよ」といった具合です。

①～③の 3 ステップで正解が導けます。例題で確認しましょう。

例題 3

1. I have an uncle ------- lives in London.

(A) which　(B) who
(C) whose　(D) what

2. Please send the report ------- you wrote yesterday.

(A) what　(B) who
(C) whom　(D) which

3. I called Mr. Tanaka, ------- company is located in Tokyo.

(A) whose　(B) that
(C) which　(D) who

4. We went to a restaurant ------- stays open till 10 P.M.

(A) who　(B) whose
(C) that　(D) what

解説

1. 先行詞は uncle で人です。表では次の部分が残ります。

先行詞	主格	目的格	所有格
人	who	whom	whose
どちらもでも	that	that	

空欄の後ろは lives で動詞なので主格を選びます。選択肢に that はないため、正解は **(B) who**。

先行詞	主格
人	who
どちらもでも	that

2. 先行詞は report で物（人以外）です。表では次の部分が残ります。

先行詞	主格	目的格	所有格
人以外	which	which	whose
どちらもでも	that	that	

空欄の後ろは you wrote が S + V の形で何を書いたのかの目的語がありません。目的格を選びます。選択肢に that はないため、正解は **(D) which** です。

先行詞	目的格
人以外	which
どちらもでも	that

3. 先行詞は Mr. Tanaka で人物です。表では次の部分が残ります。

先行詞	主格	目的格	所有格
人	who	whom	whose
どちらもでも	that	that	

空欄の後ろは company で名詞です。company is located と英文が完成しています（主格も目的格も入りません）。空欄の後ろに何もつかない名詞が来たら所有格。正解は **(A) whose** です。

先行詞	所有格
人	whose

4. 先行詞は restaurant で物（人以外）です。表では次の部分が残ります。

先行詞	主格	目的格	所有格
人以外	which	which	whose
どちらもでも	that	that	

次に空欄の後ろは stays で動詞です。主格を選びます。選択肢に which はないため、**(C) that** を選びます。

先行詞	主格
人以外	which
どちらもでも	**that**

訳 1. 私にはロンドンに住んでいるおじがいる。
2. 昨日あなたが書いたレポートを送ってください。
3. 私は田中さんに電話した。彼の会社は東京にある。
4. 私たちは午後 10 時まで開いているレストランに行った。

どの問題も、Section 1 と 2 で学んだ「品詞」と「格」の内容を使って、表と照合する作業を繰り返しているだけです。なお、選択肢に that と which の両方が含まれていてどちらも正解になる、ということはないので安心してください。

受動態、比較、関係詞の解答ポイント

POINT 1 **受動態は後ろに名詞があるかないかで判断。時制と主語の数に注意**

POINT 2 **比較できるのは形容詞と副詞のみ。than / the / of / in / as - as を見つけて選ぶだけ**

POINT 3 **関係代名詞は先行詞と空欄の後ろをチェック**

以上を押さえて、超基礎問題から演習していきましょう。

超基礎問題

受動態、比較、関係詞のどれが問われているかをチェックし、それぞれのポイントを使って解いてください。

1. This computer ------- by Tom.

(A) uses
(B) is used

2. The office ------- yesterday.

(A) was cleaned
(B) are cleaned

3. The factory ------- a lot of cars.

(A) is built
(B) builds

4. This bag is as ------- as that one.

(A) expensive
(B) more expensive

5. This car is the ------- among young people.

(A) most popular
(B) more popular

6. Your dog is ------- than mine.

(A) biggest
(B) bigger

7. I know the man ------- visited us yesterday.

(A) who
(B) which

8. She runs the shop ------- flowers sell well.

(A) which
(B) whose

9. This is the picture ------- she took.

(A) that
(B) whose

10. I read the book ------- was written by you.

(A) that
(B) who

超基礎問題

解答と解説

1. This computer ------- by Tom.

(A) uses

(B) is used

このコンピューターはトムによって使われる。

(A) にすると「コンピューターが使う」という意味になってしまうこと、また空欄の後ろに名詞がないため、受動態を選びます。

2. The office ------- yesterday.

(A) was cleaned

(B) are cleaned

そのオフィスは昨日掃除された。

yesterday があるので、過去時制を選びます。

3. The factory ------- a lot of cars.

(A) is built

(B) builds

その工場はたくさんの車を製造している。

空欄の後ろに cars という名詞があるため、受動態は使えません。能動態になる (B) が正解です。

4. This bag is as ------- as that one.

(A) expensive

(B) more expensive

このバッグはあのバッグと同じくらい高価だ。

as ~ as に挟まれているため、そのままの形（原級）を選びます。

5. This car is the ------- among young people.

(A) most popular

(B) more popular

この車は若者たちの間で最も人気がある。

the があることがヒントです。最上級の (A) が正解です。

6. Your dog is ------- than mine.

(A) biggest
(B) bigger

君の犬は僕の犬より大きい。

than があるため、比較級を選びます。-er で終わる (B) が正解です。

7. I know the man ------- visited us yesterday.

(A) who
(B) which

私は、昨日私たちを訪ねてきた男性を知っている。

先行詞が man で人、空欄の後ろが動詞なので主格の関係代名詞 who を選びます。

8. She runs the shop ------- flowers sell well.

(A) which
(B) whose

彼女は花がよく売れる店を経営している。

空欄の後ろには flowers と何もつかない名詞が続きます。flowers sell well と文が完成しているため (B) whose が正解です。

9. This is the picture ------- she took.

(A) that
(B) whose

これは彼女が撮った写真だ。

先行詞は picture で物です。後ろは she took となっていて took の目的語がないため、目的格の that が正解です。

10. I read the book ------- was written by you.

(A) that
(B) who

私はあなたが書いた本を読んだ。

先行詞は book で物です。空欄の後ろは動詞が続くため主格の that が正解です。

基本問題

受動態、比較、関係詞を分散させていますが、何が問われているかを見極め、押さえるべきポイントを確認して解いてください。

1. The cars in this shop ------- to young families.

(A) sells
(B) is sold
(C) are sold
(D) to sell

2. He arrived ------- than me because of the traffic jam.

(A) late
(B) later
(C) latest
(D) last

3. Passengers ------- have a flight ticket can shop here.

(A) who
(B) which
(C) whose
(D) what

4. Visitors to the factory ------- to wear helmets.

(A) is instructed
(B) are instructed
(C) to instruct
(D) instructing

5. The new smartphone is as ------- as the old model.

(A) more expensive
(B) the most expensive
(C) expense
(D) expensive

6. The shopping mall, ------- is under construction, will open next winter.

(A) who
(B) whose
(C) what
(D) which

7. Movies from India ------- around the world since 1980.

(A) has been watched
(B) are watched
(C) have been watched
(D) to watch

8. This laptop is the ------- of our models.

(A) light
(B) lightest
(C) lighter
(D) lightness

9. The presentation ------- we attended was very short.

(A) whose
(B) that
(C) who
(D) what

10. The writer ------- books are famous declined to join the conference.

(A) who
(B) that
(C) which
(D) whose

基本問題

解答と解説

1. 正解 C

The cars in this shop ------- to young families.

この店の車は若い家族向けに販売されている。

(A) sells　(A) 3人称単数現在形
(B) is sold　(B) 3人称単数現在形の受動態
(C) are sold　(C) 複数形の受動態
(D) to sell　(D) to 不定詞

空欄の後ろに名詞がないため受動態を選びます。主語は cars で複数です。in this shop の shop に引っ張られて (B) を選ばないように注意。

2. 正解 B

He arrived ------- than me because of the traffic jam.

彼は交通渋滞のため、私よりも遅く到着した。

(A) late　(A) 形 遅い／副 遅れて
(B) later　(B) 比較級
(C) latest　(C) 最上級
(D) last　(D) 形 最後の

than があるので、比較級の later を選びます。

3. 正解 A

Passengers ------- have a flight ticket can shop here.

航空券をお持ちの乗客の皆さまはこちらで買い物ができます。

(A) **who** (A) 主格
(B) which (B) 主格・目的格
(C) whose (C) 所有格
(D) what (D)（先行詞を含んで）物、こと

先行詞は人で、空欄の後ろに動詞があります。主格の関係代名詞 who が正解です。

4. 正解 B

Visitors to the factory ------- to wear helmets.

工場の見学者はヘルメットをかぶるように案内される。

(A) is instructed (A) 3 人称単数現在形の受動態
(B) **are instructed** (B) 複数形の受動態
(C) to instruct (C) to 不定詞
(D) instructing (D) -ing 形

空欄の後ろに名詞がないため受動態を選びます。主語は Visitors で複数。1 と同じく factory の単数にひっかかっていなければバッチリです。

5. 正解 D

The new smartphone is as ------- as the old model.

その新しいスマートフォンは古いモデルと同じぐらい高額だ。

(A) more expensive (A) 比較級
(B) the most expensive (B) 最上級
(C) expense (C) 名 経費
(D) **expensive** (D) 形 高価な

as ～ as の間が空欄です。形容詞の原級 expensive を入れます。(C) expense は「経費」という意味の名詞です。

6. 正解 D

The shopping mall, ------- is under construction, will open next winter.

(A) who
(B) whose
(C) what
(D) which

建設中のショッピングモールは、来冬にオープンします。

(A) 主格
(B) 所有格
(C)（先行詞を含んで）物、こと
(D) 主格

先行詞は shopping mall で物。空欄の後ろは is と be 動詞が続きます。主格の関係代名詞 which が正解です。

7. 正解 C

Movies from India ------- around the world since 1980.

(A) has been watched
(B) are watched
(C) have been watched
(D) to watch

インドの映画が 1980 年以降、世界中で観られるようになった。

(A) 3 人称単数現在完了の受動態
(B) 複数形の受動態
(C) 複数形の現在完了の受動態
(D) to 不定詞

空欄の後ろに名詞がないため受動態を選びます。(A)(B)(C) が残り、主語が Movies と複数なので (B)(C) が残ります。最後に文末の since に注目し、現在完了の形になっている (C) が正解です。

8. 正解 B

This laptop is the ------- of our models.

(A) light
(B) lightest
(C) lighter
(D) lightness

このノートパソコンは当社のモデルで一番軽い。

(A) 形 軽い
(B) 最上級
(C) 比較級
(D) 名 軽量さ

空欄前の the と後ろの of に注目です。最上級の形は lightest です。

9. 正解 B

The presentation ------- we attended was very short.

われわれが参加したプレゼンは非常に短かった。

(A) whose　(A) 所有格
(B) that　(B) 目的格
(C) who　(C) 主格
(D) what　(D)（先行詞を含んで）物、こと

先行詞は presentation で物。空欄の後ろは we attended と S + V が続き、その目的語がありません。目的格の関係代名詞 that が正解です。

10. 正解 D

The writer ------- books are famous declined to join the conference.

著作が有名なその作家は会合に参加することを断った。

(A) who　(A) 主格
(B) that　(B) 主格・目的格
(C) which　(C) 主格・目的格
(D) whose　(D) 所有格

先行詞は writer =人で、空欄の後ろが books と何もついていない名詞になっていることがポイントです。所有格の関係代名詞 whose を選びます。

実践問題に入る前にドキドキしていたら、問題に取り組む準備ができている証拠です。できていなかったら、やりたくなくなるはずですから。1 つのセクションで受動態、比較、関係代名詞に対応できるようになった自分をほめて、自信を持って取り組んでください。

実践問題

基本問題同様、何が問われているかを見極めて解いてください。

1. Because it provides many opportunities for career growth, the Tefoltex Company ------- as the best place to work in Melbourne.

(A) recognize
(B) recognizing
(C) is recognized
(D) has recognized

2. Since the snow arrived ------- than usual this year, the cross-country ski race had to be postponed.

(A) late
(B) latest
(C) later
(D) lateness

3. Conference attendees ------- registered in advance can pick up their entry pass at Table 3 in the lobby.

(A) what
(B) where
(C) who
(D) why

4. Business owners and residents of Palmando whose properties ------- during the storm are eligible for financial assistance.

(A) damage
(B) damaging
(C) to be damaged
(D) were damaged

5. Most of the staff agreed that Mr. Bradshaw has not been as ------- as their previous supervisor.
(A) supports
(B) supportive
(C) supportively
(D) supporting

6. The marketing department will formulate guidelines on the corporate colors ------- must be used for product packaging.
(A) what
(B) where
(C) that
(D) this

7. Production of the new tablets ------- after the company received several reports of the battery overheating.
(A) will suspend
(B) has been suspended
(C) to be suspended
(D) is suspending

8. The price of copper in the United States has reached its ------- level in over five years.
(A) high
(B) higher
(C) highest
(D) most highly

9. The city council has announced plans for the library's renovation, ------- will be carried out in three stages.
(A) which
(B) whose
(C) so
(D) as

10. All contest entrants ------- submissions are selected for judging will receive a complimentary T-shirt.
(A) whose
(B) whichever
(C) whom
(D) whatever

実践問題

解答と解説

1. 正解 C

Because it provides many opportunities for career growth, the Tefoltex Company ------- as the best place to work in Melbourne.

キャリアアップの機会を多く提供しているため、Tefoltex 社はメルボルンで最高の職場として認知されています。

(A) recognize
(B) recognizing
(C) is recognized
(D) has recognized

(A) 原形
(B) -ing 形
(C) 受動態
(D) 現在完了形

空欄の後ろに名詞がないため受動態を選びます。主語は Tefoltex Company で単数です。Because ... growth までは読まなくても解答できる問題です。

語注 | □ provide 動 ～を提供する　□ recognize 動 ～を認識する

2. 正解 C

Since the snow arrived ------- than usual this year, the cross-country ski race had to be postponed.

今年の雪は例年より遅かったため、クロスカントリースキーのレースは延期となった。

(A) late
(B) latest
(C) later
(D) lateness

(A) 形 遅い／副 遅れて
(B) 最上級
(C) 比較級
(D) 名 遅いこと

空欄後の than に注目です。比較級の later を選びます。

3. 正解 C

Conference attendees ------- registered in advance can pick up their entry pass at Table 3 in the lobby.

(A) what
(B) where
(C) who
(D) why

事前登録を済ませた会議参加者は、入場券をロビー 3 番テーブルでお受け取りいただけます。

(A)（先行詞を含んで）物、こと
(B) 関係副詞
(C) 関係代名詞の主格
(D) 関係副詞

先行詞は attendees で人です。空欄の後ろには動詞が続くため主格の関係代名詞 who が正解です。

語注 | □ attendee 名 参加者　□ register 動 登録する　□ in advance 事前に

4. 正解 D

Business owners and residents of Palmando whose properties ------- during the storm are eligible for financial assistance.

(A) damage
(B) damaging
(C) to be damaged
(D) were damaged

暴風雨で住居に損害を被った Palmando の事業者および居住者は、財政補助を受ける資格がある。

(A) 原形
(B) -ing 形
(C) to 不定詞
(D) 受動態

空欄の後ろに名詞がないため受動態を選びます。

語注 | □ resident 名 住人　□ property 名 住居　□ be eligible for 〜の資格がある

5. 正解 B

Most of the staff agreed that Mr. Bradshaw has not been as ------- as their previous supervisor.

(A) supports
(B) supportive
(C) supportively
(D) supporting

ほとんどのスタッフは Bradshaw 氏が前の上司ほど面倒見がよくないという意見で一致した。

(A) 3 人称単数現在形
(B) 形 面倒見のよい
(C) 副 サポートして
(D) -ing 形

as 〜 as で挟まれているため、原級の supportive を選びます。

語注 | □ previous 形 以前の　□ supervisor 名 上司

6. 正解 C

The marketing department will formulate guidelines on the corporate colors ------- must be used for product packaging.

マーケティング部はコーポレートカラーが製品の包装に使用されなければならないという指標を設定する予定だ。

(A) what
(B) where
(C) **that**
(D) this

(A)（先行詞を含んで）物、こと
(B) 関係副詞
(C) 関係代名詞の主格
(D) 代名詞

先行詞は colors で人以外です。空欄の後ろには must be と動詞が続くため主格の関係代名詞 that が正解です。

語注｜□formulate 動 ～（規則など）を考案する、設ける　□guideline 名 指標

7. 正解 B

Production of the new tablets ------- after the company received several reports of the battery overheating.

バッテリーが過剰に熱くなるという報告をその会社が複数受けた後、新しいタブレットの製造は一時停止されている。

(A) will suspend
(B) **has been suspended**
(C) to be suspended
(D) is suspending

(A) 未来を表す形
(B) 現在完了の受動態
(C) to 不定詞
(D) 現在進行形

空欄の後ろに名詞がないため受動態を選びます。主語は Production（製造）で不可算名詞です。製造が「一時停止されている」となる (B) が正解です。

語注｜□production 名 生産　□overheat 動 過熱する

8. 正解 C

The price of copper in the United States has reached its ------- level in over five years.

アメリカ国内における銅の値段は、この5年超で最も高値になった。

(A) high
(B) higher
(C) **highest**
(D) most highly

(A) 形 高い
(B) 形 の比較級
(C) 形 の最上級
(D) 副 の最上級

空欄後の in に注目です。最上級の highest を選びます。

語注｜□copper 名 銅

9. 正解 A

The city council has announced plans for the library's renovation, ------- will be carried out in three stages.

市議会は図書館の改築を3段階に分けて実行すると発表した。

(A) **which**
(B) whose
(C) so
(D) as

(A) 主格
(B) 所有格
(C) 接 だから
(D) 接 ～するように

空欄の前にカンマ(,)があっても、することは同じです。先行詞はrenovationで人以外、空欄の後ろには動詞が続くため主格の関係代名詞whichが正解です。

語注｜□ city council 名 市議会　□ renovation 名 改築　□ carry out ～を実行する

10. 正解 A

All contest entrants ------- submissions are selected for judging will receive a complimentary T-shirt.

提出物が審査に選ばれたコンテストの参加者は全員、無料のTシャツが提供される。

(A) **whose**
(B) whichever
(C) whom
(D) whatever

(A) 所有格
(B) 複合関係代名詞「どちらでも」
(C) 目的格
(D) 複合関係代名詞「何であれ」

先行詞はentrantsで人です。この単語がわからなくても、空欄の後ろはsubmissions are selectedと文が完成しています。所有格の関係代名詞whoseが正解です。

語注｜□ entrant 名 参加者　□ submission 名 提出(物)　□ complimentary 形 無料の

このセクションで得た知識は、問題を正解するためだけでなく、この後のPart 6と7の読解にも役立ちます。次は文法から少し離れて語彙問題を見ていきます。Part 5もあと1セクションです！

Section 7 知識・語彙問題

わくわくPoint

知識・語彙をまとめて覚える

文字どおり、知っていれば解ける問題です。が、闇雲に覚えるのではなく同じものをまとめて覚えることで楽に定着できます。日本語で確認しましょう。

日本語例題

1. 朝食には洋食 ------- 和食のいずれかをお選びいただけます。

(A) または
(B) のどちらも
(C) の両方
(D) しかない

2. 入会のお申し込みは、こちらの申請書に -------。

(A) ご入場ください
(B) ご遠慮ください
(C) ご相談ください
(D) ご記入ください

解説

1. 正解は (A)。空欄の後の「いずれか」という言葉から二者択一になる言葉を選んだはずです。このように「**あるヒントから答えを出せる問題**」は、そのヒントをもとに秒殺できます。「こうきたら、これ！」とパターンが決まっている問題です。

2. 正解は (D)。この問題は「入会」「申請書」という言葉から検討したのではないでしょうか。こうした「**問題の全文と全選択肢を確認して解く問題**」は、単語を地道に覚えるしかありません。

では、まず「こうきたら、これ!」を見ていきましょう。

1 相関系「こうきたら、これ!」

not only A but also B	A だけでなく B も
both A and B	A と B の両方
either A or B	A か B のどちらか
neither A nor B	A も B も～ない
whether A or B	A か B か
whether A or not	A かどうか
between A and B	A と B の間に
so 形容詞／副詞 that ...	あまりに～なので…だ
such 形容詞＋名詞 that ...	あまりに～な名詞なので…だ

上記の「接続詞セット」を中心としたグループは、たとえば both がヒントになって and を選ばせるなど、すぐにさばける問題です。「neither だから nor になる」など、工夫して覚えてしまいましょう。

2 数系

単数	another（もう一つの）、every（すべての）、each（それぞれの）は単数扱い 【例外】「～ごとに」の場合は複数形になる。 The shuttle buses leave **every** ten minutes. シャトルバスは 10 分ごとに出発します。
数えられる	a few（少しの）、several / some（いくつかの）、many（多くの）は可算。any は単数、複数ともに可
数えられない	a little（少しの）、much（たくさんの）の後ろは不可算名詞
the がつく	all / most / some の後ろは、of the か名詞だけ
almost	almost は副詞。 ○ almost all fruits × almost fruits　※名詞は修飾できない

こちらもルールを覚えておけば、すぐに答えが出せるグループです。選択肢を切る際にも活躍してくれます。1 の相関系と 2 の数系について、例題を解きながら確認していきましょう。

例題 1

1. He ate not only sandwiches ------- also a hamburger.

(A) and　(B) but　(C) nor　(D) or

2. You can choose either soup ------- salad.

(A) or　(B) nor　(C) and　(D) as

3. Please listen to every ------- of mine.

(A) say　(B) stories　(C) word　(D) tell

4. She is always at the cafe between noon ------- one o'clock.

(A) nor　(B) for　(C) or　(D) and

解説

1. not only を見た瞬間に but also を探します。空欄の後ろに also があるため、**正解は (B)** です。なお、この also は省略されることもあります。

2. either が来たら or で解決します。**正解は (A)** です。

3. 空欄の前の every に注目です。後ろは単数名詞になるため、**(C) word** が正解です。(A)(D) は動詞のため選べません。

4. between に注目。and を探して **(D) が正解**です。

訳 1. 彼はサンドイッチだけでなくハンバーガーも食べた。
2. スープまたはサラダをお選びいただけます。
3. 私の言葉を一語一句聞いてください。
4. 正午から 1 時の間、彼女はいつもそのカフェにいる。

3 語彙問題

語彙問題は、日本語の例題で見たとおり「**問題の全文と全選択肢を確認して解く問題**」です。つまり時間がかかり、選択肢に知らない単語があった場合は正解の可能性が低くなります。ただし、多いときで Part 5 の半分を占めるので、避けては通れません。ここでは TOEIC で有効な単語の覚え方を 2 つ紹介します。

1 意味ごとにグループ化

具体的に見てみましょう。

十四代、あべ、赤武、獺祭、No.6、久保田、花浴陽、くどき上手、雁木、ソガ ペール エフィス、鳳凰美田	**日本酒**

前ページの例で、左の列は難読漢字やカタカナ、漢数字、英数字など、字の並びだけを見るとカオスです。一方、右側は「日本酒」とまとめられていてわかりやすいですよね。「いろいろ銘柄はあるみたいだけど要は日本酒でしょ?」とまとめることで整理しやすくなるのです。これを TOEIC に応用するとこうなります。

company (会社)、corporation (会社)、firm (会社)、business (企業)、enterprise (企業)、employer (雇用主)、office (オフィス)、industry (会社側)、house (商店)	**会社**

一般的な会社としては company、法人組織等の意味も表す corporation、2人以上の合資会社の場合は firm など、それぞれの意味を詳しく知っていることはもちろん大切ですが、TOEIC ではその区別は問われません。

区別するよりも**言い換えが読解のヒントとなる**ことが多々あります。この言い換えを**パラフレーズ**といいますが、これを意識して単語を覚えるのとそうでないのとでは、結果に大きな違いが出ます。

Part 7 では実際に、類義語問題(The word "☆" in paragraph 1, line 1, is closest in meaning to/第1段落1行目の"☆"に最も意味が近いのは)が必ず出題されています。

次に形容詞でグループ化してみましょう。

excellent (素晴らしい)、fine (優れた)、outstanding (傑出した)、great (偉大な)、wonderful (素晴らしい)、terrific (素晴らしい)、superior (より優れた)、exceptional (並外れた)、splendid (素晴らしい)、fabulous (素晴らしい)、marvelous (感動的な)、nice (すてきな)、magnificent (壮大な)	**素晴らしい**

くどいようですが、細かく見ればそれぞれの語の意味は違います。しかし、たとえば最後の magnificent について「(外観、景観などが) 壮大な、荘厳な、堂々とした、壮麗な、崇高な、格調高い…」のように、たくさんの意味を気高く覚えていくよりも、magnificent は「いい意味でやばい」、似ているのは spectacular (壮観な)、stunning (驚くべき)、breathtaking (息を飲むような) と、語彙を増やすのがおすすめです。

これは単語に限らず、熟語や文中の表現でも同じです。ぜひ、「似てそうなヤツはだいたい友達」のノリで、グループ化していってください。

2 語源ごとにグループ化

先ほどのグループに出てきた exceptional (並外れた) を例に見てみます。exceptional は ex-ception-al に分割できます。

	ex-	ception	-al
呼び名	接頭語	語根	接尾語
働き	語の意味を補足	メインの意味	品詞を表す
意味	外に	accept (受け入れられる) 範囲	形容詞

接尾語については Section 1 で見たとおりですが、ここで注目したいのは**接頭語**です。この「ex =外に」を使って、「ex勢」をグループ化します。

ex (外に)-port (運ぶ) → ~を輸出する
ex (外の人に)-plain (明らかにする) → ~を説明する
ex (外に手放して)-change (変える) → ~を交換する
ex (外に)-ceed (行く) → ~を超える
ex (外に)-pedite (足) → ~を早める (足早に急ぐイメージ)
ex (外に)-press (押す) → ~を表現する

このように **ex** (外に) のイメージと一緒に覚えることで忘れにくくなります。動詞以外にも **extra** (余剰の) は TOEIC 頻出の形容詞です。さらに ex (外に)-**port** (運ぶ) の port を使って、port-able (運ぶ+できる → 持ち運べる) など、芋づる式に覚えることができます。

e-rupt（噴火する）や e-ffect（効果）は ex ではありませんが、同じく「外に」という意味があります。こちらも、「似てそうなヤツはだいたい友達」の感覚で覚えてください。では、例題で試してみましょう。

例題 2

1. We saw a ------- view last week.

(A) fast　(B) nice
(C) frequent　(D) many

2. The board member will meet the staff from the consulting -------.

(A) firm　(B) agenda
(C) theater　(D) equipment

解説

1. viewは景色ですから、どのような景色かを確認します。**(B) nice**が適切です。

2. 役員が会うスタッフについて、「コンサルティング○○のスタッフ」の○○が問われています。「意味ごとにグループ化」の表で示したように、firm は会社を表しています。**(A) が正解**です。

訳 1. 私たちは先週素晴らしい景色を見た。
2. 役員たちはコンサルティング会社のスタッフと会うことになっている。

すぐに選択肢を見るのではなく、空欄にはこういった語が来るはずだ、と予想してから選ぶようにしましょう。そうして正解できた問題が自信を育ててくれます。

知識・語彙問題のまとめ

POINT 1 相関系、数系の問題は 5 秒で解いて時間を短縮。

POINT 2 ボキャブラリーを増やすには、同義語と語源を使ってまとめて覚える。

POINT 3 語彙問題は英文を頭から読んで、正解の当たりをつけてから選択肢へ。

POINT 4 わからない単語が複数ある問題は諦めることも大切。

では、超基礎問題からやってみましょう。

超基礎問題

秒でいける問題は秒で解き、そうでない問題は全文を読んで解答してください。

1. She went to both Tokyo ------- Yokohama.

(A) and
(B) or

2. I like both soccer ------- baseball.

(A) or
(B) and

3. Either I ------- my brother will go.

(A) and
(B) or

4. ------- you nor I am wrong.

(A) Either
(B) Neither

5. He was ------- tired that he went to bed early.

(A) so
(B) as

6. There are trees on each ------- of the street.

(A) side
(B) sides

7. Almost ------- read the book.

(A) all students
(B) students

8. The bridge between my town ------- the island is long.

(A) or
(B) and

9. Let's have ------- after work.

(A) dinner
(B) menu

10. Ms. Fukuta is writing a -------.

(A) support
(B) report

超基礎問題

解答と解説

1. She went to both Tokyo ------- Yokohama.
   (A) and
   (B) or

彼女は東京と横浜の両方に行った。

both A and B を使って数秒で解けたかがポイントです。

2. I like both soccer ------- baseball.
   (A) or
   (B) and

私はサッカーも野球も両方好きです。

同じく both A and B を使います。both と and のどちらが空欄になっても即反応できるようにしましょう。

3. Either I ------- my brother will go.
   (A) and
   (B) or

私か兄のどちらかが行きます。

either A or B の秒殺問題です。

4. ------- you nor I am wrong.
   (A) Either
   (B) Neither

君も僕も間違ってない。

neither A nor B を使います。動詞（この場合は be 動詞）の形は B に一致させます。

5. He was ------- tired that he went to bed early.
   (A) so
   (B) as

彼はとても疲れていたので、早く床に入った。

so 形容詞／副詞 that ...のパターンです。

6. There are trees on each ------- of the street.
(A) side
(B) sides

通りの両側には木がある。

each の後ろは単数形です。side を選びます。

7. Almost ------- read the book.
(A) all students
(B) students

ほぼ全員の学生がその本を読んだ。

almost は副詞なので名詞は修飾できません。形容詞の all が入っている (A) が正解です。

8. The bridge between my town ------- the island is long.
(A) or
(B) and

私の街とその島の間にある橋は長い。

between A and B を使います。

9. Let's have ------- after work.
(A) dinner
(B) menu

仕事が終わったら、夕食を食べましょう。

have dinner で「夕食を食べる」という意味です。(A) が正解。

10. Ms. Fukuta is writing a -------.
(A) support
(B) report

Fukuta さんは報告書を書いている。

(A) support は「援助」という意味です。書くことができるのは (B) report です。

超基礎問題では、9 と 10 が全文を読んで解く問題でした。それ以外の問題はできるだけ速く片づけたいところです。

基本問題

選択肢が 4 つになっていますが、ポイントは「これしかない！」と決めて選びにいくこと。時間が足りなくなる時間泥棒の原因は迷いです。

1. I don't know ------- it will rain or not.

(A) not only
(B) both
(C) neither
(D) whether

2. She speaks not only English ------- French.

(A) and
(B) or
(C) but also
(D) so as

3. ------- of the pictures in this book are taken by her.

(A) Other
(B) Else
(C) Another
(D) Most

4. Please let me know if you have ------- questions.

(A) each
(B) either
(C) any
(D) every

5. Neither samples ------- posters are available.

(A) nor
(B) and
(C) but
(D) or

6. Hawaii is ------- a beautiful place that many people visit all of the islands.

(A) very
(B) such
(C) for
(D) among

7. The press ------- will begin at the Bay Hotel at seven P.M.

(A) timing
(B) conference
(C) equipment
(D) opinion

8. The manager will ------- the meeting since he wants to consider the plan.

(A) postpone
(B) participate
(C) arrive
(D) renovate

9. Every runner will receive a ------- drink after the marathon.

(A) many
(B) vacant
(C) flexible
(D) complimentary

10. The cost was ------- lower than I expected.

(A) few
(B) many
(C) much
(D) several

基本問題

解答と解説

1. 正解 D

I don't know ------- it will rain or not.

雨が降るかどうかは私にはわからない。

(A) not only
(B) both
(C) neither
(D) whether

(A) not only A but (also) B の一部
(B) both A and B の一部
(C) neither A nor B の一部
(D) whether A or B / A or not の一部

後ろの or not とセットになるのは whether だけです。

2. 正解 C

She speaks not only English ------- French.

彼女は英語だけでなく、フランス語も話す。

(A) and
(B) or
(C) but also
(D) so as

(A) 接 ～と
(B) 接 ～または
(C) not only A but (also) B の一部
(D) ～するように

定番の秒殺問題です。(C) を選ぶまで何秒かかったかが勝負です。

3. 正解 D

------- of the pictures in this book are taken by her.

この本のほとんどの写真は彼女が撮影した。

(A) Other
(B) Else
(C) Another
(D) **Most**

(A) 形 他方の
(B) 副 ほかに
(C) 形 もう一つの
(D) 名 ほとんど

空欄直後の of がポイントです。all of the / most of the / some of the は 3 点セットで覚えておいて、スピード処理したいところです。

4. 正解 C

Please let me know if you have ------- questions.

何か質問があればお知らせください。

(A) each
(B) either
(C) **any**
(D) every

(A) 形 それぞれの
(B) 形 どちらか一方の
(C) 形 何か
(D) 形 すべての

空欄後の questions が複数形になっていることから、(A)(B)(D) は単数で消えます。「何か質問があれば」となる (C) が正解です。

5. 正解 A

Neither samples ------- posters are available.

サンプルもポスターもご利用いただけません。

(A) **nor**
(B) and
(C) but
(D) or

(A) neither A nor B の一部
(B) 接 ～と
(C) 接 しかし
(D) 接 ～または

文頭の Neither がポイントです。これを見た瞬間に解きましょう。

6. 正解 B

Hawaii is ------- a beautiful place that many people visit all of the islands.

ハワイはとても美しい場所なので多くの人がハワイ諸島を訪れる。

(A) very
(B) **such**
(C) for
(D) among

(A) 副 非常に
(B) 形 そのような
(C) 前 ～間
(D) 前 ～の間で

空欄の後ろが「冠詞+形容詞+名詞」になっていること、また接続詞 that が文中にあることがポイントです。

7. 正解 B

The press ------- will begin at the Bay Hotel at seven P.M.

記者会見は Bay ホテルで午後 7 時に始まる。

(A) timing
(B) **conference**
(C) equipment
(D) opinion

(A) 名 タイミング
(B) 名 会議
(C) 名 装置
(D) 名 意見

press conference で「記者会見」という意味です。

8. 正解 A

The manager will ------- the meeting since he wants to consider the plan.

部長はその計画についてよく考えたいため、ミーティングを延期する予定だ。

(A) **postpone**
(B) participate
(C) arrive
(D) renovate

(A) 動 ～を延期する
(B) participate in で「～に参加する」
(C) 動 ～に到着する
(D) 動 ～を改装する

全文を読みます。「部長はその計画についてよく考えたいため、ミーティングを -------。」と理解して選択肢へ。正解は (A) です。to consider は名詞的用法の不定詞です。

9. 正解 D

Every runner will receive a ------- drink after the marathon.

(A) many
(B) vacant
(C) flexible
(D) **complimentary**

どのランナーも、マラソンの後に無料の飲み物を受け取る。

(A) 形 たくさんの
(B) 形 使用されていない
(C) 形 柔軟性のある
(D) 形 無料の

「全ランナーはマラソンの後、------- の飲み物を受け取る」と考えると (D) が文意に合います。なお、many は可算名詞につくため、drink を修飾できません。

10. 正解 C

The cost was ------- lower than I expected.

(A) few
(B) many
(C) **much**
(D) several

その費用は私が予想していたよりずっと低かった。

(A) 形 ほとんどない
(B) 形 たくさんの
(C) 副 ずっと
(D) 形 いくつかの

lower を修飾できる語を選ぶ問題です。(A)(B)(D) はいずれも可算名詞につく語のため NG。few は「ほとんどない」という意味です。比較の修飾は much（ずっと）、a little（少し）が定番です。

いよいよ Part 5 最後の実践問題です。語彙のレベルは高いですが、知っていれば解ける問題も含めています。「こうきたら、これ！」問題もぜひスピードを落とさずに取り組んでください。

実践問題

単語レベルは上がりますが、基本問題同様、「これしかない！」と決めて選択肢を選びにいくことが大事です。

1. Candidates for the warehouse job must have the ability to operate ------- a forklift and a crane.

(A) either
(B) both
(C) any
(D) also

2. The land that Mr. Flynn recently purchased is near Norwich and highly ------- for traditional agriculture.

(A) determined
(B) associated
(C) productive
(D) persistent

3. Motorists were asked to use ------- the Merritt Bridge or the Alcaraz Tunnel while the Galloway Overpass was being repaired.

(A) as though
(B) not only
(C) neither
(D) either

4. The growing popularity of the Hyacinth Parade has had a positive ------- on many local businesses.

(A) effect
(B) reaction
(C) vision
(D) response

5. The office manager has not decided ------- to put the photocopier by the entrance or beside the cabinets.

(A) whether
(B) neither
(C) even if
(D) although

6. Although there was a lot of rain in the spring, it was quite dry for ------- of the summer.

(A) other
(B) else
(C) most
(D) another

7. The customer service team at Sundera Shipping is always happy to answer ------- questions you may have.

(A) such
(B) much
(C) every
(D) any

8. Luna Gourmets provides not only professional catering services ------- also cooking classes for beginners.

(A) and
(B) but
(C) or
(D) so

9. Subsequent to Mr. Morrow's resignation, Ms. Zhang was ------- to the position of chief financial officer.

(A) invested
(B) determined
(C) established
(D) appointed

10. ------- the company's president nor its R&D director has said when the new video game console will launch.

(A) Both
(B) Anyone
(C) Neither
(D) Either

実践問題

解答と解説

1. 正解 B

Candidates for the warehouse job must have the ability to operate ------- a forklift and a crane.

(A) either
(B) both
(C) any
(D) also

倉庫での職に応募する候補者はフォークリフトとクレーンの両方を操作できる職能が必要だ。

(A) either A or B の一部
(B) both A and B の一部
(C) 形 何か
(D) 副 また

問題を読んだ時点で空欄の後の and に気づき、選択肢の並びを見た瞬間に (B) を選びたい問題です。

語注 | □ candidate 名 候補者　□ warehouse 名 倉庫　□ operate 動 ～を操作する

2. 正解 C

The land that Mr. Flynn recently purchased is near Norwich and highly ------- for traditional agriculture.

(A) determined
(B) associated
(C) productive
(D) persistent

Flynn 氏が最近購入した土地は Norwich 付近にあり、そこは伝統的農業に適した非常に肥沃な土地だ。

(A) 動「～を決定する」の過去分詞
(B) 動「～を関連づける」の過去分詞
(C) 動「～を生産する」の過去分詞
(D) 形 しつこい

ここまでで学んだことが試される問題です。purchased の後に目的語がないので that は関係代名詞で、The land を修飾します。「Flynn 氏が最近購入した土地は Norwich 付近にあり、そしてその土地は伝統的農業に非常に -------。」と考えます。選択肢の中で意味が合うのは (C) です。

語注 | □ purchase 動 ～を購入する　□ traditional 形 伝統的な　□ agriculture 名 農業

3. 正解 D

Motorists were asked to use ------- the Merritt Bridge or the Alcaraz Tunnel while the Galloway Overpass was being repaired.

(A) as though
(B) not only
(C) neither
(D) either

Galloway 陸橋の修理中、ドライバーは Merritt 橋または Alcaraz トンネルのいずれかを利用するよう要請されていた。

(A) 接 まるで～のように
(B) not only A but (also) B の一部
(C) neither A nor B の一部
(D) either A or B の一部

固有名詞が 3 つも登場し、いかにも簡単には解かせないぞという意図が感じられますが、シンプルかつスピーディーに解いてください。or を見抜いて (D) を選びます。

語注｜□ repair 動 ～を修理する

4. 正解 A

The growing popularity of the Hyacinth Parade has had a positive ------- on many local businesses.

(A) effect
(B) reaction
(C) vision
(D) response

Hyacinth パレードの人気の高まりは、多くの地元企業にいい影響をもたらした。

(A) 名 効果
(B) 名 反応
(C) 名 視力
(D) 名 返答

選択肢はすべて名詞ですから、全文を読んで意味をとらなければなりません。選択肢の中で文意に合うのは、(A) です。

語注｜□ popularity 名 人気

5. 正解 A

The office manager has not decided ------- to put the photocopier by the entrance or beside the cabinets.

(A) whether
(B) neither
(C) even if
(D) although

支店長はコピー機を入り口付近に置くか、棚の横に置くかをまだ決めていない。

(A) whether A or B の一部
(B) neither A nor B の一部
(C) 接 ～であっても
(D) 接 ～ではあるが

or の前後がやや長く、見抜きづらかったかもしれません。(C)(D) は接続詞のため、後ろに S + V が必要です。また (B) は nor とセットなので×。(A) を選びます。

語注｜□ photocopier 名 コピー機　□ cabinet 名 棚

6. 正解 C

Although there was a lot of rain in the spring, it was quite dry for ------- of the summer.

(A) other
(B) else
(C) **most**
(D) another

春は雨続きだったが、夏の間はほぼずっと非常に乾燥していた。

(A) 形 他方の
(B) 副 ほかに
(C) 名 ほとんど
(D) 形 もう一つの

空欄直後の of がヒントになります。most of the (ほとんどの～) は頻出です。覚えておきましょう。

7. 正解 D

The customer service team at Sundera Shipping is always happy to answer ------- questions you may have.

(A) such
(B) much
(C) every
(D) **any**

Sundera Shipping のお客様窓口は、お客様のあらゆる質問に喜んでお答えいたします。

(A) 形 そのような
(B) 形 多くの
(C) 形 すべての
(D) 形 何か

空欄直後の questions が複数形になっていることから、(B) の不可算、(C) の単数扱いを切ります。(A) such は前にどのような質問か記述がないため、ここでは使えません。(D) が正解です。

語注 | □ customer service 名 お客様窓口

8. 正解 B

Luna Gourmets provides not only professional catering services ------- also cooking classes for beginners.

(A) and
(B) **but**
(C) or
(D) so

Luna Gourmets はプロの手によるケータリングサービスだけでなく、初心者向けの料理教室も行っております。

(A) 接 ～と
(B) not only A but (also) B の一部
(C) 接 ～または
(D) 接 ～それで

not only が出た瞬間にこれは but also が来るんじゃないか、と思ったそこのあなた。もう初級者ではありません。(B) が正解です。

語注 | □ catering 名 ケータリング

9. 正解 D

Subsequent to Mr. Morrow's resignation, Ms. Zhang was ------- to the position of chief financial officer.

Morrow 氏の辞任の後、Zhang 氏が最高財務責任者に任命された。

(A) invested
(B) determined
(C) established
(D) **appointed**

(A) 動「～を投資する」の過去分詞形
(B) 動「～を決定する」の過去分詞形
(C) 動「～を設立する」の過去分詞形
(D) 動「～を任命する」の過去分詞形

Morrow 氏の辞任後に Zhang 氏がどうなるかを考えてから選択肢を検討します。文意に合うのは (D) です。

語注 | □ subsequent to ～に続いて　□ resignation 名 辞任　□ financial 形 財務の

10. 正解 C

------- the company's president nor its R&D director has said when the new video game console will launch.

その会社の社長も研究開発部長も、新しいビデオゲーム機発売がいつかは述べていない。

(A) Both
(B) Anyone
(C) **Neither**
(D) Either

(A) both A and B の一部
(B) 代 誰か
(C) neither A nor B の一部
(D) either A or B の一部

nor がありますから neither があるはずだと思って見たらあった！となれば、自信になっていきますね。(C) が正解で合っています！

語注 | □ launch 動 ～を発売する

さて、ここまでで Part 5 の攻略に必要な項目を見てきました。とくに実践問題は難度が高かったかもしれませんが、それに挑戦したことで本番の問題に太刀打ちできる力がついています。

今後、初めて解く Part 5 の問題が Section 1 ～ 7 のどれに当たるかを分け、解答までの考え方を使って解答してみてください。正解できる問題が確実に増えているはずです。

Part 5まとめ　理解度の「見える化」

ここまで読み進められたあなたは、実に210問の演習をしたことになります。間違いなく実力がついていますが、大切なのが振り返りです。次の表に各問題の正答数を入れてみましょう。

Section	超基礎	基本	実践	Section	超基礎	基本	実践
1	/10	/10	/10	5	/10	/10	/10
2	/10	/10	/10	6	/10	/10	/10
3	/10	/10	/10	7	/10	/10	/10
4	/10	/10	/10				

ここで各セクションの理解度を「見える化」します。実践問題が10/10であれば十分に力がついており、基本問題で1～2問でも不正解があれば赤信号です。まずは実践問題の10割正解を目指して何回も復習してください。

次にしていただきたいことが音読です。本書の基本問題と実践問題には音声がついていますので、それを利用して次のように進めてください。①～⑤までは本（英文）を見てOKです。

① 精聴	音声を集中して聞く
② リピーティング	音声を聞き、口に出してまねる（1文ごと）
③ 音読	音声は聞かずに、声に出して読む（全文）
④ シャドーイング	音声に影のようについていくイメージで読む（全文）
⑤ オーバーラッピング	音声と同じスピードで読む（全文）
⑥ 暗唱	音声は聞かずに自分がナレーターになったつもりで読む（1文ごとに覚え、徐々に増やす。最終的には全文暗唱が理想）

TOEICの満点ホルダーで英語ジム「らいひよ」のヘッドトレーナー・Junさんは、彼女のTwitterで次のように述べています。「暑い夏の日に朝6:00～23:00まで5模試を解き、その後3カ月Part 5の音読を毎日ひたすらやって、970点までスコアを爆上げしました」。このように、演習&音読の効果は実力者も実証済みです。

Part 6

Section 0 Part 6 攻略ルート

16 問（文書が 4 つ）／100 問

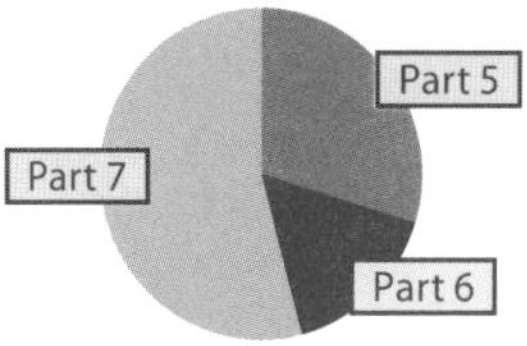

時間配分 10 分／75 分

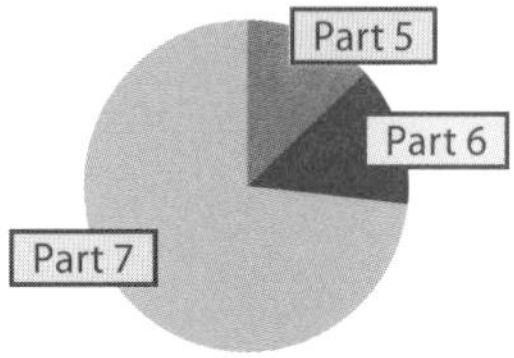

目標正解数 12 問／16 問

問題形式

長文穴埋め形式の問題です。1 つの文書に 4 つの問題が入っています。

Questions 131–134 refer to the following Web site.

Letters from Readers Are Always Welcome

The Delta Tribune welcomes letters from readers, -------(131.) those about articles we have published recently. Please be aware that we are unable to print all of the letters we receive. -------(132.), we do our best to include as many as possible in each newspaper. Also, we give priority to opinions on issues that currently interest our readers. Due to space limitations, letters should be no longer than 200 words. -------(133.). Finally, make sure to include your name and contact information so we can -------(134.) you if your letter is selected for publication or requires revisions.

文を入れる問題が 1 問出題されますが、それ以外は Part 5 と同じ解き方が可能です。

131. (A) specifically
(B) specifies
(C) specific
(D) specifying
⋮

133. (A) The revised story will appear in the following issue.
(B) When they exceed that number, we shorten them.
(C) の選択肢
(D) の選択肢
⋮

▶ 2 つの問題タイプ

Part 6 には大きく分けて 2 つの問題タイプがあります。

タイプ 1　空所に語句を入れる問題（3 問）

難パートと見られがちな Prat 6 ですが、**4 問中 3 問は Part 5 と同じ形式**です。数秒で解ける文法・品詞問題は、これまでの対策で十分対応可能です。ただし Part 6 で異なるのは、文脈での判断が必要になる問題があること。Part 5 で学んだ知識に加えて、英文を読む力がモノを言います。

タイプ 2　空所に文をまるごと入れる文挿入問題（1 問）

文脈に合う文章を選択肢から選ぶ問題です。まずは、Section 1 ～ 4 で読む力を積み上げ、Section 5 で具体的な解法を紹介します。

攻略の鍵
読解力とタイムマネジメント

▶ Part 6 攻略ルート

Section 1 ～ 4　Part 5 の知識を強化し、「読む力」を積み上げ

Section 5　文挿入問題を「**マクロの目**」「**ミクロの目**」からダブル攻略

Section 6　演習問題で時短の 3 ステップを習得

Part 6 は、Part 5 で学んだ文法事項を確認し、知識を定着させながら、**「読む」ことに集中**して進めていきます。つまり、しっかり読めていればおのずと正解は出る、というスタンスです。ここからの読解をモノにすれば、Part 7 も怖くありません！ では始めましょう。

Section 1 英文読解マニュアル

わくわくPoint

英文をシンプルに、そしてパターン化する

Part 5 の半数の問題が一部を見るだけで解けるのに対し、Part 6 は英文読解の力が必要となります。まずは**時間内で英文を読むための戦略**を身につけます。

1 シンプル化

英文が長いなら、短くすればいい。これが**「シンプル化」**です。修飾語をすべてカットし、英文をサイズダウンさせます。ダイエットの成功には副詞と前置詞がポイント。まず、Part 5 の Section 1 に出てきた**品詞の働き**でこの 2 品詞をおさらいします。

4	副詞	名詞以外のすべてを修飾、おもに動詞を修飾する
5	前置詞	名詞とセットで形容詞句または副詞句の働きをする

↓

働きはすべて「修飾」！

Part 5 の品詞バーガー（p. 016）で、副詞のところに「サイドメニュー。なくてもOK」とあるのも、修飾語だから、というわけです。修飾語をカットすれば、英文の要素が残ります。

シンプル化のルール

ルール 1 副詞をカット

ルール 2 前置詞＋名詞を山かっこ〈 〉に入れる

副詞は、**-ly / -ward / -wise で終わる語**に加え、**時、場所、程度を表す語**を含みます。副詞＝ adverb の頭をとって**「ad」**と表記します。

次に前置詞。この前置詞、名詞といつも一緒にいたい存在です。これを修飾語＝ modifier の頭文字をとって**「M」**とし、まとめて**〈　〉に入れます。**

実際に英文をシンプル化してみましょう。

The hotel staff kindly helped the woman with a big suitcase yesterday.

↓ 副詞と前置詞に注目！

The hotel staff **kindly** helped the woman **with** a big suitcase **yesterday**.

↓ ルール 1 副詞をカット
ルール 2 前置詞＋名詞を山かっこに入れる

The hotel staff ~~kindly~~ helped the woman
ad

〈**with** a big suitcase〉 ~~yesterday~~.
M ad

↓ 副詞と〈〉をすべてカットすると……

The hotel staff helped the woman.

ホテルのスタッフはその女性を手伝った。

となります。

全文訳 ホテルのスタッフは、昨日、親切にも大きなスーツケースを持ったその女性を手伝った。

The hotel staff kindly helped the woman with a big suitcase yesterday.

シンプル化でサイズダウン！

The hotel staff helped the woman.

このシンプル化で、英文を読むスピードが上がるだけでなく、文の要素（SVOC）を見つける習慣が身につきます。もちろん、英文の理解を深めるためにカットした部分も必要に応じて「星が森へ帰るように」戻して読みましょう（プリンセス プリンセス『M』）。

シンプル化はこの後の超基礎問題で練習します。

2 パターン化

英文のサイズダウンによって見えてくるのが文型です。「うわ、S だの V だのいう、あれか」と感じた方もいるでしょう。が、膨大な英文がたった **5 パターンに分けられる**のであれば、使わない手はありません。

たとえば、世界のすべての国を覚えることは至難の業ですが、5 大陸の分類ならかなり楽ですよね。つまり、各国の首都・言語・通貨など細かい理解は置いておき、「この国はアジア」というように大まかに分ける。これを英語の 5 文型に当てはめたものが **「パターン化」**です。

Part 7 の高速処理、Part 5 の精度アップにも直結します。さっそく、確認していきましょう。

■ **5 文型**

1	S V	
2	S V C	S = C
3	S V O	S ≠ O
4	S V O O	O ≠ O
5	S V O C	O = C

どの文型も SV で始まっています。「S と V を見つける」ことが重要です。

SV の見つけ方

S：左から英文を読む → 前置詞のついていない名詞が出たら、それが S。

※名詞の見分けは Part 5、Section 1 を参照

V：be 動詞、動詞の現在形、過去形、助動詞つきの動詞を探す。

※ Part 5、Section 5 の「大将」（述語動詞）を探したのと同じ要領

さっそく、例題で確認しましょう。

例題 1

次の英文をシンプル化し、S と V を指摘してください。

In my opinion, the film is too long.

解説

〈In my opinion,〉 the film is ~~too~~ long.
M　S　V

opinion は、前置詞 In がついているので主語にはなれません。したがって S は the film。また、この文で動詞は is だけです。

訳 私の意見では、その映画は長すぎる。

シンプル化すれば、パターン化も簡単です。この英文は SVC なので第 2 文型。「映画が長い」という中心の意味を理解することが重要です。

次のページで、文型の見抜き方を詳しく見てみましょう。

■ **文型の見抜き方**

	SV の後が	文型	訳し方	関係
SV	名詞も形容詞もナシ	第 1 文型 SV	「S は V する」	
	名詞か形容詞が 1 つ	第 2 文型 SVC	「S は C だ」	S = C
	名詞が 1 つ	第 3 文型 SVO	「S は O を V する」	S ≠ O
	名詞が 2 つで 1 つ目が人	第 4 文型 SVOO	「S は人に O を V する」	O ≠ O
	名詞＋名詞 名詞＋形容詞	第 5 文型 SVOC	「S は O を C にする」	O = C

SV の後は名詞を中心に確認していくことがポイントです。また、シンプル化をした後で、動詞の後ろにくる**「O と C の配置」**、そして**「S との関係」**に注意して探します。では「シンプル化・パターン化」を超基礎問題で練習します。

超基礎問題 A

次の英文をシンプル化してください

1. I read three books by the author yesterday.

2. Unfortunately, he was sick in the hospital last year.

3. After that, he went to a mountain and took pictures of birds.

4. In addition, he showed some people the pictures in a gallery.

5. The pictures made them so happy.

超基礎問題 A

解答と解説

1. I read three books 〈by the author〉 ~~yesterday~~.

M　ad

前置詞は by で、yesterday は時を表す副詞です。

2. ~~Unfortunately,~~ he was sick 〈in the hospital〉 ~~last year~~.

ad　M　ad

前置詞は in で、Unfortunately と last year がそれぞれ副詞です。

3. 〈After that,〉 he went 〈to a mountain〉 and took pictures 〈of birds〉.

M　M　M

After と to と of が前置詞です。

4. 〈In addition,〉 he showed some people the pictures 〈in a gallery〉.

M　M

冒頭と最後にある 2 つの in が前置詞です。

5. The pictures made them ~~so~~ happy.

ad

so が程度を表す副詞です。

訳 1. 私は昨日、その作家の 3 冊の本を読んだ。
2. 残念ながら、彼は昨年病気で入院していた。
3. その後、彼は山へ行き、鳥の写真を撮った。
4. さらに、彼はそれらの写真を画廊で何人かの人々に見せた。
5. それらの写真は彼らをとても幸せにした。

-ly 以外で終わる副詞に慣れれば、シンプル化は簡単です。

超基礎問題 B

超基礎問題 A と同じ英文を使って、パターン化（SVOC を指摘）してください。

1. I read three books by the author yesterday.

2. Unfortunately, he was sick in the hospital last year.

3. After that, he went to a mountain and took pictures of birds.

4. In addition, he showed some people the pictures in a gallery.

5. The pictures made them so happy.

超基礎問題 B

解答と解説

シンプル化で切った M と ad はグレーで表しています。

※訳は超基礎問題 A の解説を参照。

1. I read three books 〈by the author〉 ~~yesterday~~.

S V O

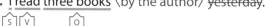

Vの後ろは名詞 (three books) が 1 つ。また、主語の「私」=「3 冊の本」になりません。**S ≠ O** なので第 3 文型です。なお、第 3 文型は英文の最大派閥です。

2. ~~Unfortunately~~, he was sick 〈in the hospital〉 ~~last year~~.

S V C

Vの後ろの sick は形容詞。**名詞修飾をしない形容詞は必ず C** です。また主語の「彼」=「病気だ」で、**S=C** なので第 2 文型です。

3. 〈After that,〉 he went 〈to a mountain〉 and took pictures 〈of birds〉.

S V + V O

and の前後で分けます。he went 〈to a mountain〉 までは第 1 文型。「+」の and の後に動詞 took が続きます (主語は he)。「彼」≠「写真」なので、pictures は O で、こちらは第 3 文型です。

4. 〈In addition,〉 he showed some people the pictures 〈in a gallery〉.

S V O O

V の後ろに名詞が 2 つあります。1 つめの O (some people) に人が来ているのがポイントです。「人々」≠「写真」のため、第 4 文型です。

5. The pictures made them ~~so~~ happy.

S V O C

V の後が名詞+形容詞のパターン。形容詞が名詞の修飾をしていない場合、必ず C になります。「彼ら」=「幸せ」となるため、SVOC の 5 文型です。

シンプル化＋パターン化がリーディングセクション攻略の鍵！

シンプル化した後に残った語句は、文の要素（SVOC）と呼ばれます。文型を考えることは、リーディングセクションの全パートで正解に直結します。

● Part 5 の場合

The workshop was -------.

S V C

C の位置には、名詞か形容詞しか入りません（p. 198「文型の見抜き方」参照）。そのため、この 2 つを狙って選択肢をチェックすれば、正確、かつ高速に解くことができます。

● Part 6、Part 7 の場合

The company ******* him a promotion.

S V O O

******* の単語を知らなかったとしても、第 4 文型だと見抜ければ、「彼に昇進を○○した」という意味だとわかります。

第 4 文型をとる動詞は**「人に何かを与える」**と覚えておくと便利です。知らない単語が出てきてもおおよその意味を推測できます。

このようにパターン化は、

① 問題の正確＆高速処理
② 未知の単語の推測

とメリットばかりです。

p. 198 の「文型の見抜き方」から、訳し方をさらに詳しく説明します。知らない単語が出てきても、どの文型か、どんな訳かの当たりをつけられると読解がグッと楽になります。

第1文型	SはVする
第2文型	SはCだ／SはCの状態でVする
第3文型	SはOをVする／SはOにVする
第4文型	SはO〈人〉にO〈物〉をVする
第5文型	SはOをCの状態にVする

以上の内容を生かして、基本問題に挑戦しましょう。

基本問題

解答のステップは以下のとおりです。

①1文ごとに分ける → ②シンプル化 → ③パターン化して Part 5 的に解く

We --1.----- glad to announce the opening of our new store. We've been --2.----- expanding our --3.----- for ten years. At the new store, we will show --4.----- our new energy drink. The first 100 customers will receive the new flavor of this drink.

1. (A) is
(B) are
(C) been
(D) to be

2. (A) rapid
(B) rapidity
(C) rapidly
(D) rapids

3. (A) busy
(B) business
(C) busily
(D) busier

4. (A) when
(B) who
(C) that
(D) you

基本問題

解答と解説

We -------(1.) glad to announce the opening of our new store. We've been -------(2.) expanding our -------(3.) for ten years. At the new store, we will show -------(4.) our new energy drink. The first 100 customers will receive the new flavor of this drink.

1. 正解 B

(A) is
(B) **are**
(C) been
(D) to be

文をシンプル化します。足りないのは（空欄は）V。

We -------(1.) glad 〈to announce the opening〉〈of our new store〉.
S V C

V は (A) is と (B) are のみ。主語 We に合わせて are を選びます。SV の後に形容詞（glad）が 1 つなので、第 2 文型です。

2. 正解 C

(A) rapid 形 速い
(B) rapidity 名 急速
(C) **rapidly** 副 急速に
(D) rapids 名 急流（通例、複数形）

We've been -------(2.) expanding our -------(3.) 〈for ten years〉.
S V Vの続き

SV がそろっています。この文は現在完了の進行形。完了形の間があいたら副詞です（Part 5、Section 1）。-ly で終わる rapidly を選びます。

訳 当社の新しい店舗の開店をご案内いたします。当社は10年間で急速に事業を拡大しています。新しい店舗では、エナジードリンクの新製品をご紹介いたします。先着100名様に新しい味のドリンクを配布予定です。

3. 正解 B

(A) busy 形 忙しい
(B) business 名 事業
(C) busily 副 忙しく
(D) busier busyの比較級

We've been ~~rapidly~~ expanding our ---3.--- 〈for ten years〉.
S V Vの続き O/C

シンプル化して、Vの後ろの品詞を考えます。ourがあるため名詞のbusinessを選び、SVOの第3文型を作ります。

4. 正解 D

(A) when 疑 いつ
(B) who 疑 誰
(C) that 接続詞／関係代名詞
(D) you 代 の目的格

〈At the new store,〉 we will show ---4.--- our new energy drink.
S V O O

空欄後のenergy drinkが名詞です（our newはenergy drinkを修飾）。前に「人」を置くことで第4文型を作れば意味が通ります。

実践問題

長い英文をシンプル・パターン化して読むことに集中できる問題にしてあります。本番レベルの英文ですが、要領は基本問題と同じ。①シンプル化 → ② Part 5 の知識も使って足りない品詞を見つけて解答してください。

Questions 1–4 refer to the following notice.

Local Author Display at Chadwick Library
(Notice posted on September 4)

In response to requests from several library members, we have put together a display featuring the works of sixteen ------- (1.) authors. These include novels, autobiographies, and history books. The display in front of the circulation desk on the library's first floor ------- (2.) up until the end of November. A few of these books can only be read inside the library. However, most of them can be borrowed by members.

In addition, novelist Courtney Mason will ------- (3.) in our auditorium on September 12 to read an excerpt from her upcoming book and take questions from the audience. Members can reserve a ------- (4.) by phone or at the library.

1. (A) locals
(B) local
(C) locality
(D) locally

2. (A) remained
(B) has remained
(C) will remain
(D) remaining

3. (A) is
(B) are
(C) been
(D) be

4. (A) sit
(B) sat
(C) seats
(D) seat

実践問題

解答と解説

Questions 1–4 refer to the following **notice**.

文書の種類を必ず確認。notice =「お知らせ」

Local Author Display at Chadwick Library
①(Notice posted on September 4)

タイトル=文の要約。日時と合わせてチェック

In response to requests from several library members, ②we have put together a display featuring the works of sixteen ------- (1.) authors. These include novels, autobiographies, and history books. The display in front of the circulation desk on the library's first floor ------- (2.) up ③until the end of November. A few of these books can only be read inside the library. However, most of them can be borrowed by members.

④In addition, novelist Courtney Mason will ------- (3.) in our auditorium on September 12 to read an excerpt from her upcoming book and take questions from the audience. ⑤Members can reserve a ------- (4.) by phone or at the library.

1. 正解 B

(A) locals　名 local (地元住民) の複数形
(B) local　形 地元の
(C) locality　名 一区域、付近
(D) locally　副 地方で

選択肢前半が共通しています。Part 5 で対策した品詞問題です。空欄後の authors が名詞のため、形容詞を入れます。(B) local が正解です。

2. 正解 C

(A) remained　動 remain (～のままである) の過去形
(B) has remained　現在完了形
(C) will remain　未来を表す形
(D) remaining　-ing 形

お知らせが①9月4日に掲示されていること、また、②we have put together a display から、すでに展示が行われていることがわかります。空欄を含む文の S (The display) が ③the end of November まで remain するため、未来を表す形の (C) を選びます。S 直後の前置詞句 3 つを〈 〉で囲んでシンプル化してください。

訳 問題 1-4 は次のお知らせに関するものです。

Chadwick 図書館での地域在住作家の作品展示
(掲示日：9月 4 日)

利用者の方からのリクエストにお応えして、地域在住の作家 16 人の作品を特集展示しています。展示作品は小説や伝記、歴史ものです。図書館 1 階貸し出し・返却カウンターの前にて 11 月末まで展示されます。このうち一部は館内閲覧のみとなります。しかしながらほとんどの作品は利用者の皆さまにお貸し出し可能です。

また、9 月 12 日に小説家の Courtney Mason さんが当館講堂に登壇し、新刊の一部を読む予定です。参加者からの質問にもお答えいただきます。登録利用者の方は、お電話または図書館でお席をご予約いただけます。

語注
□ in response to ～に応じて　□ put together ～を企画する　□ feature 動 ～を特集する
□ autobiography 名 伝記　□ circulation desk 名 貸し出し・返却カウンター
□ novelist 名 小説家　□ auditorium 名 講堂　□ excerpt 名 抜粋
□ audience 名 参加者、聴衆　□ reserve 動 ～を予約する

3. 正解 D

(A) is
(B) are
(C) been
(D) be

長い英文ですが、④ and の前まででシンプル化します。
〈In addition,〉 novelist Courtney Mason (S) will -------- (3.) (V)
〈in our auditorium〉〈on September 12〉〈to read an excerpt〉
〈from her upcoming book〉
空欄は V が入ります。will があるので原形を選びます。will だけを見て答えても OK です。

4. 正解 D

(A) sit　動 座る
(B) sat　動 sit の過去形
(C) seats　名 seat の複数形
(D) seat　名 席

⑤ Members (S) can reserve (V) a -------- (4.) (O)
〈by phone or at the library〉.
パターン化すると第 3 文型だとわかります。a の後ろなので名詞の単数形が正解となります。

シンプル化、パターン化することで、Part 5 の知識で解ける解答ルートに持っていければ、Part 5 と Part 6 の両方に効果があります。なお、文挿入問題は Section 5 で一気に攻略します。もう少し文法的なアプローチで実力をつけていきましょう。

Section 2 接続詞のある文章

わくわくPoint

英文を分けて、まとめる

なぜ接続詞を学ぶのか。理由は 3 つあります。

1. サイズアップした英文を文ごと短くできる
2. 文脈が読める
3. 単純に接続詞問題が解ける

The teacher told me the news.

(The teacher = S, told = V, me = O, the news = O)

先生が私にそのニュースを伝えた。

はパターン化できますが、

The teacher told me that I passed the examination.

(The teacher = S, told = V, me = O) あれ？ 長いな……

先生は私が試験に受かったと教えてくれた。

になると、that 以下の文をどう読めばよいかわかりません。that っていろいろな使われ方があったよなぁ、というあいまいさで、なんとなく読んでいるのが多くの学習者の現状です。このセクションではこの「なんとなく」をはっきりさせます。

まず、接続詞を Part 5、Section 1 の**品詞の働き**でおさらいしましょう。

6	接続詞	同じ品詞をつなげる、後ろに SV（主語＋動詞）が続く

↓

働きはすべて「追加」！

接続詞を品詞バーガーの図で「おかわり」と表現したのはこれが理由です。ざっくり言えば、接続詞があると**文が長くなる**、と考えてください。長くなった英文も慌てずに次の手順で分けていきます。

接続詞攻略チャート

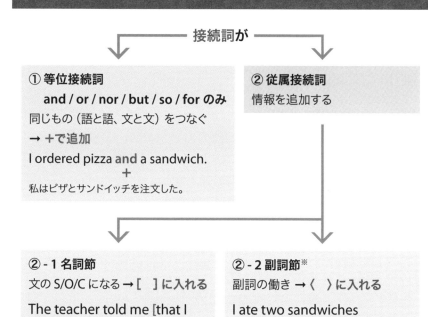

接続詞が

① 等位接続詞

and / or / nor / but / so / for のみ

同じもの（語と語、文と文）をつなぐ

→ ＋で追加

I ordered pizza **and** a sandwich.

＋

私はピザとサンドイッチを注文した。

② 従属接続詞

情報を追加する

②-1 名詞節

文の S/O/C になる → [ ] に入れる

The teacher told me [that I passed the examination].

先生は私が試験に受かったと教えてくれた。

②-2 副詞節※

副詞の働き → 〈 〉に入れる

I ate two sandwiches 〈because I was very hungry〉.

私はとてもお腹がすいていたのでサンドイッチを 2 つ食べた。

※ If ~, など、カンマ「,」があれば副詞節。

ポイントは、②以降の見分け方。文の中に SV が 2 つあるため、どちらが主役の SV かを見分けることが重要です。

Part 5 の Section 5 で扱った準動詞の「大将」と「弟子」のように、主役と脇役の SV を分けます。もちろん、**接続詞がついているほうが脇役（かっこに入れるほう）**です。その脇役に「名詞節」か「副詞節」の役割を与えてかっこに入れます。

②-1 の例文では、

The teacher told me [that I passed the examination].
S V O O

that 以降が told の目的語になっているので、名詞節としてまとめて [ ] に入れます。

一方、②-2 の英文であれば、

I ate two sandwiches 〈because I was very hungry〉.
S V O 追加情報

となり、because 以降を追加情報として山かっこに入れます。この名詞節と副詞節を見分けるために、Section 1 で練習した「パターン化」が必要だったわけです。

さて、なぜこの名詞節と副詞節の分類が必要なのか、疑問に思う人もいるでしょう。答えは、**どちらの節かで意味が異なる**からです。つまりここを読み違えると、英文を間違った解釈で読んでしまう可能性があります。

頻出の接続詞とそれぞれの節の意味を押さえておきましょう。

■ **TOEIC 頻出の接続詞と訳し分け**

接続詞	名詞節	副詞節
if	～かどうか （とくに or not があれば名詞節）	もし～なら
whether	～かどうか （とくに or not があれば名詞節）	～だろうと
that	～という（こと）	～ので、とは
when	いつ～か	～するとき、したら
where	どこで～か	～するところで
how	どうやって、どのように	
what	～なこと	
though / although		～ではあるが

ここまでの流れをまとめておきます。

接続詞の攻略

① 接続詞が何と何をつないでいるかチェック。
② 従属接続詞は名詞節と副詞節に分ける。
③ 名詞節と副詞節をそれぞれまとめて、訳をつける。

Part 5で「SVのおかわり」と表現した接続詞が、このセクションでは「従属接続詞を名詞節・副詞節に分ける」とややカタい説明となりました。ここまでの解説でそれぞれの語の意味するところは理解してほしいのですが、実際にすることはp. 213の攻略チャートにある「分ける」作業です。

とくに、[名詞節]と〈副詞節〉の仕分けは勉強する際、実際にかっこを書き入れて手を動かすことが大切です。

ここではifを使って「分け」てみましょう。

I don't know [if she will come].
S V O

彼女が来るかどうか私は知りません。

knowのOが必要 → Oになれるのは名詞だけ → if ~ は名詞節

Please read my report 〈if you have time〉.
V O

※命令文のSは省略されますが常にYouです。

もし時間があれば、私のレポートを読んでください。

readのOがある → もう名詞はいらない(残りはM) → if ~ は副詞節

このように、[名詞節]と〈副詞節〉の仕分けはSection 1で学習したパターン化にも役立つ考え方です。

では、超基礎問題以降で接続詞のさばき方と訳し方を練習しましょう。

超基礎問題 A

次の英文にある接続詞が等位接続詞か従属接続詞かを選び、訳してください。

1. He plays soccer and baseball.

(A) 等位
(B) 従属

2. Kate plays the piano because she likes music.

(A) 等位
(B) 従属

3. You can choose beef or chicken from the menu.

(A) 等位
(B) 従属

4. Although I was tired, I worked hard yesterday.

(A) 等位
(B) 従属

5. I know that he is kind.

(A) 等位
(B) 従属

超基礎問題 A

解答と解説

1. He plays soccer **and** baseball.

[+]

and 前後の soccer と baseball がともに名詞。語と語をつなぐ**等位接続詞**です。

2. Kate plays the piano 〈**because** she likes music〉.

[M]

接続詞 because の後ろに SV が続き、情報を追加しています。**従属接続詞**です。

3. You can choose beef **or** chicken 〈from the menu〉.

[M] ※前置詞＋名詞も〈　〉に入れる。

or 前後の beef と chicken がともに名詞。語と語をつなぐ**等位接続詞**です。

4. 〈**Although** I was tired,〉 I worked hard yesterday.

[M]

接続詞 Although の後ろに SV が続き、情報を追加しています。**従属接続詞**です。

5. I know [**that** he is kind].

接続詞 that の後ろに SV が続き、情報を追加しています。**従属接続詞**です。

訳 1. 彼はサッカーと野球をする。
2. ケイトは音楽が好きなので、ピアノを演奏する。
3. メニューからビーフまたはチキンをお選びいただけます。
4. 私は疲れてはいたが、昨日、熱心に働いた。
5. 私は彼が親切だということを知っている。

超基礎問題 B

次の英文にある従属接続詞が名詞節か副詞節か選び、英文を訳してください。

1. He knows that I am sick.

(A) 名詞節
(B) 副詞節

2. If it is fine tomorrow, I will play tennis.

(A) 名詞節
(B) 副詞節

3. I don't know whether he will come here.

(A) 名詞節
(B) 副詞節

4. Please tell me when she comes.

(A) 名詞節
(B) 副詞節

5. Please tell me when she will come.

(A) 名詞節
(B) 副詞節

超基礎問題 B

解答と解説

1. He knows [that I am sick].
S V O

know は第 3 文型の動詞で目的語を 1 つとります。目的語になれるのは**名詞**だけ。したがって、[that I am sick] はまとめて**名詞節**になります。

2. 〈If it is fine tomorrow,〉 I will play tennis.
S V O

助動詞 will のついている play が大将で、If ~, は**副詞節**です。カンマにも注目。**文頭のカンマ付き If は必ず副詞節**になります。

3. I don't know [whether he will come here].
S V O

1. と同じ構造です。**名詞節**の whether は「~かどうか」と訳します。

4. Please tell me 〈when she comes〉.
V O
※命令文の主語は常に You のため省略される。

「時、条件を表す副詞節では未来のことでも現在形」(Part 5、Section 3) を利用します。**副詞節**です。この場合の when は「~のとき、~したら」と訳します。

5. Please tell me [when she will come].
V O O

こちらは will があるため**名詞節**です。「いつ~するか」と訳します。

訳 1. 彼は私が具合が悪いことを知っている。
2. もし明日晴れたら、私はテニスをするだろう。
3. 私は彼がここに来るかどうか知らない。
4. 彼女が来たら、教えてください。
5. 彼女がいつ来るか教えてください。

基本問題

接続詞の見分けに注意しながら読み進めましょう。文章の理解＝問題の正解です。空欄に入る最も適切なものを選んでください。

> We hired Takuto Minami three years ago. -------(1.) he started working with us, he didn't know much about our business. However, we soon found him creative -------(2.) reliable. We proudly tell you -------(3.) Takuto will show excellent performance in his duties. -------(4.) you want to know more about Takuto, we're happy to tell you.

1. (A) It
(B) When
(C) Though
(D) What

2. (A) if
(B) and
(C) unless
(D) that

3. (A) it
(B) what
(C) because of
(D) that

4. (A) If
(B) What
(C) How
(D) That

基本問題

解答と解説

We hired Takuto Minami three years ago. -------(1.) he started working with us, he didn't know much about our business. However, we soon found him creative -------(2.) reliable. We proudly tell you -------(3.) Takuto will show excellent performance in his duties. -------(4.) you want to know more about Takuto, we're happy to tell you.

1. 正解 B

(A) It　代 の主格・目的格
(B) When　接 ～のとき
(C) Though　接 ～ではあるが
(D) What　疑 何

空欄直後に he started と SV があるため接続詞を選びます。副詞節を作れるのは (B) と (C)。「働き始めたとき」となる When が正解です。文中のカンマ (,) に注目してください。

2. 正解 B

(A) if　接 もし～なら
(B) and　接 ～と
(C) unless　接 ～でない限り
(D) that　接続詞／関係代名詞

We soon found him creative ------- reliable.
S　V　O　C

第 5 文型の英文です。creative と reliable が同じ品詞なので等位接続詞の and を入れます。

訳 私たちは 3 年前に Takuto Minami を雇用しました。彼が私たちと働き始めたときは、彼は弊社の事業に関してあまり知りませんでした。しかしながら、まもなく彼が創造的で信頼できる人物であることがわかりました。私たちは自信を持って彼が職務において素晴らしいパフォーマンスを発揮してくれるとお伝えできます。もしTakuto について詳しくお知りになりたければ、喜んでお教えいたします。

3. 正解 D

(A) it 代 の主格・目的格
(B) what 疑 何
(C) because of 前 ～が原因で
(D) that 接続詞

空欄後に Takuto will show excellent performance と文が続いています。(D) that を入れて名詞節を作ります。

4. 正解 A

(A) If 接 もし～なら
(B) What 疑 何
(C) How 副 どのように
(D) That 接続詞／関係代名詞

空欄後に you want to と SV が続くため接続詞を入れます。後ろのカンマ (,) に注目すれば、副詞節を作る (A) If が正解だとわかります。

実践問題

接続詞の使われ方に注意しながら、実践問題に挑戦しましょう。

Questions 1–4 refer to the following e-mail.

To: <whitneydouglas@dartmail.com>
From: <tgrimes@hoddscorp.com>
Date: January 26
Subject: Hodds Corp Position

Dear Ms. Douglas,

Thank you for submitting your résumé for the open position of marketing strategist in our advertising department.

------- (1.) you do not have extensive work experience in this field, your professional achievements in public relations are impressive.

To further determine ------- (2.) your experience and qualifications match our needs or not, we would like to interview you. Our head office is located on Churchill Road, between Walsh Street ------- (3.) Sacramento Street. Your interview is scheduled for 10:00 A.M. on February 4. ------- (4.) you want to change the date, please let me know. I look forward to hearing from you soon.

Sincerely,
Tony Grimes
Human Resources Department
Hodds Corp

1. (A) Despite
(B) Because
(C) Although
(D) Without

2. (A) with
(B) since
(C) so
(D) whether

3. (A) and
(B) or
(C) nor
(D) for

4. (A) So
(B) What
(C) That
(D) If

実践問題

解答と解説

Questions 1–4 refer to the following **e-mail**.

> メールの 3 大要素
> 1. 送受信者　2. 件名
> 3. 日付 をチェック

To: <whitneydouglas@dartmail.com>
From: <tgrimes@hoddscorp.com>
Date: January 26
Subject: Hodds Corp Position

> @ の後ろはその人の所属を表すヒント

Dear Ms. Douglas,

> 書き出しが、Dear → 人間関係薄め、フォーマル
> Hi や Hello → 同僚、友人、カジュアル

Thank you for submitting your résumé for the open position of marketing strategist in our advertising department.

①-------(1.) you do not have extensive work experience in this field, your professional achievements in public relations are impressive.

②To further determine -------(2.) your experience and qualifications match our needs **or not**, we would like to interview you. ③Our head office is located on Churchill Road, **between** Walsh Street -------(3.) Sacramento Street. Your interview is scheduled for 10:00 A.M. on February 4. ④-------(4.) you want to change the date, please let me know. I look forward to hearing from you soon.

Sincerely,
Tony Grimes
Human Resources Department
Hodds Corp

1. 正解 C

(A) Despite　前 ～にもかかわらず
(B) Because　接 なぜなら
(C) Although　接 ～ではあるが
(D) Without　前 ～なしで

①空欄後に SV があるため、前置詞の (A)(D) を切ります。カンマ (,) までの前半は「経験がない (マイナス)」、後半は「印象に残った (プラス)」という内容なので、逆接の接続詞 (C) が正解です。

2. 正解 D

(A) with　前 ～と一緒に
(B) since　接 ～なので
(C) so　接 それで
(D) whether　接 ～かどうか

②カンマの前にある or not に注目。whether を入れて determine の目的語となる名詞節を作ります。

訳 問題 1-4 は次のメールに関するものです。

受信者：<whitneydouglas@dartmail.com>
送信者：<tgrimes@hoddscorp.com>
日付：1 月 26 日
件名：Hodds Corp での職

Douglas 様

弊社宣伝部のマーケティング戦略員職の募集に履歴書をお送りくださり、ありがとうございます。

この分野で幅広い経験はおありではないようですが、広報としての専門実績は印象深いものでした。

ご経験と資格が当社の求めているものに合うかどうかを判断するため、面接をしたく存じます。弊社の本社はウォルシュ通りとサクラメント通りの間のチャーチル街道にあります。面接は 2 月 4 日、午前 10 時より行います。日程の変更をご希望の場合は私にお知らせください。お返事をお待ちしております。

敬具

Tony Grimes
人事部長
Hodds Corp

語注
□ submit 動 ～を提出する　□ résumé 名 履歴書　□ strategist 名 戦略家
□ department 名 部、課　□ extensive 形 広い　□ achievement 名 成果、達成
□ impressive 形 印象に残る　□ determine 動 ～を決定する　□ interview 動 ～を面接する
□ head office 名 本社　□ hear from ～から返事を受け取る

3. 正解 A

(A) and　接 ～と
(B) or　接 ～または
(C) nor　接 ～も…もない
(D) for　前接 ～のために

③ between に注目します。Part 5 で見たとおり between A and B は秒殺したいところです。

4. 正解 D

(A) So　接 それで
(B) What　疑 何
(C) That　接続詞／関係代名詞
(D) If　接 もし～なら

④空欄後に SV とカンマがあるため、副詞節を作る接続詞を探します。If を入れて「もし日付を変更したければ」とすれば文意が通ります。

Section 3 準動詞のある文章

わくわくPoint

弟子の働きに注目

Part 5 で見た弟子（準動詞）は問題を解くことに特化しましたが、いよいよそれら弟子たちを読解の武器に変えます。さっそく、不定詞から見ていきましょう。

弟子の働きその1 不定詞の見分け

〈to ～　攻略チャート〉

to の後ろが

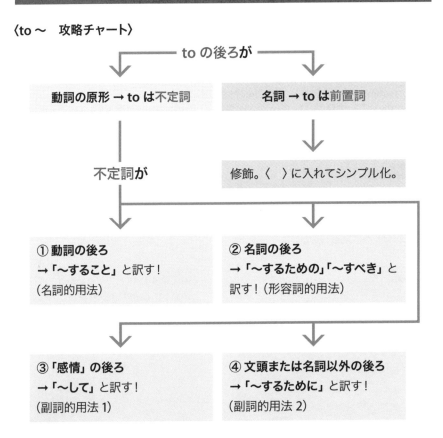

- **動詞の原形 → to は不定詞**
- **名詞 → to は前置詞**
  - 修飾。〈　〉に入れてシンプル化。

不定詞が

① 動詞の後ろ
→**「～すること」**と訳す！
（名詞的用法）

② 名詞の後ろ
→**「～するための」「～すべき」**と訳す！（形容詞的用法）

③「感情」の後ろ
→**「～して」**と訳す！
（副詞的用法 1）

④ 文頭または名詞以外の後ろ
→**「～するために」**と訳す！
（副詞的用法 2）

英語は語順を重視する言語のため、不定詞がどこにあるかで意味が異なります。まずは不定詞の場所を確認して、どの用法かを見分けます。

難しく聞こえる用法も、基本は Part 5 の Section 5 で学習済み。このセクションで「見分け」の精度を上げ、読む力をまた一段積み上げていきましょう。不定詞攻略のポイントは **to ~ がどこにあるか**です。

① 動詞の後ろ（名詞的用法）

She wants **to change** the schedule.

V

彼女はスケジュールを変更**すること**を望んでいる。

② 名詞の後ろ（形容詞的用法）

The next thing **to do** is this report.

名詞

次に**すべき**ことはこの報告書だ。

うまくいかない場合は「～するために」と訳す（副詞的用法 2）。

We went to the station **to meet** her.

名詞

彼女に会う**ために**駅へ行った。

③「感情」の後ろ（副詞的用法 1）

I'm happy **to help** you.

感情

私は喜ん**で**あなたのお手伝いをします。

④ 文頭または名詞以外の後ろ（副詞的用法 2）

He arrived early **to replace** the bulb.

副詞（名詞以外）

彼は電球を取り換える**ために**早く着いた。

さらに、この「場所」の視点は Part 5 でもテクニックとして使えます。たとえば、次の実践レベルの問題を見てください。

例題

Katz Electric cited poor sales as the reason for the decision ------- its line of computer monitors.

(A) discontinues
(B) discontinued
(C) has discontinued
(D) to discontinue

解説

Katz Electric **cited** poor sales as the reason for the **decision** ------- its line of computer monitors.

解答の流れ

1 大将を探す。cited があるので、(A) (C) を切る。
2 名詞 decision の後ろが空欄。不定詞では？ と当たりをつけて用法を確認。
3 名詞の後ろ（チャート②）だから、形容詞的用法。
「～するための」「～すべきの」だ！
4 (D) を選ぶ＝正解。

訳 Katz Electric はコンピューターモニターの生産ライン打ち切りの決定に当たり、売上が振るわなかったことを理由に挙げた。

Part 5 と Part 6 の考え方を組み合わせることで、「解く」「読む」両方の力を養えます。

弟子の働きその 2 動名詞と分詞の見分け

動名詞の働きは Section 5 で見たとおり、「主語、動詞の目的語、補語、前置詞の目的語」で、名詞の働きとまったく同じです。ただし、動名詞は**現在分詞と同じ見た目**（-ing）のため、両者をしっかり分けることが必要です。

〈-ing　攻略チャート〉

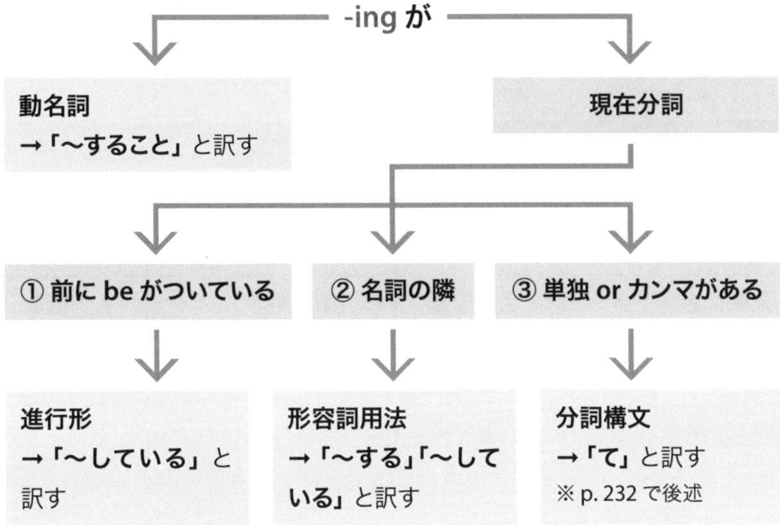

注意 1 **be の後ろに動名詞があるパターン**

① He is taking pictures.
彼は写真を撮っている。

taking の前に is があるので、**進行形**です。

② His hobby is taking pictures.
彼の趣味は写真を撮ることです。

taking の前に is がありますが、「彼の趣味は写真を撮っているところです」だと意味が通じません。したがって**動名詞**です。

注意 2 **名詞の隣に動名詞があるパターン**

My uncle enjoys playing golf.
私のおじはゴルフを楽しんでやっています。

名詞（golf）の隣に playing がありますが、現在分詞で「playing が golf を修飾している」と考えると、「プレーしているゴルフ？」と意味がおかしくなります。Part 5 でも出てきた enjoy は動名詞をとる動詞です。「ゴルフをすること」と訳しましょう。

弟子の働きその3　分詞構文の訳し方

Part 5 でも確認しましたが、ここで一気に -ing と p.p. についてまとめます。

-ing		p.p.	
① 単独	動名詞	① 前に have	完了形
② 前に be	進行形	② 前に be	受動態
③ 隣に名詞	名詞修飾	③ 隣に名詞	名詞修飾
④ 単独／カンマあり	**分詞構文**	④ 単独／カンマあり	**分詞構文**

④分詞構文をここで解説します。p. 123 で見たように分詞構文は「時、理由、結果、条件、譲歩、付帯状況」の意味がありますが、それぞれの空気（雰囲気）が感じ取れれば OK です。

分詞構文のさばき方

STEP 1 分詞構文は副詞節なので、山かっこに入れる（シンプル化）

STEP 2 時、理由、結果、条件、譲歩、付帯状況
→「て」と訳したうえで空気を読む

例文で確認します。

〈**Written** in Japanese,〉 I can understand the sign.

日本語で書かれてい~~るので~~て、私はその案内がわかった。 ※「理由」の空気

もちろん分詞構文一つ一つの意味を確認して読むことは大切です。ただ、リーディングセクションは時間勝負ですから、かっこに入れてさくっと訳す、空気を読む、でさばいてください。

分詞の注意 接続詞の後ろは S + be が省略されて分詞が残る。

I studied **while** ~~I was~~ **listening** to music.

（while：接続詞　listening：分詞）

音楽を聴きながら勉強した。

超基礎問題 A

次の不定詞が何用法になるか選び、訳してください。

1. I want to become a doctor.

(A) 名詞的用法
(B) 形容詞的用法
(C) 副詞的用法

2. He has many books to read.

(A) 名詞的用法
(B) 形容詞的用法
(C) 副詞的用法

3. She works hard to buy a new car.

(A) 名詞的用法
(B) 形容詞的用法
(C) 副詞的用法

4. To open the door, use this key.

(A) 名詞的用法
(B) 形容詞的用法
(C) 副詞的用法

5. We're excited to show you our new film.

(A) 名詞的用法
(B) 形容詞的用法
(C) 副詞的用法

超基礎問題 A

解答と解説

1. I want to become a doctor.

V　不定詞が動詞の後ろ

名詞的用法です。不定詞 to become が動詞 want の直後に来ています。

2. He has many books to read.

名詞　不定詞が名詞の後ろ

形容詞的用法です。不定詞 to read が名詞 books の直後に来ています。

3. She works hard to buy a new car.

副詞　不定詞が名詞以外（副詞）の後ろ

副詞的用法です。不定詞 to buy が副詞 hard の直後に来ています。

4. To open the door, use this key.

不定詞が文頭　カンマ

副詞的用法です。不定詞が文頭にあり、その後にカンマがあります。

5. We're excited to show you our new film.

感情

副詞的用法です。excited が感情を表す副詞で、その直後に不定詞があります。

訳
1. 私は医者になりたい。
2. 彼は読むべき本がたくさんある。
3. 彼女は新車を買うために、頑張って働いている。
4. そのドアを開けるためには、この鍵を使ってください。
5. あなたがたにわれわれの新しい映画をご紹介できて興奮しています。

to ~が出てきたら必ず場所をチェックしてください。慣れてきたら、その不定詞が名詞、形容詞、副詞のどの働きをしているかを考えてみましょう。

超基礎問題 B

1～3：文中の -ing が動名詞か、現在分詞かを選んでください。

4、5：分詞構文を山かっこに入れて訳してください。

1. He finished writing the report.

(A) 動名詞

(B) 現在分詞

2. He is writing a report.

(A) 動名詞

(B) 現在分詞

3. I look forward to seeing you again.

(A) 動名詞

(B) 現在分詞

4. Feeling tired, I parked my car.

5. She had breakfast, reading the newspaper.

超基礎問題 B

解答と解説

1. He finished [writing the report].
S V O

↑ 動名詞の後ろの名詞はまとめておくとパターン化が楽です。

report の前に the があるため、名詞修飾はできません。O になれるのは名詞だけ。つまり、**動名詞**です。

2. He is writing a report.
S V O

-ing が be の後ろに来ています。進行形を作る**分詞**です。

3. I look forward to [seeing you] again.
S V 副 前 動名詞 副

look forward to の to は前置詞です。前置詞の後ろに**動名詞**が来ています。

4. 〈Feeling tired,〉 I parked my car.
分詞構文 M S V O

-ing 始まりでカンマ (,) は分詞構文の合図です。park は動詞で「駐車する」。

5. She had breakfast, 〈reading the newspaper〉.
S V O 分詞構文 M

had が過去形で大将のため、reading 以降は分詞構文です。

訳
1. 彼は報告書を書くことを終えた（書き終えた）。
2. 彼は報告書を書いている。
3. あなたがたとまた会えるのを楽しみにしています。
4. 疲れたので車を停めた。
5. 彼女は新聞を読みながら朝食をとった。

基本問題

学習した準動詞がまとまった英文内でどのように出題されるかを確認しましょう。

Hello Brendan,

We're pleased --1.-- you starting at our company next month. --2.-- you to our department, we'll have a party on the first day of your work. I'll introduce you to our staff at the party first, then please enjoy --3.-- with them. While --4.-- lunch, you'll find our colleagues nice and friendly.

1. (A) see
(B) saw
(C) seeing
(D) to see

2. (A) Welcome
(B) Welcomed
(C) To welcome
(D) Have welcomed

3. (A) talking
(B) talked
(C) have talked
(D) to be talked

4. (A) have
(B) to have
(C) having
(D) had

基本問題

解答と解説

空欄が文頭

Hello Brendan,

We're **pleased** -------(1.) you starting at our company next month. -------(2.) you to our department, we'll have a party on the first day of your work. I'll introduce you to our staff at the party first, then please enjoy -------(3.) with them. **While** -------(4.) lunch, you'll find our colleagues nice and friendly.

接続詞

1. 正解 D

(A) see　原形
(B) saw　過去形
(C) seeing　-ing 形
(D) to see　to 不定詞

感情を表す pleased に注目。感情の後は不定詞（副詞的用法）です。

2. 正解 C

(A) Welcome　原形
(B) Welcomed　過去形・過去分詞形
(C) To welcome　to 不定詞
(D) Have welcomed　現在完了形

文頭が空欄＋カンマ (,) は不定詞か分詞構文を疑います。「歓迎するために」となる不定詞（副詞的用法）の (C) が正解です。

訳 Brendan 様

来月弊社での Brendan さんの勤務開始を楽しみにしております。当部署への歓迎の意を表して、あなたの勤務初日にパーティーを予定しています。まず、私が社員にあなたを紹介します。それから社員とご歓談ください。ランチの間、同僚たちが楽しくフレンドリーだとおわかりいただけると思います。

3. 正解 A

(A) **talking** 動名詞
(B) talked 過去形・過去分詞形
(C) have talked 現在完了形
(D) to be talked to 不定詞の受動態

Part 5 で見たように、enjoy の後には動名詞が続きます。

4. 正解 C

(A) have 原形
(B) to have to 不定詞
(C) **having** 現在分詞
(D) had 過去形・過去分詞形

p. 232【分詞の注意】(接続詞の後ろは S + be が省略されて分詞が残る) と同じパターンです。接続詞の後の S なしは分詞が入るサインです。

正解できたかどうかも大事ですが、英文がそれなりのボリュームになっても準動詞を見抜けたかを確認しましょう。次の実践問題でもその視点をずらさずに解答してください。

実践問題

本番同様の英文で準動詞をさばく練習です。

Questions 1-4 refer to the following advertisement.

COME TRAIN WITH US

There is so much we could say about Astrofit Fitness, but experiencing it for yourself is what really matters. Taking a tour of our gym, you will see why so many people choose Astrofit Fitness to get in shape and stay fit. We have lots of different state-of-the-art exercise machines ------- (1.) all fitness levels. Plus, by ------- (2.) our two-week trial, you can work out for free while also ------- (3.) any of our yoga or aerobics classes. You will not be asked to sign a contract during the trial period. But after it's finished, we would be happy ------- (4.) down with you and discuss your membership options and the discount for new members we are currently offering. If you have questions or would like to know more, contact us at 0491-574-632.

1. (A) suit
(B) to suit
(C) having suited
(D) would suit

2. (A) join
(B) to join
(C) joining
(D) joined

3. (A) enjoy
(B) enjoying
(C) to enjoy
(D) enjoyed

4. (A) to sit
(B) sat
(C) sitting
(D) sits

実践問題

解答と解説

Questions 1–4 refer to the following **advertisement**.

文書の種類は必ず確認。advertisement =「広告」

COME TRAIN WITH US

広告は読者に「買ってほしい」はず。その流れで読みます。

There is so much we could say about Astrofit Fitness, but **experiencing** it for yourself is what really matters. **Taking** a tour of

動名詞「～すること」

分詞構文「～して」

our gym, you will see why so many people choose Astrofit Fitness to get in shape and stay fit. We have lots of different state-of-the-art ①**exercise machines** ------- (1.) all fitness levels. Plus, ②**by** ------- (2.) our two-week trial, ③you can work out for free **while** also ------- (3.) any of our yoga or aerobics classes. You will not be asked to sign a contract during the trial period. But after it's finished, we would be ④**happy** ------- (4.) down with you and discuss your membership options and the discount for new members we are currently offering. If you have questions or would like to know more, contact us at 0491-574-632.

1. 正解 B

(A) suit　　動 ～に合わせる
(B) to suit　　to 不定詞
(C) having suited　　現在完了の進行形
(D) would suit　　助動詞 would ＋原形

①名詞 exercise machines を後ろから修飾する形を探します。不定詞の形容詞的用法である (B) が正解です。

2. 正解 C

(A) join　　動 ～に参加する
(B) to join　　to 不定詞
(C) joining　　動名詞
(D) joined　　過去形・過去分詞形

②前置詞 by の後ろなので、動名詞が入ります。

訳 問題1-4は次の広告に関するものです。

一緒に鍛えましょう!

Astrofit Fitnessについてお伝えしたいことは山のようにあります。しかし、ご自身で体験していただくのが一番です。当ジムをひととおり見ていただくことで、なぜ多くの方が体を鍛えて健康でいるためにAstrofit Fitnessをお選びいただいているかがわかるはずです。当ジムはあらゆる健康状態に合わせた最先端のエクササイズ器具をそろえております。さらに、2週間の体験コースにご参加いただくことで、ヨガやエアロビクスのクラスを楽しみながら、無料でトレーニングもしていただけます。体験中に入会のご契約をお願いすることもございません。しかしながら、体験期間終了後は、ぜひお時間をいただきメンバーシップのご相談、また今ご提供している割引についてお話しできれば幸いです。ご質問、また詳細については0491-574-632までご連絡ください。

語注
□experience 動 ～を経験する □matter 動 重要だ □choose 動 ～を選ぶ
□in shape 健康で □fit 形 元気な □state-of-the-art 形 最先端の
□discuss 動 ～を話し合う

3. 正解 B

(A) enjoy 動 ～を楽しむ
(B) enjoying 現在分詞
(C) to enjoy to不定詞
(D) enjoyed 過去形・過去分詞形

③基本問題でも出題された接続詞while + -ingの形です。【分詞の注意】を理解して正解できていれば、分詞系の問題も仕上がっています!

4. 正解 A

(A) to sit to不定詞
(B) sat 過去形・過去分詞形
(C) sitting -ing形
(D) sits 3人称単数現在形

選択肢を見る前に④ happy → 感情 → 不定詞という考え方ができていれば完璧です。副詞的用法の不定詞(A)が正解です。

準動詞がPart 6の英文でどのように出題されるかを確認しました。あえて準動詞にしぼって出題しています。「そりゃここは準動詞のセクションだからできたけど」と不安に感じる必要はありません。まずは、来るとわかっている球をしっかり打ち返せることが大事なのですから。

Section 4 関係詞のある文章

わくわくPoint

関係詞は修飾のサイン

まず、関係詞関連をすっきり整理します。

関係代名詞、関係副詞、制限用法、非制限用法

↓

すべて「修飾」！

それぞれの項目を理解することは重要ですが、「早い話が修飾」で十分です。
次に本番での出題形式です。公式問題集を調べて言えることは、

1. Part 6 に登場する関係詞の問題は **that が圧倒的に多い。** 約半数を占める
2. 次に続くのが who と**省略**
3. 関係詞問題は Part 5 で学んだ知識で攻略可能

この 3 点です。

また、省略を見抜き、関係詞 that と接続詞 that の区別ができれば、英文が格段にわかりやすくなります。では見抜き方を順に見ていきましょう。

1 関係詞は修飾のサイン

例題

次の英文を訳してください。

1. The staff member who is cleaning the tables on the first floor is Michael.

2. The hotel, which was built thirty years ago, will close next year.

解説

読み方のポイントは次のとおりです。

関係詞が出てきたら

POINT 関係詞でかっこを開く、2つめの動詞の前でかっこを閉じる

1. 具体的に見ていきましょう。

The staff member (who is cleaning the tables 〈on the first floor〉) is Michael.

is：1つめのV　〈on the first floor〉：M

↑関係詞 who の前でかっこを開く

is：2つめのV

↑ is の前でかっこを閉じる

かっこで囲んだ部分をすべてカットすればパターン化しやすくなります。

The staff member is Michael.

The staff member：S　is：V　Michael：C

そのスタッフはマイケルだ。

さて、かっこで囲んだ部分は直前にある staff member の修飾です。つまり who が「このスタッフについて説明入りまーす」というサインになっているわけです。あとはその説明がどこまで続くかを確認するだけ。staff member に who is cleaning the tables on the first floor の訳を加えます。

The staff member (who is cleaning the tables 〈on the first floor〉) is Michael.

1 階でテーブルを拭いているスタッフはマイケルだ。

2. 関係詞が which や that になっても手順は同じです。

The hotel, (which was built ~~thirty years ago~~,) will close ~~next year~~.

1つめのV　2つめのV

↑ which の前でかっこを開く　↑ will の前でかっこを閉じる

かっこで囲んだ部分と副詞をカットしてパターン化します。

The hotel will close.

S　V

そのホテルは閉まる。

かっこで囲んだ部分は which の前にある hotel の修飾ですから、hotel に説明を加え、副詞 2 箇所を訳出すれば完成です。

The hotel, (which was built thirty years ago,) will close next year.

30 年前に建てられたそのホテルは来年閉鎖する。

who や which 以降は、説明を「積み木みたいに乗せてゆく」だけ。関係詞は直前の名詞に向けられてるサインです（Mr.Children『Sign』）。

2 省略の見抜き方

次に、サインがない省略の見抜き方です。

省略の見抜き方

STEP 1 名詞の直後に SV（O がない）を探す

STEP 2 SV の前でかっこを開き、2 つめの動詞の前でかっこを閉じる

例題

関係代名詞が省略されている場所を見つけてください。

The book I bought yesterday is interesting.

解説

The book (I bought yesterday) is interesting.

名詞　S　V　※ bought の O がない。yesterday は副詞

↓

The book (I bought ~~yesterday~~) is interesting.

S である I の前でかっこを開き、2 つめの動詞（is）の前でかっこを閉じる

かっこで囲んだ部分をカットしてパターン化します。

The book is interesting.

S　V　C

その本は面白い。

関係詞が省略されても、かっこで囲んだ部分の訳を book に加えて完成です。

The book (I bought yesterday) is interesting.

私が昨日買った本は面白い。

3 that の識別

先に見た who と which に代わる that は、関係代名詞として最もよく使われます。また Section 2 で出た接続詞としても登場するため、どの that かを見分けることが重要です。

that の識別

that の後ろで
① 文の要素（SVOC）がそろっている → 接続詞
② 文の要素（SVOC）が欠けている　→ 関係代名詞

例題

次の that が接続詞か関係代名詞か選んでください。

1. He said that he was a teacher.

2. The man that I met yesterday was a teacher.

解説

いずれも that 以降に注目します。

1. He said **that** he was a teacher.
　　S　V　C　文の要素がそろっている（第 2 文型）→ **接続詞**

彼は自分が教師だと言った。

2. The man **that** I met yesterday was a teacher.
　　S　V　met の O がない（SVO ではない）→ **関係代名詞**

私が昨日会った男性は教師だった。

簡単に「O がない」とか書くけど、と思われるでしょう。しかし、パターン化して読む習慣をつけるうちに必ず見抜けるようになり、読解の精度が上がります。では演習です。

超基礎問題 A

関係詞の修飾部分をかっこに入れてください。

1. The man who is taking a picture is my uncle.

2. He sold his car, which was made in Germany.

3. The movie that I like is popular.

4. The event I joined yesterday was fun.

5. I'll check the reservation you made yesterday.

超基礎問題 A

解答と解説

1. The man (who is taking a picture) is my uncle.
S V C

who の前でかっこを開き、2 つめの動詞 is の前でかっこを閉じます。

2. He sold his car, (which was made 〈in Germany〉).
S V O M

かっこを閉じる目印の動詞がない場合は、文末で閉じます。

3. The movie (that I like) is popular.
S V C

that の前でかっこを開き、2 つめの動詞 is の前でかっこを閉じます。

4. The event (I joined ~~yesterday~~) was fun.
S ad V C

関係詞がないため、省略を見抜きます。The event I joined が「名詞＋ SV (O なし)」なので省略の合図。S の前でかっこを開き、2 つめの動詞 was の前でかっこを閉じます。

5. I'll check the reservation (you made ~~yesterday~~).
S V O ad

これも省略です。the reservation you made が「名詞＋ SV (O なし)」なので you の前でかっこを開き、その後に動詞がないので文末で閉じます。

訳 1. 写真を撮っているその男性は、私のおじです。
2. 彼はドイツ製の自分の車を売った。
3. 私が好きな映画は今人気がある。
4. 私が昨日参加したイベントは楽しかった。
5. あなたが昨日なさった予約を確認します。

かっこに入れることも、英文をシンプルにするための作業です。

超基礎問題 B

次の英文内の that が関係代名詞か接続詞かを選んでください。

1. I think that he likes sports.

(A) 関係代名詞
(B) 接続詞

2. I heard the news that he received the prize.

(A) 関係代名詞
(B) 接続詞

3. The news that everyone believes is true.

(A) 関係代名詞
(B) 接続詞

4. This is the best book that I've ever read.

(A) 関係代名詞
(B) 接続詞

5. The package that we sent has been delivered.

(A) 関係代名詞
(B) 接続詞

超基礎問題 B

解答と解説

1. I think [**that** he likes sports].

S V O

thatの後ろにSVO（第3文型）がそろっています。**接続詞**です。

2. I heard the news [**that** he received the prize].

S V O

thatの後ろにSVO（第3文型）がそろっています。**接続詞**です。名詞（ここではnews）の後ろのthatは「同格」で、「～という」と訳します。

3. The news (**that** everyone believes) is true.

S V

believesのOがない

thatの後ろを見るとbelievesのOがありません。**関係代名詞**です。前のnewsを修飾しています。

4. This is the best book (**that** I've ~~ever~~ read).

S ad V

readのOがない

thatの後ろを見るとreadのOがありません。**関係代名詞**です。前のbookを修飾しています。

5. The package (**that** we sent) has been delivered.

S V

sentのOがない

thatの後ろを見るとsentのOがありません。**関係代名詞**です。前のpackageを修飾しています。

訳 1. 私は彼がスポーツ好きだと思う。
2. 私は彼が受賞したというニュースを聞いた。
3. みんなが信じているニュースは事実だ。
4. これは私が今まで読んだ中で最高の本だ。
5. 弊社が送った小包は配達されました。

「目的語があるかないか」＝「名詞があるかないか」ということです。この考え方を使って基本問題に挑戦しましょう。

基本問題

空欄に入る最も適切なものを選んでください。

Our room sharing service is now available in this area. You know ------- (1.) buying all furniture is expensive. By using our service, you can save your time and money. Our rooms ------- (2.) are located downtown are new, clean, and popular. So, hurry up! The rooms ------- (3.) we can offer are limited. We're happy to show them to anyone ------- (4.) is interested in our service.

1. (A) which
   (B) whose
   (C) that
   (D) who

2. (A) that
   (B) who
   (C) whose
   (D) when

3. (A) it
   (B) when
   (C) who
   (D) which

4. (A) its
   (B) what
   (C) who
   (D) whose

基本問題

解答と解説

Our room sharing service is now available in this area. You know ------- (1.) buying all furniture is expensive. By using our service, you can save your time and money. Our rooms ------- (2.) are located downtown are new, clean, and popular. So, hurry up! The rooms ------- (3.) we can offer are limited. We're happy to show them to anyone ------- (4.) is interested in our service.

1. 正解 C

(A) which　関係代名詞
(B) whose　関係代名詞
(C) that　接続詞
(D) who　関係代名詞

You know ------- (1.) buying all furniture (S) is (V) expensive (C)

空欄前は動詞で、空欄の後ろに SVC がそろっているため、空欄には接続詞が入ります。選択肢で接続詞は that です。

2. 正解 A

(A) that　関係代名詞
(B) who　関係代名詞
(C) whose　関係代名詞
(D) when　疑 いつ

Our rooms (------- (2.) are (V) located downtown) are (V) new, clean, and popular.

英文内に V が 2 つ入っているので、関係詞を疑います。「関係詞の前でかっこを開き、2 つめの動詞の前でかっこを閉じる」をやってみると、文がパターン化できました。主格の関係詞 (A) (B) が残り、rooms は「物」なので (A) that が正解です。

訳 この地域で弊社のルームシェアサービスがご利用いただけるようになりました。ご存じのとおり、すべての家具を買いそろえるのは費用がかさみます。弊社のサービスをご利用いただければ、時間とお金を節約できます。市内中心部にあるお部屋は、新しく清潔で人気が出ております。ですから、お急ぎください！ ご案内できるお部屋には限りがあります。ルームシェアにご興味のある方にはどなたでも、お部屋を内見していただけます。

3. 正解 D

(A) it 代の主格・目的格
(B) when 疑いつ
(C) who 関係代名詞
(D) which 関係代名詞

The rooms (--------3. we can offer) are limited.
V V

2 と同様に解きます。物を修飾する which が正解です。

4. 正解 C

(A) its 代の所有格
(B) what 疑何
(C) who 関係代名詞
(D) whose 関係代名詞

anyone が人です。また直後に is があるため主格の関係代名詞 who を選びます。

実践問題

本番レベルの英文を前にひるむのは誰しも同じです。しかし、対応する方法は学んでいます。関係詞はしょせん「修飾」。そのサインを武器にしながら読みましょう。

Questions 1-4 refer to the following letter.

August 28
Josie Baldwin
9373 Jacobs Avenue,
Cincinnati, OH 45207

Dear Ms. Baldwin,

The Avondale Neighborhood Association is excited to announce -------1. it will be holding its annual Pumpkin Festival on October 26 and 27. You have received this letter because you contributed to last year's event as a volunteer. Thanks to the involvement of people like you -------2. give their time, the festival has always run smoothly. We would therefore be grateful -------3. you helped out again.

This year, we are planning to organize more activities -------4. the whole community will be able to enjoy. We are also expecting a bigger turn-out than in previous years, which means we will need as much support as possible. If you are interested in lending a hand, please contact me by e-mail (rspenser@avondalena.org).

Yours sincerely,

Robert Spenser

Robert Spenser
Avondale Neighborhood Association

1. (A) what
(B) which
(C) that
(D) who

2. (A) when
(B) some
(C) they
(D) who

3. (A) what
(B) if
(C) though
(D) who

4. (A) which
(B) when
(C) what
(D) whose

実践問題

解答と解説

Questions 1-4 refer to the following **letter**.

letter =「手紙」
今回はやや個人的な内容

> **August 28**
> Josie Baldwin
> 9373 Jacobs Avenue,
> Cincinnati, OH 45207
>
> Dear Ms. Baldwin,
>
> The Avondale Neighborhood Association is excited to announce -------(1.) it will be holding its annual Pumpkin Festival on October 26 and 27. You have received this letter because you contributed to last year's event as a volunteer. Thanks to the involvement of people like you -------(2.) give their time, the festival has always run smoothly. We would therefore be grateful -------(3.) you helped out again.
>
> This year, we are planning to organize more activities -------(4.) the whole community will be able to enjoy. We are also expecting a bigger turn-out than in previous years, which means we will need as much support as possible. If you are interested in lending a hand, please contact me by e-mail (rspenser@avondalena.org).
>
> Yours sincerely,
>
> *Robert Spenser*
>
> Robert Spenser
> Avondale Neighborhood Association

日付は時制系の問題でヒントになるため、必ず確認

1. 正解 C

(A) what　関係代名詞
(B) which　関係代名詞
(C) that　接続詞
(D) who　関係代名詞

announce -------(1.) it will be holding its ... Festival
(it = S, will be holding = V, its ... Festival = O)

空欄前が動詞で、空欄の後ろに SVO がそろっています。接続詞 that を入れれば、that 以降が announce の内容となります。

2. 正解 D

(A) when　接続詞
(B) some　代名詞
(C) they　代名詞
(D) who　関係代名詞

you -------(2.) give their time
(give = V, their time = O)

give の主語がなく、you が先行詞になっています。主格で人を修飾する関係代名詞 who が正解です。

訳 問題 1-4 は次の手紙に関するものです。

8 月 28 日
Josie Baldwin
ジェイコブズ通り 9373 番地
シンシナティ　オハイオ　45207
Baldwin 様
アヴォンデイル地区交流会は、10 月 26、27 日に毎年恒例の Pumpkin フェスティバルを行うことをお知らせします。このお手紙は、昨年ボランティアとしてご協力いただいた方へお送りしています。お時間を割いてご参加くださる皆さまのおかげで、本フェスティバルは毎年滞りなく運営されております。したがいまして、今年もあなたのご協力を賜れば幸いです。
今年は、地域全体で楽しんでいただける、より多くのアクティビティを計画中です。さらに、今年はこれまでの年より多くの出足が見込まれます。そのため、できるだけ多くのサポートを必要としております。お力添えいただけるようでしたら、私までメール（rspenser@avondalena.org）にてご連絡ください。
よろしくお願いいたします。
Robert Spenser
アヴォンデイル地区交流会

語注
□ announce 動 ～を伝える　□ contribute to ～に貢献する　□ involvement 名 参加
□ run 動（活動などが）進む　□ organize 動 ～を計画する　□ community 名 自治体、地域社会
□ turn-out 名 人出、来場者数　□ contact 動 ～に連絡をとる

3. 正解 B

(A) what　関係代名詞
(B) if　接続詞
(C) though　接続詞
(D) who　関係代名詞

------- (3.) you (S) helped out (V) again

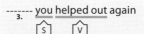

空欄の後ろに S + V があります。選択肢に目的格の関係詞がないので接続詞を選びます。「もし手伝ってくれたら」となる (B) が正解です。

4. 正解 A

(A) which　関係代名詞
(B) when　接続詞
(C) what　関係代名詞
(D) whose　関係代名詞

activities ------- (4.) the whole community (S) will be able to enjoy (V).

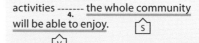

enjoy の O がないため activities を修飾する目的格の関係代名詞 which が正解です。

TOEIC で狙われるポイントにしぼって関係詞を見てきましたが、シンプル化やパターン化、準動詞、接続詞のさばき方など、Part 6 で学んだことはそれぞれ有機的につながっています。理解が足りないと感じた箇所は、必要であれば Part 5 に戻って確認しましょう。次のセクションから Part 6 の要所、文挿入問題に挑戦します。あなたにはそれを乗り超えられるだけの実力がついているはずです。

Section 5 文挿入問題の攻略

わくわくPoint

前とつなげて、後ろで確認

いよいよ Part 6 のクライマックス、文挿入問題です。ここまで学んできた読解メソッドをすべて駆使して、文脈に沿った英文を選びます。まず次の 3 ステップを確認してください。

文挿入問題攻略の 3 ステップ

文挿入問題の**選択肢を選ぶ前**にすることは、この 3 つです。

STEP 1 文挿入場所を確認
STEP 2 ディスコースマーカーを確認
STEP 3 空欄の「前寄り」の前後

STEP 1 文挿入場所を確認

文挿入問題が文書のどこにあるかを確認します。

パターン 1 2 つめの段落にある

第 1 段落 ――――――――
――――――――――――
――――――――――――

第 2 段落 ――――――――
――――――――――――
―――― --- 文挿入問題 --- ―

文挿入問題が第 2 段落の後半にあります。したがって、第 2 段落から最後までが集中ゾーンです。
各設問を解きながら第 2 段落まで読み進めます。なお、段落をまたいで文脈を問われることはありません。

パターン2 1つめの段落にある

— --- **文挿入問題** --- ———
———————
———————

第2段落 ———————
———————
———————

文挿入問題が第1段落の冒頭にあります。したがって、集中ゾーンはここだけ。
それ以降は、別の項目（文法・語彙）に注意しながら読み進めます。

このステップを行う理由は、力の入れどころを把握するためです。集中ゾーンに来たら、とくに意識して英文を読みます。

STEP 2 ディスコースマーカーを確認

場所の確認で集中ゾーンを決めたら、文脈を追っていきます。そのとき、文挿入問題の前後に文の流れを表す語があるかを確認しましょう。この語をディスコースマーカーと呼びます。

まず日本語で見てみましょう。太字に注目して解いてください。

例題

1. 彼は必死に勉強した。**たとえば、**-------- (1.) 。

(A) 勉強をすることは大事だ。

(B) 司法試験は一般的に難しいとされている。

(C) 朝4時に起きて学習時間を確保した。

(D) あの店に行けば文具が豊富にそろう。

2. 彼は必死に勉強した。**しかしながら、**-------- (2.) 。

(A) 試験には合格できなかった。

(B) 本を読んで知識を得た。

(C) 医者になるのが目標だった。

(D) 休みの日にはほぼ図書館に行った。

解説

1. 正解はC。「たとえば」を見たときに、この後の流れを考えてから選択肢を見たでしょうか。たとえば、と書いてあるのだから「当然こうなる」という攻めの読み方ができるのが、ディスコースマーカーを使う利点です。

2. 正解はA。「しかしながら」を見た瞬間に「必死に勉強した」とは逆の内容を予想します。この予想が自信を持って解答するための鍵となります。

ディスコースマーカーについて、以下のとおりまとめました。これらの言葉が出てきたら、話の流れを決めるサインと捉えてください。

■ **前文との話の流れが……**

そのまま（順接）		変わる（逆接）	
also	～もまた	however / yet	しかし
moreover / furthermore	さらに	while / whereas / meanwhile	一方で
besides / additionally	加えて		
for example	たとえば	though / although	～だが
such as / like	～のように	in contrast	対照的に

STEP 3 空欄の「前寄り」の前後

公式問題集を分析すると、文挿入問題の解答根拠は以下のとおりです。

前後と関連	61%
前のみ関連	33%
後ろのみ関連	6%

したがって、空欄の**「前寄り」**を意識して前後を読んでいきます。具体的には、空欄の1～2文前から読み、正解の選択肢を選んだうえで、後ろとのつながりを確認します。

■ **集中ゾーンイメージ図**

↓ 空欄前の 1～2 文の内容を把握　　　　　　↓ 後ろで確認

_________________. _________________. --- **文挿入問題** --- _________________.

[ヒント文× 2] ──────→ **文意が通るもの** ←── [確認文]
が正解

以上が、**選択肢を選ぶ前**にするべき作業です。文挿入問題の正解をさらに盤石にするため、**選択肢を選ぶとき**に次の 3 つのポイントを意識します。

正解を選ぶ 3 つのポイント

文挿入問題の**選択肢を選ぶとき**に押さえておきたいのは、この 3 つです。

POINT 1　オッパッピーカット
POINT 2　ワードリレーチェック
POINT 3　具体化

STEP 1 オッパッピーカット

不正解の選択肢は、文書と関連のある「それっぽい語」を用いながら、文脈と関係ない内容になっています。これをオッパッピー（OPP）と呼び、即切ってください。

例題で確認しましょう。

例題

年度末の恒例行事として、全フロアの清掃が行われます。8 月 25 日までに、使用している机といすを社のオープンスペースに移動してください。-------。

(A) **日々清掃することは、快適なオフィス生活において重要です。**
(B) **すべての机はスチールでできているため安全です。**
(C) **その日程までに移動が不可能な場合は事前にご相談ください。**
(D) LAN ケーブルをつなぐ前にパスワードと ID を入力してください。

解説

正解は (C)。ここでは、(A) で清掃、(B) で机、と確かに前の文章に出てきた語は含まれていますが、内容はズレたものばかり。英語になっても、落ち着いて読めばすぐに切ることができます。なお、(D) のパスワードと ID など、関係ない言葉がいきなり出た場合も即カットです。

STEP 2 ワードリレーチェック

文挿入問題の正解となる選択肢には特徴があり、その 1 つが「代名詞・指示語・the」です。たとえば、その前の文で紹介した引退予定の役員が、正解の選択肢では he/she で登場したり、リコール対象の電化製品が it で言い換えられたりと、「代名詞・指示語・the」が大きなヒントになります。これが**ワードリレー**です。

STEP 1 の例題で言えば、「その日程（英語なら **The** date)」のように、「代名詞・指示語・the」が含まれています。選択肢の中でバトンがあれば正解の有力候補です。

STEP 3 具体化

文挿入問題の正解を分析すると、9 割以上が**順接**です。文頭に In addition（加えて)、Indeed（実際）などがあり、話の流れが文書と同じか、それまでの内容が補足・具体化されていれば、正解の候補になります。

一方、逆接が正解になる場合にも、選択肢に明確なディスコースマーカーがあります。これもヒントになりますね。

以上、空欄前後を見る「**マクロの目**」と、選択肢を見る「**ミクロの目**」を使えば文挿入問題も恐れるに足らずです。

演習を通して、文挿入問題を得点源にしましょう。

超基礎問題

前がヒント＋後ろで確認（マクロの目）を意識し、3 つのポイント（ミクロの目）を使って選びます。

1.

当スタジオでは、すべての年齢層にお楽しみいただけるエクササイズをご用意しています。-------（1.）。お申し込みはお電話か直接スタジオにお越しください。

(A) 来週の月曜日はメンテナンスにより閉館です。
(B) たとえば、ダンスやエアロビクスなどです。
(C) しかしながら、今年度は満席となっています。
(D) ボランティアの募集を開始しました。

2.

石松氏は国際線乗務員として勤務したのち、新任客室乗務員の指導を行っている。-------（2.）。彼女を中心とした取り組みで、同社はホスピタリティ賞を受賞している。

(A) 航空機燃料の高騰に伴い、運賃は値上げせざるを得ないだろう。
(B) 機内食では肉以外にも野菜を中心としたメニューを用意している。
(C) 乗客は離陸後案内があるまで、シートベルトを外してはならない。
(D) また、サービス向上のためのチームリーダーとして活躍してきた。

3.

東京での新店舗オープンに先立ち、タカハシスポーツではスタッフを募集しています。弊社ウェブサイトの「一緒に働こう!」をクリック。-------（3.）。とくに現在、バドミントンに詳しいスタッフを急募中です。

(A) 現代人の運動不足は年々、問題視されるようになってきました。
(B) そこで、給与やシフトについて詳しくご案内しています。
(C) 当社の品ぞろえや社員の商品知識は地域で一番だと自負しています。
(D) 東京はスポーツ施設以外に、多種多様な観光地のある魅力的な街です。

超基礎問題

解答と解説

1. 当スタジオでは、すべての年齢層にお楽しみいただけるエクササイズをご用意しています。-------(1.)。お申し込みはお電話か直接スタジオにお越しください。

正解 B

(A) 来週の月曜日はメンテナンスにより閉館です。
(B) たとえば、ダンスやエアロビクスなどです。
(C) しかしながら、今年度は満席となっています。
(D) ボランティアの募集を開始しました。

マクロの目

前：エクササイズの紹介
後：申し込み方法の案内
→ -------(1.) には入会につなげる文が入ると予想

ミクロの目 ※ OPP（オッパッピー）＝関係のない語です。即切りましょう。

(A) メンテナンスが OPP
(B) エクササイズの内容が具体化。これが正解
(C) 満席と申し込みが矛盾
(D) ボランティアが OPP

2.

> 石松氏は国際線乗務員として勤務したのち、新任客室乗務員の指導を行っている。-------(2.)。彼女を中心とした取り組みで、同社はホスピタリティ賞を受賞している。

正解 D

(A) 航空機燃料の高騰に伴い、運賃は値上げせざるを得ないだろう。
(B) 機内食では肉以外にも野菜を中心としたメニューを用意している。
(C) 乗客は離陸後案内があるまで、シートベルトを外してはならない。
(D) また、サービス向上のためのチームリーダーとして活躍してきた。

マクロの目

前：石松氏の紹介
後：石松氏の功績
→ -------(2.) にも石松氏の説明が入ると予想

ミクロの目

(A) 燃料と値上げがOPP
(B) 機内食がOPP
(C) シートベルトがOPP
(D)「また」で石松氏に関する内容を追加している。これが正解

3.

> 東京での新店舗オープンに先立ち、タカハシスポーツではスタッフを募集しています。弊社ウェブサイトの「一緒に働こう！」をクリック。-------(3.)。とくに現在、バドミントンに詳しいスタッフを急募中です。

正解 B

(A) 現代人の運動不足は年々、問題視されるようになってきました。
(B) そこで、給与やシフトについて詳しくご案内しています。
(C) 当社の品ぞろえや社員の商品知識は地域で一番だと自負しています。
(D) 東京はスポーツ施設以外に、多種多様な観光地のある魅力的な街です。

マクロの目

前：ウェブサイトに誘導
後：募集スタッフの具体化
→ -------(3.) には勤務内容についての記述があると予想

ミクロの目

(A) 運動不足がOPP
(B)「そこで」が指示語、給与・シフトも前後の流れと一致。これが正解
(C) 品ぞろえと商品知識、地域で一番がOPP
(D) 東京の説明がOPP

基本問題

日本語で練習したことが英語でも行えるか確認します。

1.

> Thank you for leaving a comment on our Web site. We are pleased to inform you that your suggestion, vegetable broth noodle, will be on our menu next July. -------(**1.**). We appreciate your help and hope you enjoy this new dish soon.

(A) Plenty of onions, carrots and potatoes are used for this soup.
(B) We will be closed due to renovation.
(C) We are busy during summer season.
(D) If you have any allergies, please check our menu.

2.

> Have you planned for your next vacation? Nana Tours offers you a lot of exciting adventures. As you can see on this Web site, the most popular optional tour is the sunset cruise. -------(**2.**). Also, you can relax to the live music played by the band on our luxury cruise lines. To make a reservation, just click "BOOK" below.

(A) Snorkeling and kayaking are not available now.
(B) Nana Tours started its business 30 years ago.
(C) We offer shuttle bus service between the airport and your hotel.
(D) You will enjoy a romantic dinner with a magnificent view.

NO TEST MATERIAL ON THIS PAGE
（このページに問題はありません）

基本問題

解答と解説

1. Thank you for leaving a comment on our Web site. We are pleased to inform you that your suggestion, vegetable broth noodle, will be on our menu next July. -------(1.). We appreciate your help and hope you enjoy this new dish soon.

訳 弊社ウェブサイトへのコメントをありがとうございます。このたび、あなたのご提案であるベジブロスヌードルが 7 月よりメニューに加わることとなりましたので、お知らせいたします。このスープにはたっぷりの玉ねぎ、にんじん、じゃがいもを使用しています。あなたのご協力に感謝するとともに、近いうちに新メニューをお楽しみいただければ幸いです。

正解 A

(A) Plenty of onions, carrots and potatoes are used for this soup.
(B) We will be closed due to renovation.
(C) We are busy during summer season.
(D) If you have any allergies, please check our menu.

(A) このスープにはたっぷりの玉ねぎ、にんじん、じゃがいもを使用しています。
(B) 改装のため、店舗を閉鎖いたします。
(C) 夏場は忙しくなります。
(D) アレルギーがある場合は、メニューをご覧ください。

マクロの目

前：新しいベジブロスヌードルの案内
後：新メニューの営業
→ -------(1.) は新メニューの説明と予想

ミクロの目

(A) 新メニューの具体的説明。これが正解
(B) 改装が OPP
(C) 忙しさは前で言及されておらず、前後の流れとも合わない
(D) アレルギーが OPP

2. Have you planned for your next vacation? Nana Tours offers you a lot of exciting adventures. As you can see on this Web site, the most popular optional tour is the sunset cruise. -------(2.). Also, you can relax to the live music played by the band on our luxury cruise lines. To make a reservation, just click "BOOK" below.

訳 次の休暇のご予定はお決まりですか？ Nana ツアーズは刺激的な冒険の旅をたくさんご用意しています。ウェブサイトにありますように、オプショナルツアーの一番人気はサンセットクルーズです。荘厳な景色とともにロマンチックなディナーをお楽しみいただけます。また、豪華客船の船上で生バンドの演奏でゆったりとお過ごしいただけます。ご予約は下の「予約」をクリックしてください。

正解 D

(A) Snorkeling and kayaking are not available now.
(B) Nana Tours started its business 30 years ago.
(C) We offer shuttle bus service between the airport and your hotel.
(D) You will enjoy a romantic dinner with a magnificent view.

(A) シュノーケルとカヤックは現在ご利用いただけません。
(B) Nana ツアーズは 30 年前に創業いたしました。
(C) 弊社は空港とお泊まりのホテルにシャトルバスを運行しています。
(D) 荘厳な景色とともにロマンチックなディナーをお楽しみいただけます。

マクロの目

前：サンセットクルーズの案内
後：クルーズの具体的内容
→ -------(2.) は引き続きサンセットクルーズの文脈と予想

ミクロの目

(A) シュノーケル、カヤックはクルーズの具体化にならない
(B) 事業年数が OPP
(C) シャトルバスが OPP
(D) ディナーとその説明がクルーズの具体化。これが正解

実践問題

英文のレベルは上がりますが、マクロの目とミクロの目を意識して取り組んでください。

Question 1 refers to the following article.

> Nobby's Table is an Australian fast-food restaurant chain by Nobu Tanaka, originating in South Port, Gold Coast in 2001. It is a subsidiary company of Yum & Smile, Inc. The restaurants serve a variety of Australian-inspired foods that include meat pies, ocean trout sushi rolls, fish and chips, calamari and oysters. -------.
> **1.**
> As of 2020, Nobby's Table serves over ten thousand customers each year at 98 restaurants, more than 70 percent of which are owned and operated by independent franchisees and licensees. Takefumi Chiba, vice president of Nobby's Table, announced that the first branch of this restaurant in Tokyo will be open next year.

1. (A) Staff must wear masks both in the kitchen and in the dining room.
(B) Gold Coast is one of the most famous resorts in the world.
(C) Their ingredients are all organic and produced in Australia.
(D) Sales have been going down for the past ten years.

NO TEST MATERIAL ON THIS PAGE
（このページに問題はありません）

実践問題

解答と解説

Questions 1 refers to the following **article.**

何についての記事なのか注意して読む

Nobby's Table is an Australian fast-food restaurant chain by Nobu Tanaka, originating in South Port, Gold Coast in 2001. It is a subsidiary company of Yum & Smile, Inc. The restaurants serve a variety of Australian-inspired foods that include meat pies, ocean trout sushi rolls, fish and chips, calamari and oysters. --------.
1.

問題は第1段落最後にある。直前の文が集中ゾーン。

As of 2020, Nobby's Table serves over ten thousand customers each year at 98 restaurants, more than 70 percent of which are owned and operated by independent franchisees and licensees. Takefumi Chiba, vice president of Nobby's Table, announced that the first branch of this restaurant in Tokyo will be open next year.

1. 正解 C

(A) Staff must wear masks both in the kitchen and in the dining room.
(B) Gold Coast is one of the most famous resorts in the world.
(C) Their ingredients are all organic and produced in Australia.
(D) Sales have been going down for the past ten years.

(A) スタッフはキッチンと飲食エリアでマスク着用が義務づけられている。
(B) ゴールドコーストは世界でも有数のリゾート地の一つだ。
(C) これらの材料はすべてオーストラリア産で有機栽培のものである。
(D) 売上がこの10年間下がり続けている。

訳 Nobby's Table は 2001 年、ゴールドコーストのサウスポートで Nobu Tanaka 氏が始めたオーストラリアのファーストフードチェーンである。Nobby's Table は Yum & Smile 社の子会社となっている。これらのレストランではオーストラリア料理をもとにしたミートパイ、サーモン寿司ロール、フィッシュアンドチップス、カラマリ、そしてカキなどさまざまな料理が提供されている。これらの材料はすべてオーストラリア産で有機栽培のものである。

2020 年現在、Nobby's Table は 98 のレストランで毎年 1 万人を超える客に料理を提供している。そのうち 70%は独立したフランチャイズと認可された経営者によって所有、運営されている。Nobby's Table 副社長の Takefumi Chiba 氏は、来年、東京 1 号店をオープンすると発表した。

語注
- □ subsidiary 形 子会社の　□ a variety of さまざまな～　□ ~-inspired 形 ～にヒントを得た
- □ calamari 名 イカのフライ　□ oyster 名 カキ　□ independent 形 独立した
- □ franchisee 名 フランチャイズ店・事業者　□ licensee 名 認可された人
- □ vice president 名 副社長

マクロの目

前：レストランで提供されている料理の記述
後：段落が変わっているため空欄前に集中
→ ------- 1. はメニューの詳細と予想

ミクロの目

(A) マスクが OPP
(B) ゴールドコーストは直前での記述がない。リゾートが OPP
(C) 文頭の Their が前述のメニューを指す。メニューの具体化になっている。これが正解
(D) 売上は前の内容と関係がなく、第 2 段落のフランチャイズや新規オープンとも矛盾

集中ゾーン（直前の文）は、that の用法（関係代名詞）を含めて内容がしっかりとれたでしょうか。それを確認するために、マクロの目は必ずまとめましょう。ひと言で言うとこういうことが書いてあった、と要約する習慣は非常に重要です。それができて初めて、ミクロの目が生きてきます。

Section 6 実践問題演習

わくわくPoint

問題をタイプ分け

ここまでは学んだ内容にフォーカスした演習で力をつけてきました。本セクションでは、本番同様の問題を 4 セット用意しています。Section 4 までは**読む**ためのメソッドを紹介しましたが、ここでは**解く**ためのテクニックをまとめます。

Part 6 攻略の 3 ステップ

Part 6 で使える時間は 10 分。この 3 ステップを徹底することで時間短縮が図れます。

STEP 1　文書別モードになる

STEP 2　問題タイプを選別

STEP 3　設問ワープ！

STEP 1 文書別モードになる

Part 6 で出題される英文は大きく分けて次の 8 種類。この 8 種は、たとえば Questions 135-138 refer to the following **letter**. のように、英文の前に明記されています。これを利用し、読み手として次のモードになって読むことでリアリティをつくるわけです。これにより、文の流れを深く捉えます。

■ 英文の種類とモード

	文書	モード
1	記事	「今日の紙面は、ふむふむ」
2	お知らせ	「何か出てるぞ、どれどれ」
3	メール	「伝えたいことは何だ」
4	説明書	「このとおりにやらないとやばいやつ」
5	会見・報道発表	「おっとここでニュース。どうした」
6	ウェブページ	「知りたいことはどこだ」
7	手紙	「ご丁寧にすみません、何だろう」
8	インフォメーション（情報）	「これ友達に知らせないと。なるほど」

要は文書の種類を確認するだけでなく、あなたがそのリアルな読み手、つまり当事者となって読む姿勢をつくれればOKです。

STEP 2 問題タイプを選別

例題

1. 文法タイプ

This is a ------- file.

(A) confidentially
(B) confidential
(C) confidently
(D) confide

2. 文脈タイプ

Mr. Takahashi is responsible for the -------.

(A) matter
(B) reservation
(C) renovation
(D) decision

解説

1. 純粋な品詞問題のため、a ------- file の部分だけで解くことができます。正解は名詞 file を修飾する形容詞の (B)。つまり、文脈を追わずとも高速で処理できる問題です。

2. この問題は、Takahashi 氏が何に責任を負っているのか選択肢からは判断できません。解答するためには、前後の内容理解が必要になります。では、どう対応するか？ STEP 3 で具体的に見ていきましょう。

訳 1. これは機密ファイルです。
2. Takahashi さんは ------- に責任がある。

STEP 3 設問ワープ！

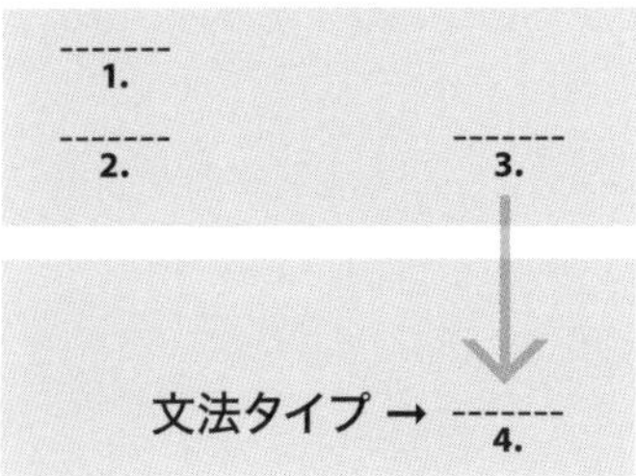

たとえば、2 段落構成の英文があるとします。このとき、4 の問題が「文法タイプ」の場合、3 以降の第 1 段落と第 2 段落をすべて読むと時間のロスになります。3 を解いたら、一気に 4 まで進みましょう。そのために先に設問に目を通し、その場で解けるのか、文脈に依存するのかを確認します。

実践問題

もし可能なら、あなたが解き終わった結果を直接、確認したい気持ちです。では挑戦してください。

Questions 1–4 refer to the following information.

> The management of Marquis Tower Condos is pleased ------- (1.) that parts of the building will soon be refurbished. This will involve a substantial renovation of the lobby and other common areas. The project is set to begin on Monday, June 3. The director ------- (2.) will be overseeing the work anticipates that it will take approximately fourteen weeks to complete. Our contractor has assured us that every effort will be made to minimize disruptions. -------. (3.) We therefore ask for your understanding while the renovation is being carried out and apologize in advance for any inconvenience caused. Should you have any concerns during the ------- (4.) of the project, please contact the Property Management Office.

1. (A) announcing
(B) announced
(C) announce
(D) to announce

2. (A) who
(B) whose
(C) what
(D) which

3. (A) The building is in an ideal location because of its proximity to the train station.
(B) Nevertheless, there will be times when construction-related noise is unavoidable.
(C) This has created a high demand for workers with skills and experience in various fields.
(D) Even though the renovation is not finished, model apartments are open for viewing.

4. (A) series (C) course
(B) agenda (D) routine

Questions 5–8 refer to the following e-mail.

To: Ron Mason <rmason@soarenlabs.co.au>
From: Wilko Supplies <joanne_mckay@wilkosupplies.com>
Date: 14 September
Subject: Paper Shredder

Dear Mr. Mason,

I would like to express our sincere apology for the delay in delivering your Multicross 93-X paper shredder. While Wilko Supplies ------- **5.** full responsibility for the matter, we feel it is important to inform you this was caused by an error in the inventory management system of our supplier, from which the product will be shipped. We have contacted them to ensure ------- **6.** your order arrives at your address as soon as possible. -------. **7.**

As a way of apologizing for the delay, we have added to your Wilko Supplies account a 20 percent discount you can apply to your next Wilko Supplies purchase. It can be redeemed simply by ------- **8.** the discount code on the checkout page of our Web site before payment.

Yours sincerely,

Joanne McKay
Wilko Supplies, Ltd.

5. (A) prepares
(B) takes
(C) presents
(D) leads

6. (A) such
(B) but
(C) that
(D) like

7. (A) For example, a tracking number will be provided to you via e-mail.
(B) That is why we keep a wide variety of office equipment in stock.
(C) Otherwise, you will be eligible to receive a replacement product.
(D) And they assured us you will receive it within five business days.

8. (A) entering
(B) entered
(C) to enter
(D) entrance

Questions 9–12 refer to the following letter.

Jeannette Browning
456 Octavia Road,
Davis, CA 95616, USA

April 16

Stanwick & Associates
9638 Dayton Avenue,
Sacramento, CA 95841, USA

Dear Ms. Browning:

Stanwick & Associates cordially ------- (9.) you and a guest to attend our client appreciation event, which will take place from 6:00 P.M. to 9:00 P.M. on Saturday, May 17, at the Amsterpol Hotel. This is our way of saying thank you for your business over the years.

The evening will commence with a welcome speech by company president Herbert Stanwick. Complimentary beverages and light hors d'oeuvres will be ------- (10.) served during the event. There will also be musical entertainment. In addition, each attendee will have the opportunity to win an all-expenses-paid, week-long trip for two to Costa Rica. ------- (11.).

We would be very grateful if you could R.S.V.P. to Caitlyn Wilcox at events@stanwickassociates.com by no later than May 1. ------- (12.) more about the event, including directions to the venue, please see the enclosed pamphlet.

Sincerely,

Melissa Mitchel

Melissa Mitchel
Vice President
Stanwick & Associates

9. (A) invites
(B) wishes
(C) appeals
(D) offers

10. (A) continued
(B) continuously
(C) to continue
(D) continuous

11. (A) The winner will receive a $100 gift card for our online store.
(B) Mr. Stanwick has been awarded the prize for his latest research.
(C) Just make sure to enter our drawing at the door when you arrive.
(D) The game will end when a team reaches the goal of ten points.

12. (A) Finding out
(B) To find out
(C) Will find out
(D) Finds out

Questions 13–16 refer to the following press release.

Kaltronic Scientific Announces Headquarters Move

SEATTLE, Nov. 12 — Kaltronic Scientific, a U.S.-based medical device company, announced today that it will move its headquarters from Austin, Texas to Seattle, Washington next year. The ------- (13.) will bring the company closer to many of its existing customers on the West Coast. It will also allow the business to more ------- (14.) pursue its growth strategy across Asia Pacific.

Kaltronic Scientific will ------- (15.) several floors of the newly constructed 35-story Parapoint Building in downtown Seattle. The office space will total approximately 85,000 square feet. -------. (16.) With the much larger workplace, the company will be able to hire up to 150 additional employees to keep up with its anticipated future growth. The headquarters is scheduled to move on February 3.

13. (A) condition
(B) procedure
(C) relocation
(D) structure

14. (A) effectively
(B) effected
(C) effects
(D) effective

15. (A) arrange
(B) fulfill
(C) conduct
(D) occupy

16. (A) But larger orders can be made in the future.
(B) This is twice the area of its current location.
(C) All of the executives are expected to attend.
(D) Land has already been acquired for the project.

NO TEST MATERIAL ON THIS PAGE
（このページに問題はありません）

実践問題

解答と解説

Questions 1–4 refer to the following **information**.

①インフォメーションのモードで読む

The management of Marquis Tower Condos is ④**pleased** ------- (1.) that parts of the building will soon be refurbished. This will involve a substantial renovation of the lobby and other common areas. ⑧The project is set to begin on Monday, **June 3**. ⑤**The director** ------- (2.) will be overseeing the work anticipates that it will take approximately **fourteen weeks** to complete. ⑥Our contractor has assured us that every effort will be made to minimize disruptions. -------. (3.) We therefore ask for your understanding while the renovation is being carried out and apologize in advance for any inconvenience caused.

③ 4 は語彙問題。文脈依存のため、ワープせずに進む

②文挿入問題は Q3。ここまでは文脈を追う。集中ゾーンは⑥の下線

Should you have ⑦any concerns during the ------- (4.) of the project, please contact the Property Management Office.

1. 正解 D

(A) announcing -ing 形
(B) announced 過去形・過去分詞形
(C) announce 原形
(D) to announce 不定詞の副詞的用法

④ pleased が感情を表す語です。また、その前に is（大将）があるため、不定詞が正解になります。

2. 正解 A

(A) who 関係代名詞の主格
(B) whose 関係代名詞の所有格
(C) what 先行詞を含んだ関係代名詞
(D) which 先行詞が人以外の関係代名詞

⑤ The director が人です。直後に will があるため、主格の関係代名詞 who が正解です。

3. 正解 B

(A) The building is in an ideal location because of its proximity to the train station.
(B) Nevertheless, there will be times when construction-related noise is unavoidable.

訳 1-4 番は次の情報に関するものです。

Marquis Tower Condos 管理組合は謹んで当ビルの一部改修が始まることをお知らせいたします。これは、ロビーやほかの共有スペースなどかなりの規模の改装となる見込みです。本プロジェクトは 6 月 3 日、月曜日の開始を予定しております。現場監督は完了までに約 14 週かかると見込んでおります。請負業者は混乱を最小限に抑えるよう努めると保証をしております。しかしながら、工事に伴う騒音は避けられない場合もございます。したがいまして、この改装工事中、皆さまのご理解を賜りたく、またご不便に関し、あらかじめお詫び申し上げます。もし本プロジェクトの作業中にご懸念がありましたら、管理部事務所までご連絡ください。

語注
□refurbish 動 ～を改修する　□involve 動 ～を伴う、含む　□substantial 形 かなりの
□renovation 動 改装　□oversee 動 ～を監督する　□anticipate 動 ～と予想する
□approximately 副 おおよそ　□assure 動 ～に保証する　□minimize 動 ～を最小化する
□disruption 名 混乱　□carry out ～を実行する　□concern 名 懸念

(C) This has created a high demand for workers with skills and experience in various fields.
(D) Even though the renovation is not finished, model apartments are open for viewing.

(A) 駅に近接しているため、この建物は理想的な場所です。
(B) しかしながら、工事に伴う騒音は避けられない場合もございます。
(C) これはさまざまな分野の技能と経験を持った労働者に大きな需要を創出してきました。
(D) 改装は完了していませんが、内覧のためのモデルルームは開いております。

⑥下線の集中ゾーンを読み、マクロ・ミクロの目で攻略します。

マクロの目

前：請負業者は混乱を最小限にすると保証
後：理解を請う内容と事前の謝罪
→ ○ 混乱は最小限
× ご理解ください＋謝罪
→ 逆接を予想

ミクロの目

(A) 駅チカが OPP
(B) 逆接で空欄後の謝罪の理由が述べられている。これが正解
(C) 雇用創出が OPP
(D)「モデルルームが開いている」と、空欄後の謝罪が矛盾

4. 正解 C

(A) series 名 シリーズ
(B) agenda 名 議題
(C) course 名 過程
(D) routine 名 普段の仕事

⑦プロジェクトの何の間に懸念が生まれるかを考えます。本文の前半⑧の 2 文で 6 月 3 日、14 週間などスケジュールに関して述べているため、course が最適です。

Questions 5–8 refer to the following **e-mail.**

①受信者の Ron になったつもりで読む

To: Ron Mason <rmason@soarenlabs.co.au>
From: Wilko Supplies <joanne_mckay@wilkosupplies.com>
Date: 14 September
Subject: Paper Shredder

②件名のシュレッダーも忘れずチェック

Dear Mr. Mason,

I would like to express our sincere apology for the delay in delivering your Multicross 93-X paper shredder. ⑤While Wilko Supplies -------(5.) full **responsibility** for the matter, we feel it is important to inform you this was caused by an error in the inventory management system of our supplier, from which the product will be shipped. ⑥We have contacted them to ensure -------(6.) ⑦**your order arrives** at your address as soon as possible. -------(7.).

③文挿入問題は 7。集中ゾーンは直前の文

As a way of apologizing for the delay, we have added to your Wilko Supplies account a 20 percent discount you can apply to your next Wilko Supplies purchase. It can be redeemed simply ⑧by -------(8.) the discount code on the checkout page of our Web site before payment.

④ 8 は文法問題。7 を解いたらここまでワープ。

Yours sincerely,

Joanne McKay
Wilko Supplies, Ltd

訳 5-8 番は次のメールに関するものです。

宛先： Ron Mason <rmason@soarenlabs.co.au>
送信者：Wilko Supplies <joanne_mckay@wilkosupplies.com>
日付： 9月14日
件名： 紙用シュレッダー

Mason 様
紙用シュレッダー Multicross 93-X の配送が遅れていますことを心よりお詫び申し上げます。本件は Wilko Supplies にすべての責任がございますが、原因は、製品を出荷する業者の在庫管理システムのエラーだとお客様にお知らせすることが重要であると判断いたしました。ご注文いただいた商品を最速、確実にお届けできるよう、業者に連絡をいたしました。業者はお客様が品物を5営業日以内にお受け取りいただけると明言しました。
今回の遅延に関するお詫びとして、次回のお買い物でご利用いただける20%の割引をお客様の Wilko Supplies アカウントに適用いたしました。お支払いの前に弊社ウェブサイトの支払いページで割引コードを入力するだけでご利用いただけます。
ご不便をおかけし、申し訳ありません。
Joanne McKay
Wilko Supplies 社

語注
□apology 名 謝罪　□responsibility 名 責任　□inventory 名 在庫
□ensure 動 ～を保証する　□redeem 動 ～（クーポンなど）を引き換える

5. 正解 B

(A) prepares　動 ～を準備する
(B) takes　動 ～をとる
(C) presents　動 ～を提示する
(D) leads　動 ～を率いる

⑤ Wilko Supplies が責任をどうするかを考えます。前文で謝っているため、「責任をとる」です。写真を撮る、予約をとるなどの「とる」には take が使われます。

6. 正解 C

(A) such　形 そのような
(B) but　接 しかし
(C) that　接続詞（同格）
(D) like　前 ～のような

⑦空欄の後ろに your order arrives と SV が続いています。選択肢の中で接続詞は (B)(C) ですが、(B) の逆接を入れると意味が通じません。「～ということ」の意味になる同格の that が正解です。

7. 正解 D

(A) For example, a tracking number will be provided to you via e-mail.
(B) That is why we keep a wide variety of office equipment in stock.
(C) Otherwise, you will be eligible to receive a replacement product.
(D) And they assured us you will receive it within five business days.

(A) たとえば、追跡番号はメールで送信されます。
(B) それが、弊社が数多くのオフィス用品の在庫をそろえる理由です。
(C) あるいは、代替品をお受け取りいただけます。
(D) 業者はお客様が品物を 5 営業日以内にお受け取りいただけると明言しました。

⑥下線の集中ゾーンを読み、マクロ・ミクロの目で攻略します。

マクロの目

前：早く商品が届くよう業者に連絡した
後：次の段落なので無視
→ 遅配の文脈で連絡の具体化を予想

ミクロの目

(A) 前文と「たとえば」がつながらない
(B) 前文と在庫の豊富な理由がつながらない
(C) 前文の内容と代替品が矛盾
(D) they → 業者のこと。「5 日以内」が「できるかぎり早く」とつながる。これが正解

8. 正解 A

(A)	**entering**	動名詞
(B)	entered	過去形・過去分詞形
(C)	to enter	to 不定詞
(D)	entrance	名 入り口

⑧前置詞の後ろは名詞になるものだけ。(A)(D) のうち、後ろに目的語の discount code をとれる (A) が正解です。

NO TEST MATERIAL ON THIS PAGE
（このページに問題はありません）

Questions 9–12 refer to the following letter.

①手紙の読み手モードで Jeannette になったつもりで読む。メールに比べてややかしこまった内容を予測

Jeannette Browning
456 Octavia Road,
Davis, CA 95616, USA

April 16

Stanwick & Associates
9638 Dayton Avenue,
Sacramento, CA 95841, USA

Dear Ms. Browning:

Stanwick & Associates cordially ------- (9.) you and a guest to attend our client appreciation event, ④which will take place from 6:00 P.M. to 9:00 P.M. on Saturday, May 17, at the Amsterpol Hotel. This is our way of saying thank you for your business over the years.

The evening will commence with a welcome speech by company president Herbert Stanwick. Complimentary beverages and light hors d'oeuvres will ⑤be ------- (10.) served during the event. There will also be musical entertainment. ⑥In addition, each attendee will have the opportunity to win an all-expenses-paid, week-long trip for two to Costa Rica. ------- (11.).

We would be very grateful if you could R.S.V.P. to Caitlyn Wilcox at events@stanwickassociates.com by no later than May 1. ⑦------- (12.) more about the event, including directions to the venue, please see the enclosed pamphlet.

Sincerely,

Melissa Mitchel

Melissa Mitchel
Vice President
Stanwick & Associates

②文挿入問題は 11。
集中ゾーンは直前の文

③ 12. は文法問題。問題 11 から 12 までは 1 行なので飛ばさずに読む

訳 9-12 番は次の手紙に関するものです。

Jeannette Browning 様
オクタビア通り 456 番地
デイビス カリフォルニア州 95616 アメリカ

4 月 16 日

Stanwick & Associates 社
デイトン通り 9638 番地
サクラメント カリフォルニア州 95841 アメリカ

Browning 様
Stanwick & Associates は心より、あなたと 1 名のご同伴者をお客様感謝デーにお招きいたします。当イベントは Amsterpol Hotel にて 5 月 17 日（土）午後 6 時から 9 時を予定しております。これは長年のご愛顧に感謝するものです。

夕刻より弊社社長 Herbert Stanwick のウェルカムスピーチにて開会といたします。イベントの間は無料の飲み物と軽いオードブルをお楽しみいただけます。生演奏も予定しております。また、参加者の方々には全費用当社持ちの 1 週間のコスタリカ旅行が 2 名様分、当たる機会を設けました。ご到着時に、入り口でくじ引きにご参加ください。

5 月 1 日までに events@stanwickassociates.com 宛、Caitlyn Wilcox までお返事いただければ幸いです。会場へのアクセス等、イベントの詳細についてお知りになりたい場合は、同封のパンフレットをご覧ください。

よろしくお願いいたします。

Melissa Mitchel
副社長
Stanwick & Associates

語注
□ cordially 副 心から　□ client appreciation event 名 お客様感謝デー
□ commence 動 始まる　□ complimentary 形 無料の　□ beverage 名 飲み物
□ hors d'oeuvre 名 オードブル　□ attendee 名 参加者　□ opportunity 名 機会

9. 正解 A

(A) invites 動～を招待する
(B) wishes 動～を願う
(C) appeals 動訴える
(D) offers 動～を申し出る

④ which 以下でイベントの場所と日程を案内しています。また次の文で長年のご愛顧に感謝して、とあるため、(A) の「招待する」が適切です。

10. 正解 B

(A) continued 動continue の過去形・過去分詞形
(B) continuously 副途切れなく
(C) to continue to 不定詞
(D) continuous 形途切れのない

⑤受動態 be + p.p. の間が空欄の場合、Part 5 でも学んだとおり副詞 1 択です。

11. 正解 C

(A) The winner will receive a $100 gift card for our online store.
(B) Mr. Stanwick has been awarded the prize for his latest research.
(C) Just make sure to enter our drawing at the door when you arrive.
(D) The game will end when a team reaches the goal of ten points.

(A) 勝者にはオンラインストアで利用可能な 100 ドル分のギフトカードが進呈されます。
(B) Stanwick 氏は彼の最新の研究で表彰されました。
(C) ご到着時に、入り口でくじ引きにご参加ください。
(D) チームが 10 点を取ったらゲームは終了です。

⑥下線の集中ゾーンを読みますが、In addition で始まっているため、1 つ前の文も読み、何に追加しているかを確認します。

マクロの目

前：バンド演奏 → くじ引きの案内
後：次の段落なので無視
→ イベントの楽しさをアピール
→ イベントの参加を促す
→ くじ引きの具体化を予想

ミクロの目

(A) 100 ドルのギフトカード、オンラインストアが OPP
(B) Stanwick 氏、受賞が OPP
(C) くじの参加について説明している。これが正解
(D) チーム、10 点、ゴールについては説明がない

12. 正解 B

(A)	Finding out	-ing 形
(B)	**To find out**	to 不定詞
(C)	Will find out	未来を表す形
(D)	Finds out	3 人称単数現在形

⑦文頭が空欄＋カンマは、分詞構文か不定詞でした。選択肢を見ると (B) が不定詞です。

Questions 13–16 refer to the following **press release.** —— ①報道発表のモードに。見出しが大きなヒントになる

Kaltronic Scientific Announces Headquarters Move

SEATTLE, Nov. 12 — Kaltronic Scientific, a U.S.-based medical device company, announced today that it will ③**move its headquarters** from Austin, Texas to Seattle, Washington next year. The ------- (13.) will bring the company closer to many of its existing customers on the West Coast. It will also allow the business ④**to more** ------- (14.) **pursue** its growth strategy across Asia Pacific.

Kaltronic Scientific will ------- (15.) **several floors** of the newly constructed 35-story Parapoint Building in downtown Seattle. ⑤The office space will total approximately 85,000 square feet. ------- (16.). ⑥**With the much larger workplace**, the company will be able to hire up to 150 additional employees to keep up with its anticipated future growth. The headquarters is scheduled to move on February 3.

②文挿入問題は 16。直前の文から With ~ とのつながりを確認するところまで集中ゾーン

13. 正解 C

(A) condition 名状態
(B) procedure 名手順
(C) relocation 名移転
(D) structure 名構造

見出しと③空欄前文で本社の移動を述べています。これを言い換えているのは (C) の移転です。relocation がわからなくても location から類推するタフさを持ちましょう！

14. 正解 A

(A) effectively 副効果的に
(B) effected 動の過去形・過去分詞形
(C) effects 動の 3 人称単数現在形／名の複数形
(D) effective 形効果的な

④ to more ------- (14.) pursue をシンプル化し to ~~more~~ ------- (14.) pursue と見れば pursue が動詞とわかります。動詞の直前は副詞です。

15. 正解 D

(A) arrange 動～を整える
(B) fulfill 動～（条件など）を満たす
(C) conduct 動～を実施する
(D) occupy 動～を占有する

⑤の文と⑥ With the much larger workplace から、オフィスが相当広くなったことがわかります。ここから several floors を「占有する」と考えます。

訳 13-16 番は次の報道発表に関するものです。

Kaltronic Scientific が本社移転を発表

シアトル 11 月 12 日――アメリカに本拠地を置く医療機器会社 Kaltronic Scientific は来年、本社をテキサス州オースティンからワシントン州シアトルに移すことを本日発表した。この移転により、同社は西海岸の多くの既存顧客に近づくこととなる。また、同社事業のアジア太平洋地域での成長戦略を今よりも効率よく進めることにもつながるだろう。

Kaltronic Scientific は、シアトル中心部に新しく建設された 35 階建ての Parapoint ビルのうち、いくつかのフロアを占有することとなる。オフィス面積は合計で約 85,000 平方フィートとなる見込みだ。これは現在の場所の 2 倍の広さとなる。将来の拡大成長を見越し、この大幅に拡充された職場で同社は最大 150 人の追加人員を雇用することが可能となる。本社は 2 月 3 日に移動予定だ。

語注
□ headquarters 名 本部、本社　□ medical device 名 医療機器　□ existing 形 既存の
□ pursue 動 ～を追い求める　□ strategy 名 戦略　□ square 名 平方
□ additional 形 追加の

16. 正解 B

(A) But larger orders can be made in the future.
(B) This is twice the area of its current location.
(C) All of the executives are expected to attend.
(D) Land has already been acquired for the project.

(A) しかし、将来的により多くの注文が行われるだろう。
(B) これは現在の場所の 2 倍の広さとなる。
(C) 全役員が参加予定だ。
(D) プロジェクトのため、土地はすでに入手された。

⑤⑥下線の集中ゾーンを読み、空欄前後の内容をまとめます。

マクロの目

前：約 85,000 平方フィートのオフィス面積になる
後：拡充に伴い、従業員も増員可能
→ 職場（大）
↓ 順接・拡充文脈の具体化
社員（増）

ミクロの目

(A) 注文の増加はやや飛躍。また But の逆接はつながらない
(B) This が指示語で新しいオフィスを指し、その具体的説明となっている。これが正解
(C) 役員が OPP。何に参加するのかも不明
(D) 手に入れたのはビルのフロアであり、土地が OPP

いかかでしたでしょうか。Part 6 を終えた今の成長を確認してください。そしてこの難パートに挑戦した自分をたっぷりほめて、いよいよ Part 7 に進みましょう。

Part 6 まとめ　一文一文に向き合う

Part 6 は問題数こそ少ないものの、本書で最も思い入れのあるパートです。私は高校卒業時、現役で複数の予備校に合格し浪人生活を送りましたが、そこで学んだ大切なことの一つが、「はじめに」でも紹介した「木の枝々が天まで達するためには、その根が地獄まで伸びていなくてはならない」という言葉でした。これは小論文の先生が教えてくれた言葉ですが、予備校にどこか「手っ取り早く楽に正解できる解法」を求めていた私は、冷水を浴びせられたような衝撃を受けたのを覚えています。

英語学習にそれを置き換えるなら、楽な解法に走らず、一文一文に向き合うということなのかもしれません。もちろん、TOEIC には使えるテクニックがあり、それを駆使することはスコアアップに有効です。実際に私も結果を取るために使えるものは使うことを推奨しています。

と同時に Part 6 では、英語の一文一文どころか、一語一語を見てほしいと思います。一つ一つの語がなぜそこに配置されているのか、そこでどんな働きをしているのかを考えることは、決して面倒な作業ではなく (A) ～ (D) 以外の答えを探すような楽しい作業だとすら思うのです。

私が勤務する学校では毎年、数名の学生がノートに Part 6 の英文を筆写し、それを品詞分解したものを書いて、私にチェックを依頼します。お互いに時間のかかるやりとりではありますが、それをやり遂げた学生は大幅にスコアを上げています。初めは真っ赤に直されていたノートを返されて泣きそうになっていた学生は、もしかしたらそのときに「根を伸ばして」いたのかもしれません。

公式問題集や TOEIC の模試には Part 6 の品詞分解の解説はありませんが、『英語リーディング教本』（研究社）や『英文解釈の技術 100』（桐原書店）にはその方法が載っています。興味のある方は書店で手に取ってみてください。

Part 7

Section 0 Part 7 攻略ルート

54 問／100 問

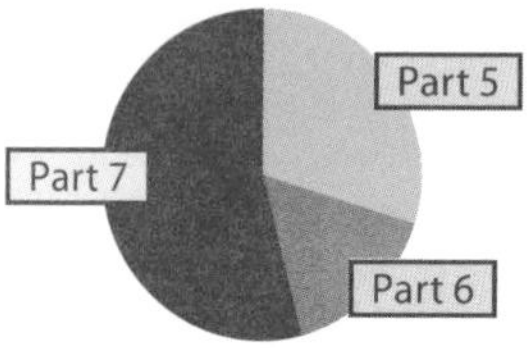

時間配分 **55** 分／75 分

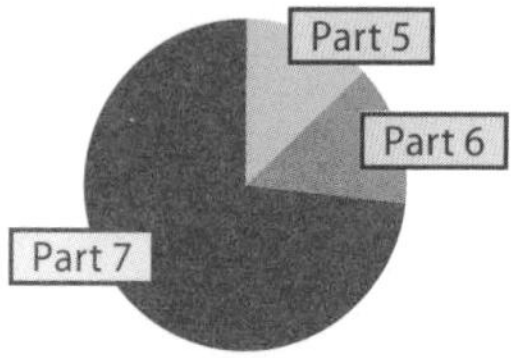

目標正解数 **40** 問／54 問

問題形式

文書を読んで設問に答える問題です。1 セットで 2 ～ 5 問出題されます。

Questions 147–148 refer to the following notice.

ATTENTION

In order to make the Lansdale Library a more comfortable environment for patrons, we will be temporarily closed for the period of October 29 to November 6. During this time, the facility will be repainted and repairs will be made to the building's exterior. Members will be able to check out books beginning on

147. Why was the notice written?
(A) A construction project will be delayed.
(B) A new library procedure will be introduced.
(C) A building will be closed for renovation work.
(D) A painting workshop will be open for registration.

148. When will room reservations be accepted?
(A) On October 29
(B) On November 7
(C) On November 9
(D) On November 10

この問題は Part 7 のごく一部で、多種多様な問題が出題されます。

▶ シングルパッセージとダブル・トリプルパッセージ

	シングルパッセージ	ダブルパッセージ	トリプルパッセージ
問題数	29 問	10 問	15 問
目標正解数	20 問	8 問	12 問
55 分中（目安）	30 分	10 分	15 分

Part 7 だけで、100 問のうち半分を超える **54 問**が出題されます。前半は 1 つの文書を読んで解くシングルパッセージ、後半は 2 つの文書を読んで解くダブルパッセージと 3 つの文書を読んで解くトリプルパッセージが出題されます。55 分で大量の問題を解くため、Part 7 でもやはりタイムマネジメントが重要です。

▶ さまざまな文書と問題タイプ

Part 6 と同じくさまざまな文書が出てきます。文書ごとに読むモードを決めることが解答への第一歩です。また問題の難度には差があります。すぐにヒントが見つかる易しい問題から、文書全体を読んで、さらに類推する必要がある問題までさまざまです。

攻略の鍵
問題の見極めとタイムマネジメント

▶ Part 7 攻略ルート

Section 1　Part 7 全体の基本戦略「3 つの分け」を習得
Section 2　シングルパッセージの解き方+演習
Section 3　マルチパッセージの解き方+演習

次のセクションから、まずは基本戦略を身につけ、そのときの持ち時間と相談しながら最速で解く力を鍛えていきましょう。

Section 1 Part 7の基本戦略

わくわくPoint

3つの“分け”で攻略

このセクションでは、Part 7全体で使える戦略を紹介します。問題数が多いからこそ、**まず分けて**解くことが大切です。

Part 7 攻略 3つの分け

Questions 147–148 refer to the following **notice**. —— 分け1

> ATTENTION
>
> In order to make the Lansdale Library a more comfortable environment for patrons, we will be temporarily closed for the period of October 29 to November 6. During this time, the facility will be repainted and repairs will be made to the building's

分け2

147. What is the purpose of the notice?

(A) To promote some new library services

(B) To prepare staff for some construction

(C) To inform the public about a closure

(D) To explain why a system is necessary

分け3

148. According to the notice, what will happen after November 9?

(A) Tables will be replaced in a staff room.

(B) Library managers will hold some meetings.

(C) New books will be featured in a display.

(D) Rooms will be available for reservation.

分け 1 文書を分ける

Part 6 の Section 6 で紹介したモードと同じです。Part 7 では文書によって話の展開がパターン化されているものがあり、その流れが読めれば大きなアドバンテージになります。

分け 2 問題を 1 問ずつに分ける

シングルパッセージは各文書につき 2 ～ 4 問、ダブル・トリプルパッセージは各 5 問の問題が用意されています。問題のタイプにもよりますが、まずは 1 問ずつ解くのがオススメです。

分け 3 問題をタイプで分ける

Part 7 の問題は、文書の一部分を読めば解答できるものと、全体を読まなければ解答できない問題に分けられます。つまり、Part 6 で学んだ集中ゾーンが狭いか、広いかで分けて、文書にヒントを探しにいきます。

以上、「3 つの分け」を意識して、実際の解答手順を見ていきましょう。

Part 7 攻略 見る場所＋すること

分け 1 文書を分ける

見る場所 ① **問題の一番上にある following** ＊＊＊＊＊＊

② **メール：** 送受信者、日付、件名

その他： 見出し、タイトル

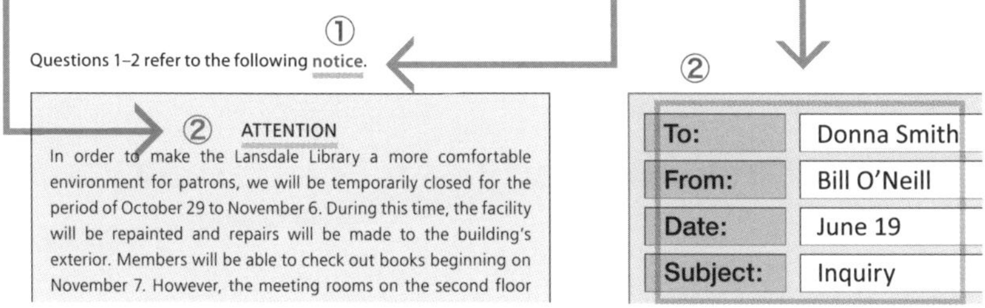

①
Questions 1–2 refer to the following notice.
②
ATTENTION
In order to make the Lansdale Library a more comfortable environment for patrons, we will be temporarily closed for the period of October 29 to November 6. During this time, the facility will be repainted and repairs will be made to the building's exterior. Members will be able to check out books beginning on November 7. However, the meeting rooms on the second floor
②
To: Donna Smith
From: Bill O'Neill
Date: June 19
Subject: Inquiry

することが **文書に合わせてモードをセット**

① Part 6 の Section 6 で紹介したように、文書ごとに「モード」をセットし、読むときのリアリティをつくります。

② メール・手紙は「誰から誰へ・いつ・何について」、その他の文書は冒頭中央にあるタイトル・見出しを確認してから本文に入ってください。この部分がそのまま解答根拠になることもあります。

分け 2 問題を 1 問ずつに分ける

見る場所 **1 つめの Q**

すること **1 つめの Q のヒントが出るまで本文を読む**

147. According to the e-mail, what does Fairways Electrical do every year?

見る場所 **2 つめの Q**

すること **1 つめの Q で正解を選んだら、2 つめの Q に入る**

148. According to the e-mail, what will Ms. Smith receive on July 9?

たとえば、147 では「Fairways 電気が毎年すること」が問われています。この答えだけを探して本文へ入ります。このとき、**絶対に選択肢を見ないでください。** 本文中に解答の根拠は必ず書いてあるので、「これだ！」と見つけて初めて選択肢へ向かいます。

148 は、同じく **「Smith さんが 7 月 9 日に受け取るもの」だけ**を調べに本文へ入ります。あとは 147 と同じ手順です。解答の根拠を見つけたら選択肢を確認します。

まとめると **「聞かれていることをはっきりさせ、本文中に探しにいき、1 つずつ答えていく」** ということです。

さて、**本文中に探し**にいく際、さらに戦略を立てて本文に入ります。これが、次の「分け 3」です。

分け3 問題をタイプで分ける

タイプ1　ピクニック問題	タイプ2　登山問題
148. According to the e-mail, what will Ms. Smith receive on July 9? メールによれば、Smith 氏は7月9日に何を受け取りますか？	149. What is suggested in the article? 記事では何が示されていますか？

↓　　↓

メール、スミス氏、日付など**具体的**	非常に**抽象的**

↓　　↓

集中ゾーン　**狭い** 時間　**かからない** 難度　**易しい**	集中ゾーン　**広い** 時間　**かかる** 難度　**難しい**

前著『ゼロからのTOEIC® L&R テスト 600点 全パート講義』では、タイプ2を「敬遠問題」とし、捨てる選択を推奨しました。事実、これらの問題は難度が高く、本番の残り時間によっては「解かない」ことも1つの戦略です。

しかし、ここまで読み進めてきたあなたなら、難しい問題にも対応できる力が十分についています。Part 5 と Part 6 で培った実力とこのセクションで紹介するテクニックを掛け合わせ、「解けない問題はない！」というスタンスで解き進めてください。チャレンジしなければ、成長もありません。

では、次のセクションから実際に Part 7 の問題に挑戦しましょう。

Section 2 シングルパッセージの攻略

わくわくPoint

ストーリーラインとテクニックで解く

Part 5 で学んだ文法事項、Part 6 で身につけた読解メソッド、そして Part 7 の Section 1 で紹介した戦略を駆使すれば、難関の Part 7 も十分対応可能です。しかし、TOEIC の文章には独特の世界観があり、それになかなか慣れない、という人もいます。

このセクションでは典型的な話の展開を紹介し、まず「慣れた」状態を作ります。映画を観る前に予告とパンフレットを見ておくようなイメージです。読解力に「Part 7 のあらすじ理解」が加われば、有利に Part 7 を攻略できます。

1 お知らせ文

文字どおり読者に何かを「知らせる」文書です。文書の目的や、文書内の具体的な事柄について問われます。

文書の種類

instruction (説明書)、information (情報)、letter (手紙)、notice (お知らせ、通知)、memo (メモ)、invitation (招待状)、announcement (アナウンス)

■ ストーリー例

駐車場工事のお知らせ（4月15日）
社員各位
オフィスの北に位置する北駐車場は5月16日～6月18日まで工事いたします。近年、自転車通勤をする社員が増加しており、その対応として2段式駐輪場を設置するためです。
　この期間中、自動車は社の西駐車場をお使いいただけます。当社の利用可能エリアは白いラインが引いている箇所となります。ほかの場所には駐車しないよう、ご注意ください。
　また、自転車通勤をしていて、社の駐輪場の利用を希望する方には、管理部よりステッカーが発行されます。申請書に記入し、管理部に提出してください。承認後、ご利用いただけるラック番号をご案内します。ステッカーを受け取ったら、通勤で使用する自転車のわかりやすい場所にステッカーを貼り付けてください。第1回申請の締切は6月15日です。
　駐車場および駐輪場についてご不明点な点がある場合は、管理部の内線0927までご連絡いただくか、直接お尋ねください。

代表的問題

What is the purpose of the memo?
メモの目的は何ですか。

Why was the memo written?
メモはなぜ書かれましたか。

攻略法

お知らせやメモは何かを伝えるために書かれています。文字どおり、何のための文書かを聞いているのがこの問題です。文書の目的は、ほぼ冒頭に示されます。

これも問われる

1. How can staff receive a new password?
   従業員はどうすれば新しいパスワードを受け取れますか。

2. When is the cafeteria expected to reopen?
   食堂はいつまた利用できると見込まれていますか。

攻略法

ストーリー例で言えば、どうすれば駐輪場を利用できるか、申請の締切はいつか、工事の終了はいつか、なども問われます。ピクニック問題ですから、本文で書かれている箇所を確認したらすぐに解答します。

解答テクニック

文書の目的は冒頭 3 文以内をチェック。

2 宣伝文

advertisement（広告）に代表される、読者に購入を促す文章です。発信元（英文）は読み手に何かを買ってほしいわけですから、当然、製品のメリットやお得感を演出します。たとえば同時購入や複数購入での割引、ノベルティのプレゼントなど、「今なら○○！」的な特典が出たら、定番の設問が待っています。

文書の種類

advertisement（広告）、Web page（ウェブページ）、flyer（チラシ）、letter（手紙）、invitation（招待状）

■ ストーリー例

デザイン・ラボはウェブサイト、名刺、ロゴ、チラシから本のカバーまで、あらゆる広告をあなたのイメージどおりに制作します。経験豊富なデザイナーとイラストレーター、コピーライターがビジネス拡大のお手伝いをします。ウェブサイトをご覧いただければ、街で目を引いている多くの広告が、弊社スタッフの手によるものだとおわかりいただけるでしょう。

販売促進について、ぜひお気軽にご相談ください。無料相談にて、弊社コンサルタントがターゲットに伝わるメッセージをご提案します。無料相談からご契約いただいた方は、デザイン料を 20% 割引いたします。この機会をお見逃しなく！

代表的問題

1. What is indicated about Design Lab?
   デザイン・ラボについてわかることは何ですか。

2. What is NOT mentioned about Design Lab?
   デザイン・ラボについて述べられていないことは何ですか。

攻略法

indicate 問題、NOT 問題という典型的な登山問題です。登山問題は全体を読むことが必要なため、腹を決めて全体を読みます。登山問題については手紙・メールの項目で解法を詳しく説明します。

これも問われる

1. How can customers receive a discount?
   顧客が割引を受けるためにはどうすればよいですか。

2. The word “complimentary” in paragraph 2, line 1, is closest in meaning to
   第 2 段落・1 行目にある “complimentary” に最も意味が近いのは

攻略法

1. 本文にピンポイントの解答根拠を探しにいくピクニック問題です。ストーリー例では「無料相談 → 契約 → 20% の割引」が根拠になります。
2. 単語の意味を問う問題です。文の前後から類推することも可能ですが、選択肢の単語の意味も理解している必要があります。わからないときは適当に選んで次！もアリです。

解答テクニック

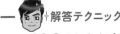

「○○されたお客様には無料、または割引」の○○をチェック！

3 テキストメッセージ

2 名での会話と 4 名前後での会話が 1 セットずつ出題されます。とくに 2 名による会話はストーリー展開、設問ともに決まっています。対策が即正解へ直結しますので、確実に正解したい問題です。

文書の種類

text-message chain（テキストメッセージのやりとり）、
online chat discussion（オンラインチャットの話し合い）

■ ストーリー例

Marion Donaldson [10:12 A.M.]
アーサー、来週のシフトのことで相談があるんだけどいいかな。

Arthur Harris [10:14 A.M.]
もちろんだよ。どうしたんだい?

Marion Donaldson [10:15 A.M.]
ずっと行きたかったミュージカルのチケットが取れたんだけど、それが水曜夜で。あなたの金曜夜のシフトと変わってもらうことはできるかな。

Arthur Harris [10:16 A.M.]
ちょっと待ってね。今ランチの仕込み中で手帳が見られなくて。火を落としたらすぐに確認するよ。

Arthur Harris [10:20 A.M.]
ああ、大丈夫だよ。午後 3 時からでどうだろう。

Marion Donaldson [10:22 A.M.]
完璧よ。本当にありがとう。週末用の準備については私がやっておくね。

Arthur Harris [10:24 A.M.]
いや、それは大丈夫。実は週末のメニューは変更する予定なんだ。

Marion Donaldson [10:25 A.M.]
わかった。じゃあ水曜よろしくね。

代表的問題

1. What industry do the writers most likely work in?
   書き手はどんな業界で働いていると考えられますか。

2. At 10:20 A.M., what does Mr. Harris most likely mean when he writes, “Let’s say 3 P.M.”?
   午前 10 時 20 分に Harris さんは何を意図して “Let’s say 3 P.M.” と書いていると考えられますか。

攻略法

1. 本文の単語に注目します。たとえば、「予約、診察、処方箋」→「クリニック」などヒントとなる語をもとに解答します。ストーリー例では「ランチの仕込み中、週末のメニュー」→「レストラン」が予想できます。
2. 会話の流れをもとに相手の応答とその前後を確認します。提案、訂正、同意、代替案などいくつかのパターンがありますが、まずは引用部分（“　”の英文）を字面どおりに訳し、前後との関係を見ることが大切です。

さて、このテキストメッセージの問題ですが、話が最もパターン化されており、設問も同じです。とくに 2 人での会話はどちらかが軽くやらかして、でも相手が絶対に手を貸して、平和に終わります。

解答テクニック

1 2 人でのやりとり
「依頼 → いいですよ → めでたしめでたし」パターンをベースに意図をくむ

2 2 人以上のやりとり
チャット問題に参加していない人物がどんな人かをチェック

4 手紙・メール

Part 7 で必ず出題される手紙・メールの文章です。ストーリーラインはいくつかにしぼれるものの、テキストメッセージの問題とは対照的に出題形式は読めないのがこの問題です。ここでは読解の作法と登山問題の攻略法を確認します。

文書の種類

letter（手紙）、e-mail（メール）

■ ストーリー例

To:	Mathew Henderson <mhenderson@hmstmail.com>
From:	Masahiro Ueno <masahiro_u@konelleast.com>
Date:	June 2
RE:	Interview date

Henderson 様

弊社マーケティング職へご応募いただき、誠にありがとうございます。

弊社の採用案件の 1 つであるマーケティングマネジャーとしてのご経験はないものの、Henderson 様のこれまでの経歴、発揮されたリーダーシップ、またアジア、中南米の駐在経験や現地スタッフとのコミュニケーション能力に加え、税理士の資格をお持ちとのことで、私たちはたいへん興味を持ちました。

つきましては、6 月 9 日午後 2 時に面接にお越しいただければ幸いです。場所は弊社本社オフィス 702 会議室を予定しております。守衛に話をしておきますので、エントランスに到着されましたら、内線 1056 を呼び出すようお伝えください。

ご案内した日程のご都合がつかない場合は、どうぞご遠慮なくお申し出ください。6 月中には面接を完了したいと考えております。

ご返信をお待ちしております。

Masahiro Ueno
Konell East Ltd.

代表的問題

What is indicated about Mr. Henderson?

Henderson さんについてわかることは何ですか。

What is NOT mentioned about Mr. Henderson?

Henderson さんについて述べられていないことは何ですか。

攻略法

1 手紙・メール問題は、まず「差出人、宛先、日付、件名」を確認します。

差出人・宛先： メールアドレス（@の後ろ）から所属する組織がわかることがある。

日付： いつ書いたかが解答根拠になる場合がある。

件名：「何についての話題」かがわかる。

2 この文書は設問をパターン化することができませんが、攻略したいのがindicate 問題、NOT 問題という典型的な登山問題です。この後に詳しく解説していきます。

これも問われる

In which of the positions marked [1], [2], [3], and [4] does the following sentence best belong?
"If you need to change the date, please let us know."

[1]、[2]、[3]、[4] と記載された箇所のうち、次の文が入るのに最もふさわしいのはどれですか。
「その日付を変更する必要がある場合は、お知らせください」

攻略法

手紙・メール問題に限らず、Part 7 では、上記のような英文脱落問題が 1 ～ 2 題出題されます。これは、Part 6 の文挿入問題と同じ要領で解くことができます。Part 7 でも、文脈を追う「**マクロの目**」と選択肢の細部を見る「**ミクロの目**」を活用してください。

登山問題の攻略

「2 宣伝文」でも難問として紹介した登山問題ですが、ここで解法をまとめます。まず、登山問題の種類は 2 つ。indicate 問題と NOT 問題です。

indicate 問題	What is indicated about the event? そのイベントに関して何がわかりますか。
NOT 問題	What is NOT required for the conference? その会議に必要でないものは何ですか。

数としては圧倒的に indicate 問題が多く、NOT 問題の出題率は約 2% で出題されないこともあります。以下の手順で解いていきます。

■ **indicate 問題**

手順 1 〉 問題をまとめる。

1. What is **indicated** about the company?
2. What is **mentioned** about the company?
3. What is **stated** about the company?
4. What is **true** about the company?
5. What is **implied** about the company?
6. What is **suggested** about the company?

→ その会社についてわかること（書かれていること）は何ですか。

ただでさえ時間の足りない Part 7。設問の和訳で時間をかけないように、1～6 の同じ系統の問題をひとまとめにします。

PART 7 シングルパッセージの攻略

手順 2 〉 about の後を分ける。

What is indicated about the company?

① 文書全体を指す
Questions XXX-XXX refer to the following ○○○.
の○○○と一致していれば、文章全体を読む

② 文書の一部を指す
文書内で触れられている一部の内容についてであれば、その部分（段落）を読む

手順 3 〉 文書の必要な部分をすべて読み終わったら選択肢へ。

(A)(B)(C)(D) の順に「書いてない、書いてない、**書いてある**、書いてない」と見ていき、本文内に**記述があるかないか**で解答します。

たとえば、p. 313 のストーリー例の設問が What is indicated about Mr. Henderson?（Henderson さんについてわかることは何ですか）であれば

(A) マーケティングマネジャーの経験がある → 書いてない
(B) Konell East で 10 年以上勤務している → 書いてない
(C) **アジアでの居住経験がある** → **書いてある**
(D) 公認会計士の資格を持っている → 書いてない

といった具合です。これが英語になるだけです。

■ **NOT 問題**

NOT 問題も indicate 問題と同じ要領で解答します。

手順 1 〉何について NOT なのかを選別。

What is NOT required for the **conference**?

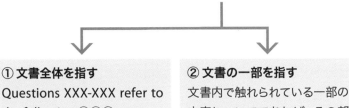

① 文書全体を指す
Questions XXX-XXX refer to the following ○○○.
の○○○と一致していれば、文章全体を読む

② 文書の一部を指す
文書内で触れられている一部の内容についてであれば、その部分（段落）を読む

手順 2 〉文書の必要な部分をすべて読み終わったら選択肢へ。

indicate 問題の逆です。(A)(B)(C)(D) の順に「書いてある、書いてある、**書いてない**、書いてある」と見ていき、本文内に**記述があるかないか**で解答します。

たとえば、What is NOT mentioned about Mr. Henderson?（Henderson さんについて述べられていないことは何ですか）であれば

(A) 税理士の資格がある → 書いてある
(B) 複数の国での居住経験がある → 書いてある
(C) **マーケティングの分野で活躍してきた** → **書いてない**（記述なし）
(D) 面接で本社に来るよう依頼されている → 書いてある

となります。正解は (C) です。

以上、indicate 問題と NOT 問題に共通するのは、読むべき範囲を決め、その部分をすべて読んで理解し、選択肢と照合させる、という点です。絶対に避けたいのは、あやふやな状態で選択肢と本文を往復すること。時間を浪費するうえに正解の精度が落ちてしまいます。読むべき場所をしっかり読む、が最短コースです。

解答テクニック

1 **手紙とメールはまず差出人、宛先、日付、件名をチェック。**
2 **登山問題も手順に沿って解く。**

5 記事

全文書の中で最もカタい内容で、苦手とする人が多い文書です。内容や語彙も難度の高いものが多く、まさに英字新聞やジャーナルを読んでいるのと同じような重さがあります。しかし、書き手の意図を問うような問題は出題されず、しっかり読めていればきちんと正解できるのが article です。読解力をつけるのにも格好の教材になります。

文書の種類

article（記事）

■ ストーリー例

テーラーノザキの創業者、Seiroku Nozaki 氏がこの地に仕立て屋を開業したのは半世紀以上も前のことだった。彼は 10 代のうちから修行に励み、常に顧客優先のビジネスを行ってきた。たとえば、スーツを仕立てる際の仮縫いは通常 1 回だが、彼はより快適な着用感を目指して 2 回以上の仮縫いを行っていた。
「彼の服はいつも、自分を少し、高級にしてくれる」。30 年以上ここで背広を作っている市長の Kanehisa 氏は、お気に入りの濃紺のスーツに触れながらそう語った。実際、彼以外にもテーラーノザキでオーダーメイドの服を注文する政界・財界人は多い。「これを着ると、自分がどんな状況にあっても小さな自信が湧いてくるんだ」と彼は語った。
Nozaki 氏はまた、著名人にとどまらず、幅広い層に人気があった。どの顧客にも変わらず接する態度と丁寧な仕事で多くの常連客から慕われていた。生涯に生産した洋服は実に 4,000 着を超え、その一部が来月、市役所エントランスホールで展示される。

代表的問題

What is indicated about Mr. Nozaki?

Nozaki 氏についてわかることは何ですか。

Why are the suits made by Mr. Nozaki popular?

Nozaki 氏が仕立てた洋服はなぜ人気があったのですか。

攻略法

攻略法はただ 1 つ、正確に読む。これに尽きます。ただ、article は登山問題が複数出題される傾向にあるため、登山問題が多い場合は 1 問ずつ解くのではなく、本文を一気に読んでから解答した方が効率いいでしょう。

解答テクニック

登山問題が多ければ、本文をすべて読んでから問題へ。

実践問題

ストーリー例を頭の中に置いて英文を読み進めてください。問題のヒントは必ず本文の中にあります。それが見つかるまで、読み切りましょう。

Questions 1–2 refer to the following notice.

ATTENTION

In order to make the Lansdale Library a more comfortable environment for patrons, we will be temporarily closed for the period of October 29 to November 6. During this time, the facility will be repainted and repairs will be made to the building's exterior. Members will be able to check out books beginning on November 7. However, the meeting rooms on the second floor will continue to undergo refurbishment until November 9, after which reservations for these spaces will once again be accepted.

We apologize for any inconvenience this may cause, and thank you for your patience and support.

Lansdale Library Management

1. What is the purpose of the notice?

(A) To promote some new library services
(B) To prepare staff for some construction
(C) To inform the public about a closure
(D) To explain why a system is necessary

2. According to the notice, what will happen after November 9?

(A) Tables will be replaced in a staff room.
(B) Library managers will hold some meetings.
(C) New books will be featured in a display.
(D) Rooms will be available for reservation.

Questions 3–4 refer to the following advertisement.

Harrell's Spring Blowout

At Harrell's, we always provide high-quality furniture and mattresses at highly competitive prices. But for this week only, you can take advantage of even deeper discounts during our annual spring sale!

This is a great opportunity to upgrade your home or office furniture while saving up to fifty percent off regular retail prices. Make sure to visit us soon, as these incredible deals will only be offered till Sunday at 9:00 P.M.

For purchases amounting to over £100, we will deliver your furniture right to your door at no additional cost.

See you at Harrell's—Coventry's top shop for affordable furniture!

3. When will the event end?

(A) On Tuesday
(B) On Thursday
(C) On Saturday
(D) On Sunday

4. How can customers receive free delivery?

(A) By making a purchase on a specific date
(B) By spending more than a certain amount
(C) By showing a Harrell's membership card
(D) By ordering merchandise from a Web site

Questions 5–6 refer to the following text-message chain.

Robert Davis [1:37 P.M.]
Carol, I'm in my car, and I just realized I don't have the address for the house in Glendale I'm showing to a prospective buyer in about twenty minutes. It's on my desk.

Carol Joyce [1:38 P.M.]
OK. Actually, I was just about to bring a "for sale" sign to that neighborhood. I'm in our parking lot now, but I'll go get the address for you.

Robert Davis [1:39 P.M.]
The flyer for the place is there too.

Carol Joyce [1:40 P.M.]
All right. Since I'll be in Glendale, I might as well bring it to you. And I'll text you the address in a moment.

Robert Davis [1:41 P.M.]
That would be great. Thank you.

5. Where do the writers probably work?

(A) At a real estate agency
(B) At a home improvement store
(C) At a moving company
(D) At a construction firm

6. At 1:39 P.M., what does Mr. Davis most likely mean when he writes, "The flyer for the place is there too"?

(A) He will return to his office very soon.
(B) He would like Ms. Joyce to make copies.
(C) He will have to change a meeting time.
(D) He forgot to bring some information.

Questions 7–10 refer to the following online chat discussion.

Erika Phillips [10:01 A.M.]
Hello. I've called this meeting to find out how your branch is progressing with its plans for next week's workplace health and wellness seminars.

Seth Gardner [10:02 A.M.]
The first day will be devoted entirely to healthy eating and exercise. Sarah Hendrick, who writes a newspaper column on nutrition, will lead the morning seminar. And John Lopez will lead the one after lunch. He teaches exercise classes at a local health club.

Maxine Miller [10:03 A.M.]
The tables and chairs will have to be cleared out of the conference room because he wants our employees to try the stretches and aerobics he'll be demonstrating.

Seth Gardner [10:04 A.M.]
I will take care of that. And Maxine will take Ms. Hendrick and Mr. Lopez out for lunch to thank them for conducting the seminars.

Maxine Miller [10:05 A.M.]
On the second day, we'll focus on the company's new health and wellness program. As you know, upper management wants all branch personnel to understand why the program is being implemented and its goals.

Seth Gardner [10:06 A.M.]
Another thing about the first day... We have to buy foam floor mats for Mr. Lopez's seminar. These cost about twenty dollars apiece, and each of our sixteen employees will need one.

Erika Phillips [10:07 A.M.]
OK, I'll include them in the budget for the seminars.

Maxine Miller [10:08 A.M.]
Great. Then I'll go pick them up this afternoon at the sports shop around the corner from us.

7. Why is Ms. Phillips holding the meeting?
   (A) She wants to extend a project deadline.
   (B) She would like an update on some plans.
   (C) She is unhappy about a weekly schedule.
   (D) She is responsible for explaining a health policy.

8. Who most likely is Mr. Lopez?
   (A) A newspaper editor
   (B) A new employee
   (C) A university professor
   (D) A fitness instructor

9. At 10:04 A.M., what does Mr. Gardner most likely mean when he writes, "I will take care of that"?
   (A) He will set up some equipment in a room.
   (B) He will assist with the preparation of a meal.
   (C) He will prepare a space for some activities.
   (D) He will help conduct a seminar on nutrition.

10. What does Ms. Miller indicate she will do today?
   (A) Choose some players for a team
   (B) Purchase some floor mats
   (C) Check some budget revisions
   (D) Meet some guest speakers

Questions 11–13 refer to the following letter.

February 12

Ardora Travel
5945 Taylor Street,
Portland, OR 97204,
United States

To Whom It May Concern:

I am writing to apply for a travel agent position at Ardora Travel. As someone with several years of experience in the industry, I am confident that I would be an asset to your growing team. In regard to the two branches your company has announced it will be opening just outside of Portland, please take into consideration that I am flexible in terms of where I work.

Before moving to Portland last month, I was a manager at a small travel agency in Evanston, Illinois. I learned the ins and outs of the market there and helped the business develop its reputation for excellent customer service. My skills include selling airline, cruise, and train tickets; booking accommodation; and providing customers with travel insurance. I also have strong communication skills, enabling me to relay travel information to customers effectively, including about the customs, events, and activities of the destinations they plan to visit. For all of these reasons, I feel that I am well qualified for the job.

Thank you for taking the time to review my application form, which is included with this letter. Also enclosed please find my résumé and a letter of reference from my previous employer. I look forward to hearing from you and hope an interview can be arranged at your earliest convenience.

Sincerely,

Emiko Watanabe

Emiko Watanabe

11. What is indicated about Ardora Travel?

(A) It specializes in cruise excursions.
(B) It has a branch in Evanston, Illinois.
(C) It offers discounts on local tours.
(D) It is expanding to new locations.

12. Why does Ms. Watanabe feel she is qualified for the job?

(A) She studied tourism administration at a college.
(B) She has experience working in the travel industry.
(C) She has traveled to countries around the world.
(D) She used to work part-time for Ardora Travel.

13. What is NOT included with the letter?

(A) An application form
(B) A résumé
(C) A certificate
(D) A reference letter

Questions 14–17 refer to the following e-mail.

To:	Alison Clements <aclements@dashmail.com>
From:	Mark Dowling <support@trolixappliance.com>
Date:	November 26
RE:	Order 987435

Dear Ms. Clements:

We received your e-mail about the Trolix Appliance vacuum cleaner that was delivered to you on November 25, and we are very sorry that the plastic carrying handle was cracked when you received the appliance. — [1] —. Our quality control team has determined that the damage most likely occurred during shipment, as we carefully inspect every item before it leaves our warehouse with the aim of ensuring that our customers receive our merchandise in perfect condition. Nevertheless, despite our best efforts with packing, items do occasionally become damaged in transit. — [2] —.

The nearest Trolix Appliance service center to your home is in Springfield. — [3] —. Our technicians there will determine whether a repair or replacement is necessary. We have therefore sent you a prepaid shipping label, which you will receive by postal mail within five business days. — [4] —. If you have any questions or concerns, feel free to e-mail us again or call our customer support center at 555-0183.

We hope that you accept our apologies for the inconvenience and shop with us again in the future.

Yours sincerely,

Mark Dowling
Customer Service Associate
Trolix Appliance

14. What is the main purpose of the e-mail?
(A) To promote a new appliance
(B) To apologize for a late delivery
(C) To explain some procedures
(D) To report the results of a study

15. What is stated about Trolix Appliance?
(A) It employs its own fleet of delivery trucks.
(B) It checks all products before shipping them.
(C) Its packages are made of cardboard and plastic.
(D) Its headquarters has relocated to Springfield.

16. According to the e-mail, what will the technicians do?
(A) Make a decision
(B) Review a policy
(C) Confirm an order
(D) Package a product

17. In which of the positions marked [1], [2], [3], and [4] does the following sentence best belong?

"Please use it to return the item to us."

(A) [1]
(B) [2]
(C) [3]
(D) [4]

Questions 18–20 refer to the following article.

City Council Approves Bike Lanes for Meadowston

MEADOWSTON (Feb. 18) — The Meadowston City Council earlier this week approved new bike lanes for both sides of Santiago Street, a busy thoroughfare connecting the north and south of the city. The project will include striping the pavement for bicycle lanes on smaller roads in the downtown district as well. On streets where these dedicated lanes are not possible due to existing bus routes, cyclists will be permitted to use the bus lanes, and this will be indicated by white pavement markings.

Council member Curtis Campbell said that city officials had conducted a study of car, bus, and bicycle traffic volumes and patterns in the downtown area to determine if the bicycle lanes could be introduced. "We found that bicycle use in the downtown area has significantly increased over the past five years since our rent-a-bike program began," said Mr. Campbell. "Visitors and locals alike are more often choosing to get around town by bicycle these days. And the new lanes will make our roads safer for everyone."

According to a city council press release, the new lanes will be added before summer. In addition, the city will increase the number of bikes it provides for rent in Meadowston. In the coming months, city work crews will be installing new racks for these bikes at popular tourist spots in and around the city.

18. What is indicated about some roads in Meadowston?

(A) They need to be repaired.
(B) They are closed to buses.
(C) They will be painted.
(D) They were widened.

19. What is stated about the rent-a-bike program?

(A) It has contributed to an increase in bike traffic.
(B) It was scaled back for budgetary reasons.
(C) It was designed particularly for students.
(D) It was established to support local tourism.

20. What is NOT mentioned in the article?

(A) The areas that are connected by a street
(B) The cost of a city improvement project
(C) The purpose of a study by city officials
(D) The location of some new installations

実践問題

解答と解説

1 ～ 6 の順に解いていきます。

Questions 1–2 refer to the following notice.

> **ATTENTION**
>
> In order to make the Lansdale Library a more comfortable environment for patrons, we will be temporarily closed for the period of October 29 to November 6. During this time, the facility will be repainted and repairs will be made to the building's exterior. Members will be able to check out books beginning on November 7. However, the meeting rooms on the second floor will continue to undergo refurbishment until November 9, after which reservations for these spaces will once again be accepted.
>
> We apologize for any inconvenience this may cause, and thank you for your patience and support.
>
> Lansdale Library Management

1 notice なので「お知らせ」。どんな通知かを確認するモードで読む。

2 見出しは必ずチェック → 「ご注意ください」

4 we will be temporarily closed から図書館が一時的に閉館することがわかる。正解は (C)。

6 本文で November 9 が出た瞬間、根拠を取りにいく。after which (11/9 の翌日) にこれらの場所 (2 行上の meeting rooms) の予約が可能になる → (D) が正解。

1. 正解 C

What is the **purpose** of the notice?

(A) To promote some new library services
(B) To prepare staff for some construction
(C) To inform the public about a closure
(D) To explain why a system is necessary

3 「このお知らせの目的は何か」だけを探しに本文へ。目的は冒頭 3 文に根拠があると予想して読む。

2. 正解 D

According to the notice, what will happen after **November 9**?

(A) Tables will be replaced in a staff room.
(B) Library managers will hold some meetings.
(C) New books will be featured in a display.
(D) Rooms will be available for reservation.

5 Q1 をやっつけてから Q2 に進む。11 月 9 日の翌日以降に起きることを探しに本文へ。設問に具体的な日付が書かれたピクニック問題。

訳 問題 1-2 は次のお知らせに関するものです。

ご注意ください

利用者の皆さまにとって Lansdale 図書館をより使いやすい場とするため、10 月 29 日から 11 月 6 日の間、一時的に閉館とします。この期間は施設の塗装をし直し、図書館の外観を改修する予定です。利用者の皆さまは 11 月 7 日より本の貸し出しをご利用いただけます。しかしながら、2 階会議室は 11 月 9 日まで改装作業が続き、同会議室の予約はその翌日より再開いたします。

これにかかるご不便をお詫びするとともに、皆さまのご理解ご協力に感謝いたします。

Lansdale 図書館管理部

語注
□ patron 名 利用客　□ exterior 名 外観、外部　□ undergo 動 ～を経験する
□ refurbishment 名 改装

1. このお知らせの目的は何ですか。
   (A) 図書館の新しいサービスを告知すること
   (B) スタッフに工事の支度をさせること
   (C) 閉館について一般の人に告知すること
   (D) システムの必要性について説明すること

2. お知らせによると 11 月 9 日の翌日以降に何が起こりますか。
   (A) 職員の部屋のテーブルが交換される。
   (B) 図書館管理者らが打ち合わせを行う。
   (C) 新刊が特別展示される。
   (D) 部屋の予約が可能となる。

1 ～ 6 の順に解いていきます。

Questions 3–4 refer to the following **advertisement**.

> 1 文章は広告。今回は「何がお得か」モード。

Harrell's Spring Blowout

> 2 見出しは Harrell's の春の Blowout。Blowout がわからなくても慌てずに。

At Harrell's, we always provide high-quality furniture and mattresses at highly competitive prices. But for this week only, you can take advantage of even deeper discounts during our annual spring sale!

This is a great opportunity to upgrade your home or office furniture while saving up to fifty percent off regular retail prices. Make sure to visit us soon, as these incredible deals will only be offered till Sunday at 9:00 P.M.

> 4 till Sunday とあるため、日曜まで。(D) が正解。

For purchases amounting to over £100, we will deliver your furniture right to your door at no additional cost.

> 6 100 ポンドを超える購入が無料配送だとわかる。これをはっきりさせてから選択肢へ。Q4 (B) certain amount = 100 ポンドとなる。

See you at Harrell's—Coventry's top shop for affordable furniture!

3. 正解 D

When will the event end?

> 3 ピクニック問題。「イベントが終わる日」だけを探しに本文へ。

(A) On Tuesday
(B) On Thursday
(C) On Saturday
(D) On Sunday

4. 正解 B

How can customers receive free delivery?

> 5 free delivery についての根拠を取りに本文へ。

(A) By making a purchase on a specific date
(B) By spending more than a certain amount
(C) By showing a Harrell's membership card
(D) By ordering merchandise from a Web site

訳 問題 3-4 は次の広告に関するものです。

Harrell's 春の大売り出し

Harrell's では平素より高品質の家具とマットレスをお値打ち価格でご提供しております。しかし今週に限り、春の特売期間はより大幅な値引きをご利用いただけます。通常価格より最大 50% 引きにてご提供しますので、ご家庭やオフィスの家具を新調されるにはまたとない機会です。この大特価は日曜午後 9 時までのためお急ぎください。

100 ポンドを超えてお買い上げいただいた場合、追加料金を頂かずにお客様のご自宅まで家具を配送いたします。

Coventry いちのお値打ち価格の家具店、Harrell's でお待ちしております。

語注 □ blowout 名 大安売り＝ blowout sale □ competitive 形 ほかに負けない
□ take advantage of ～を利用する □ retail 形 小売の □ incredible 形 信じられない

3. このイベントはいつ終了しますか。
(A) 火曜日
(B) 木曜日
(C) 土曜日
(D) 日曜日

4. 顧客はどうすれば無料配送をしてもらえますか。
(A) 特定の日に購入することで
(B) ある額以上の購入をすることで
(C) Harrell's のメンバーズカードを提示することで
(D) ウェブサイトから商品を注文することで

1〜**4**の順に解いていきます。

Questions 5–6 refer to the following **text-message chain.**

> **1** メッセージチェーンは見た目ですぐわかるため、すぐに設問の確認に入る。

Robert Davis [1:37 P.M.]
Carol, I'm in my car, and I just realized I don't have the address for the house in Glendale I'm showing to a prospective buyer in about twenty minutes. It's on my desk.

Carol Joyce [1:38 P.M.]
OK. Actually, I was just about to bring a "for sale" sign to that neighborhood. I'm in our parking lot now, but I'll go get the address for you.

Robert Davis [1:39 P.M.]
The flyer for the place is there too.

Carol Joyce [1:40 P.M.]
All right. Since I'll be in Glendale, I might as well bring it to you. And I'll text you the address in a moment.

Robert Davis [1:41 P.M.]
That would be great. Thank you.

> **3** 家の住所、その家は潜在顧客に見せるもの、次の発言にある「売り出し中」の看板から、不動産業だとわかる。Q5は(A)が正解。

> **4** 1:37でRobertは住所が欲しいことがわかる。また、1:40でCarolが住所を送ると言っていることから、Robertはチラシに載っている住所が必要で、それを知りたいことがわかる。Q6の正解は(D)。

5. 正解 A

Where do the writers probably work?

(A) At a real estate agency
(B) At a home improvement store
(C) At a moving company
(D) At a construction firm

6. 正解 D

At 1:39 P.M., what does Mr. Davis most likely mean when he writes, "The flyer for the place is there too"?

(A) He will return to his office very soon.
(B) He would like Ms. Joyce to make copies.
(C) He will have to change a meeting time.
(D) He forgot to bring some information.

> **2** メッセージチェーンに限って、設問を2つ一気に確認する。ここでは2つめの設問が" "の意図問題だと確認したら、流れを切らず本文を最後まで読む。

訳 問題 5-6 は次のテキストメッセージチェーンに関するものです。

Robert Davis [1:37 P.M.]
Carol、車内から失礼。グランデールの家の住所がないことに気づいたんだ。20 分ほどで、購入の可能性があるお客さんに家を見せることになってるんだよ。机の上なんだけど。

Carol Joyce [1:38 P.M.]
なるほど。実はちょうど近くまで「売り出し中」の看板を持っていくところだったのよ。今、駐車場にいるけど、住所を確認してくるわね。

Robert Davis [1:39 P.M.]
家のチラシがそこにあると思うんだ。

Carol Joyce [1:40 P.M.]
了解。グランデールにはすぐ着くから、せっかくだしチラシを持っていくわ。住所はすぐ送るわね。

Robert Davis [1:41 P.M.]
本当に助かるよ、ありがとう。

語注 | □ prospective 形 見込みのある □ neighborhood 名 近所

5. 書き手たちはどこで働いていると考えられますか。
(A) 不動産会社
(B) 家のリフォーム会社
(C) 引っ越し業者
(D) 建設会社

6. 午後 1 時 39 分に Davis さんは何を意図して "The flyer for the place is there too" と書いていると考えられますか。
(A) 彼はオフィスにもうまもなく戻る。
(B) 彼は Joyce さんにコピーを取ってほしい。
(C) 彼はミーティングの時間を変更しなければならない。
(D) 彼はある情報を持ってくるのを忘れた。

1～**9**の順に解いていきます。

Questions 7–10 refer to the following online chat discussion.

Erika Phillips [10:01 A.M.]
Hello. I've called this meeting to find out how your branch is progressing with its plans for next week's workplace health and wellness seminars.

Seth Gardner [10:02 A.M.]
The first day will be devoted entirely to healthy eating and exercise. Sarah Hendrick, who writes a newspaper column on nutrition, will lead the morning seminar. And John Lopez will lead the one after lunch. He teaches exercise classes at a local health club.

Maxine Miller [10:03 A.M.]
The tables and chairs will have to be cleared out of the conference room because he wants our employees to try the stretches and aerobics he'll be demonstrating.

Seth Gardner [10:04 A.M.]
I will take care of that. And Maxine will take Ms. Hendrick and Mr. Lopez out for lunch to thank them for conducting the seminars.

Maxine Miller [10:05 A.M.]
On the second day, we'll focus on the company's new health and wellness program. As you know, upper management wants all branch personnel to understand why the program is being implemented and its goals.

Seth Gardner [10:06 A.M.]
Another thing about the first day… We have to buy foam floor mats for Mr. Lopez's seminar. These cost about twenty dollars apiece, and each of our sixteen employees will need one.

Erika Phillips [10:07 A.M.]
OK, I'll include them in the budget for the seminars.

Maxine Miller [10:08 A.M.]
Great. Then I'll go pick them up this afternoon at the sports shop around the corner from us.

1 チャットディスカッションはまず参加人数を数える。今回は3人。

3 Part 6 不定詞の知識を使う。「～するために」の内容は、ここでは進捗の確認。Q7 は (B) が正解。

5 Lopez 氏の情報が登場。運動を教えているとあるため、Q8 は (D) が正解。

7 that は前の Miller さん発言部分。テーブルなどを部屋から出す必要があること、その理由は運動のためだとわかる。Q9 の正解は (C)。

9 Miller さんが今日することはスポーツショップに them を買いに行くこと。them は 10:06 の Gardner さんの発言からフロアマットだとわかる。Q10 の正解は (B)。

7. 正解 B

Why is Ms. Phillips holding the meeting?

(A) She wants to extend a project deadline.
(B) **She would like an update on some plans.**
(C) She is unhappy about a weekly schedule.
(D) She is responsible for explaining a health policy.

2 ミーティングの目的なので、冒頭3文を狙って本文へ。

8. 正解 D

Who most likely is Mr. Lopez?

(A) A newspaper editor
(B) A new employee
(C) A university professor
(D) **A fitness instructor**

4 Lopez氏について注意しながら読み進める。p. 312で紹介したようにチャットの参加者ではない人物が出題されている。

9. 正解 C

At 10:04 A.M., what does Mr. Gardner most likely mean when he writes, "I will take care of that"?

(A) He will set up some equipment in a room.
(B) He will assist with the preparation of a meal.
(C) **He will prepare a space for some activities.**
(D) He will help conduct a seminar on nutrition.

6 まず "I will take care of that"（私がそれをやっておきます）を訳してから、本文でthatの内容を調べる。

10. 正解 B

What does Ms. Miller indicate she will do today?

(A) Choose some players for a team
(B) **Purchase some floor mats**
(C) Check some budget revisions
(D) Meet some guest speakers

8 Millerさんが今日するであろうことだけを探しに本文へ戻る。

訳 問題 7-10 は次のオンラインチャットの話し合いに関するものです。

Erika Phillips [10:01 A.M.]
おはようございます。このミーティングではそちらの部署で来週行われる職場のヘルス＆ウェルネスセミナーのプラン進捗を確認したいと思います。

Seth Gardner [10:02 A.M.]
初日はすべて健康的な食事と運動に割かれる予定です。栄養について新聞にコラムを連載している Sarah Hendrick が午前中のセミナーを取り仕切ってくれます。昼食後は John Lopez がセミナーを担当します。彼は地域のヘルスクラブで運動を教えています。

Maxine Miller [10:03 A.M.]
テーブルといすは会議室から出しておくようにとのことでした。彼が実演するストレッチとエアロビクスをわれわれ社員に挑戦させたいそうです。

Seth Gardner [10:04 A.M.]
それは私がやっておきます。また Maxine が Hendrick 先生と Lopez 先生を昼食にお連れします。今回のセミナーを担当してくださったお礼をするためです。

Maxine Miller [10:05 A.M.]
2 日目は会社の新しいヘルス＆ウェルネスの取り組みが中心です。ご存じのように、執行部は全部署の人員になぜこのプログラムが実施されているか、そしてプログラムのゴールを理解してほしいと思っています。

Seth Gardner [10:06 A.M.]
初日の件でもう 1 点。Lopez 先生のセミナーでフォームマットが必要です。1 つ約 20 ドルですが、社員 16 名分用意したいと思います。

Erika Phillips [10:07 A.M.]
わかりました、セミナーの予算から出しましょう。

Maxine Miller [10:08 A.M.]
よかった。では、今日の午後にでも会社近くのスポーツショップに買いに行きます。

語注
□ branch 名 部署 □ devote 動 ～（時間）を割く □ column 名 コラム
□ nutrition 名 栄養 □ stretch 名 ストレッチ □ aerobics 名 エアロビクス
□ demonstrate 動 ～を実演する □ focus on ～に集中する □ personnel 名 人員、人事
□ implement 動 ～を実施する □ apiece 副 それぞれ

7. Phillips さんはなぜミーティングを開きましたか。
   (A) 彼女はプロジェクトの締切を延長したい。
   (B) 彼女は計画について最新の状況を知りたい。
   (C) 彼女は週の計画について不満がある。
   (D) 彼女は健康規定を説明する責任がある。

8. Lopez 氏は誰だと考えられますか。
   (A) 新聞の編集者
   (B) 新しい従業員
   (C) 大学教授
   (D) フィットネスインストラクター

9. 午前 10 時 4 分に Gardner さんは何を意図して “I will take care of that” と書いていると考えられますか。
   (A) 彼は部屋に器具を用意する。
   (B) 彼は食事の準備を手伝う。
   (C) 彼はアクティビティのための場所を確保する。
   (D) 彼は栄養に関するセミナーの実施を手伝う。

10. Miller さんは今日何をすると示唆していますか。
   (A) チームの選手を選ぶ
   (B) フロアマットを購入する
   (C) 予算修正案を確認する
   (D) 外部講師に会う

1～**7**の順に解いていきます。

Questions 11–13 refer to the following letter.

> February 12
>
> Ardora Travel
> 5945 Taylor Street,
> Portland, OR 97204,
> United States
>
> To Whom It May Concern:
>
> I am writing to apply for a travel agent position at Ardora Travel. As someone with several years of experience in the industry, I am confident that I would be an asset to your growing team. In regard to the two branches your company has announced it will be opening just outside of Portland, please take into consideration that I am flexible in terms of where I work.
>
> Before moving to Portland last month, I was a manager at a small travel agency in Evanston, Illinois. I learned the ins and outs of the market there and helped the business develop its reputation for excellent customer service. My skills include selling airline, cruise, and train tickets; booking accommodation; and providing customers with travel insurance. I also have strong communication skills, enabling me to relay travel information to customers effectively, including about the customs, events, and activities of the destinations they plan to visit. For all of these reasons, I feel that I am well qualified for the job.
>
> Thank you for taking the time to review my application form, which is included with this letter. Also enclosed please find my résumé and a letter of reference from my previous employer. I look forward to hearing from you and hope an interview can be arranged at your earliest convenience.
>
> Sincerely,
> *Emiko Watanabe*
> Emiko Watanabe

1 手紙の確認事項
→ 日付、宛先、差出人。
To Whom It May Concern は「ご担当者様」という意味。

3 ポートランド郊外に2つの支店をオープンすることが述べられている。Q11 (D) の内容と一致。

5 第2段落全体を通して、自身の旅行業界での経験が述べられている。Q12 は (B) が正解。

7 第3段落では応募書類、履歴書、紹介状について書かれている。Q13 (C) の証明書は述べられていないのでこれが正解。

11. 正解 D

What is indicated about Ardora Travel?

(A) It specializes in cruise excursions.
(B) It has a branch in Evanston, Illinois.
(C) It offers discounts on local tours.
(D) It is expanding to new locations.

2 Ardora Travel に関することがわかる部分（この問題では第 1 段落）をすべて読んで解く。

12. 正解 B

Why does Ms. Watanabe feel she is qualified for the job?

(A) She studied tourism administration at a college.
(B) She has experience working in the travel industry.
(C) She has traveled to countries around the world.
(D) She used to work part-time for Ardora Travel.

4 問題の順番と本文の根拠の順番はほぼ一致しているため、第 2 段落を読み終わったら Q12 を解答。

13. 正解 C

What is NOT included with the letter?

(A) An application form
(B) A résumé
(C) A certificate
(D) A reference letter

6 手紙全体に書かれていないことではなく、「手紙に同封されていない」点に注意。第 3 段落の内容と選択肢を照合させながら解答する。

訳 問題 11–13 は次の手紙に関するものです。

2月12日

Ardora Travel
テイラー通り 5945 番地
ポートランド オレゴン州 97204
アメリカ合衆国

ご担当者様

Ardora Travel での旅行手配の仕事に応募したく、ご連絡しております。旅行業界での数年の経験を経て、私は御社の事業拡大のお役に立てると確信しております。貴社が発表したポートランド郊外に新設の 2 つの支社に関して申し上げますと、勤務地について私は柔軟な対応が可能であることを考慮いただければ幸いです。

先月ポートランドに引っ越す前は、イリノイ州エバンストンの小さな旅行代理店でマネジャーをしておりました。そこで市場の動向について学び、また、その代理店の顧客サービスが素晴らしいという評判を得ることに貢献いたしました。私のスキルは飛行機、クルーズ船、電車のチケット販売、宿泊予約、また顧客への旅行保険の紹介です。また、高いコミュニケーション能力により、お客様が訪れる場所の習慣、イベント、その他アクティビティに関する情報を効果的にお伝えすることができます。以上の理由により、私はこの職に適任であると考えております。

この手紙に同封の応募書類を読むお時間をとってくださって、ありがとうございます。また同封の履歴書と前の雇用主からの紹介状もご覧ください。お返事をお待ちするとともに、ご都合のよいできるだけ早い日程で面接の機会を頂ければ幸いです。

敬具
Emiko Watanabe

語注
□ branch 名 支社　□ take into consideration 考慮に入れる　□ flexible 形 柔軟な
□ reputation 名 名声　□ relay 動 ～を伝える　□ reference 名 紹介状、参照
□ hear from ～から返事がある

11. Ardora Travel について何が示されていますか。

(A) クルーズ旅行を専門に扱っている。

(B) イリノイ州エバンストンに支社がある。

(C) 地方の旅行において割引を提供している。

(D) 新しく店舗を展開中である。

12. Watanabe さんは自分がなぜこの仕事に適していると考えていますか。

(A) 彼女は大学で観光学を修めた。

(B) 彼女は旅行業界で働いた経験がある。

(C) 彼女は世界中を旅行したことがある。

(D) 彼女は Ardora Travel でアルバイトをしていた。

13. 手紙に同封されていないものは何ですか。

(A) 応募書類

(B) 履歴書

(C) 証明書

(D) 紹介状

1～**9**の順に解いていきます。

Questions 14–17 refer to the following e-mail.

1 メールの確認事項は日付、送受信者、件名。RE: や Subject は「件名」を表す。

To: Alison Clements <aclements@dashmail.com>
From: Mark Dowling <support@trolixappliance.com>
Date: November 26
RE: Order 987435

Dear Ms. Clements:

4 全体を通して、商品が破損した原因とそれに関する対応について述べている。Q14 は (C) が正解。

We received your e-mail about the Trolix Appliance vacuum cleaner that was delivered to you on November 25, and we are very sorry that the plastic carrying handle was cracked when you received the appliance. — [1] —. Our quality control team has determined that the damage most likely occurred during shipment, as we carefully inspect every item before it leaves our warehouse with the aim of ensuring that our customers receive our merchandise in perfect condition. Nevertheless, despite our best efforts with packing, items do occasionally become damaged in transit. — [2] —.

5 Trolix Appliance が、出荷前に入念に検品することが述べられている。Q15 は (B) が正解。

The nearest Trolix Appliance service center to your home is in Springfield. — [3] —. Our technicians there will determine whether a repair or replacement is necessary. We have therefore sent you a prepaid shipping label, which you will receive by postal mail within five business days. — [4] —. If you have any questions or concerns, feel free to e-mail us again or call our customer support center at 555-0183.

7 技術者がすることは修理か交換の決定であると述べられている。Q16 は (A) が正解。

9 it が label を指すと考えると、返品時に送料支払い済みの伝票を使ってくださいという流れができる。Q17 は (D) が正解。

We hope that you accept our apologies for the inconvenience and shop with us again in the future.

Yours sincerely,

Mark Dowling
Customer Service Associate
Trolix Appliance

14. 正解 C

What is the main purpose of the e-mail?

(A) To promote a new appliance
(B) To apologize for a late delivery
(C) **To explain some procedures**
(D) To report the results of a study

2 目的を聞いているが、main purpose とあるため冒頭だけで決めずに全体を読んでから解答する。ここでは先に次の設問をチェック。

15. 正解 B

What is stated about Trolix Appliance?

(A) It employs its own fleet of delivery trucks.
(B) **It checks all products before shipping them.**
(C) Its packages are made of cardboard and plastic.
(D) Its headquarters has relocated to Springfield.

3 Q14 で全体を読む必要があること、この問題も登山問題であること、Q17 でやはり全体を読むことが求められるため、ここは一気に本文を通読してから問題を片づけるのが最も効率的。

16. 正解 A

According to the e-mail, what will the technicians do?

(A) **Make a decision**
(B) Review a policy
(C) Confirm an order
(D) Package a product

6 ピクニック問題。技術者がすることのみを探しに本文へ。

17. 正解 D

In which of the positions marked [1], [2], [3], and [4] does the following sentence best belong?

"Please use it to return the item to us."

(A) [1]
(B) [2]
(C) [3]
(D) [4]

8 "Please use it to return the item to us." の it が指すものを明確にして、返品時にどう使うかの説明がつく箇所を選ぶ。

訳 問題 14-17 は次のメールに関するものです。

受信者：Alison Clements <aclements@dashmail.com>
送信者：Mark Dowling <support@trolixappliance.com>
日付：11 月 26 日
件名：注文番号 987435 の件

Clements 様

11 月 25 日にお客様に配送された Trolix Appliance の掃除機について、メールを拝読いたしました。製品をお受け取りになった際、プラスチックの持ち手が欠けていたとのこと、誠に申し訳ありません。— [1] —. 弊社の品質管理部では、この欠損が配送時に起きたもので間違いないと考えております。お客様に弊社製品を完璧な状態でお受け取りいただけるよう、私たちは出荷前にすべての製品を一つ一つ注意深く調べているからです。しかしながら、梱包に細心の注意を払っておりましても、まれに輸送時に損傷が出ることも事実です。— [2] —.

お客様のご自宅に最寄りの Trolix Appliance サービスセンターはスプリングフィールドにございます。— [3] —. 弊社技術者が修理と交換のどちらが必要かを確認いたします。そのため、送料支払い済みの伝票をお送りいたしました。5 営業日以内に郵送で届く予定です。— [4] —. ご不明な点やご懸念がございましたら、どうぞご遠慮なく再度メールをお送りいただくか、カスタマーサポートセンター 555-0183 までお電話ください。

ご不便をおかけしたことをお詫びするとともに、またのご利用をお待ち申し上げております。

敬具

Mark Dowling
カスタマーサービス担当
Trolix Appliance

語注
□ vacuum cleaner 名 掃除機　□ handle 名 持ち手　□ crack 動 ～にひびを入れる
□ determine 動 ～を決定する　□ occur 動 起こる　□ inspect 動 ～を入念に調べる
□ aim 名 狙い　□ merchandise 名 商品　□ transit 名 輸送　□ repair 名 修理
□ replacement 名 交換

14. このメールの主な目的は何ですか。
  (A) 新しい電化製品の販売促進をする
  (B) 配送の遅れを謝る
  (C) いくつかの手順について説明する
  (D) 研究結果について報告する

15. Trolix Appliance について何が述べられていますか。
  (A) 自社専用の配送トラック網を使っている。
  (B) 発送前にすべての製品を検品している。
  (C) 梱包材はダンボールとプラスチックで作られている。
  (D) 本社はスプリングフィールドに移転した。

16. メールによると、技術者たちは何をしますか。
  (A) 決定する
  (B) 規約を見直す
  (C) 注文を確認する
  (D) 商品を梱包する

17. [1]、[2]、[3]、[4] と記載された箇所のうち、次の文が入るのに最もふさわしいのはどれですか。
  「弊社へ返品される際、それをご利用ください」
  (選択肢の番号は省略)

1～5の順に解いていきます。

Questions 18–20 refer to the following article.

1 新聞の地方欄を読むモードになる。

City Council Approves Bike Lanes for Meadowston

MEADOWSTON (Feb. 18) — The Meadowston City Council earlier this week approved new bike lanes for both sides of Santiago Street, 5-1 a busy thoroughfare connecting the north and south of the city. The project will include striping the pavement for bicycle lanes on smaller roads in the downtown district as well. On streets where these dedicated lanes are not possible due to existing bus routes, cyclists will be permitted to use the bus lanes, and this will be indicated by **white pavement markings**.

3 白く塗られる、の記述が Q18. (C) と一致。

Council member Curtis Campbell said that 5-2 city officials had conducted a study of car, bus, and bicycle traffic volumes and patterns in the downtown area to determine if the bicycle lanes could be introduced. "We found that bicycle use in the downtown area has significantly increased over the past five years since our rent-a-bike program began," said Mr. Campbell. "Visitors and locals alike are more often choosing to get around town by bicycle these days. And the new lanes will make our roads safer for everyone."

4 rent-a-bike プログラムが始まってから自転車の利用が増えた、とあるので Q19. (A) と一致。

According to a city council press release, the new lanes will be added before summer. In addition, the city will increase the number of bikes it provides for rent in Meadowston. In the coming months, 5-3 city work crews will be installing new racks for these bikes at popular tourist spots in and around the city.

18. 正解 C

What is indicated about some roads in Meadowston?

(A) They need to be repaired.
(B) They are closed to buses.
(C) They will be painted.
(D) They were widened.

2 いきなり登山問題。続く Q19 と Q20 も登山問題なので、先に本文を読む。

19. 正解 A

What is stated about the rent-a-bike program?

(A) **It has contributed to an increase in bike traffic.**
(B) It was scaled back for budgetary reasons.
(C) It was designed particularly for students.
(D) It was established to support local tourism.

20. 正解 B

What is NOT mentioned in the article?

5 本文内の5-1、5-2、5-3で示したように記述があるものから消していき、残ったものが正解。

(A) The areas that are connected by a street
→ 5-1 a busy thoroughfare connecting the north and south of the city
(B) **The cost of a city improvement project**
→ 記述なし
(C) The purpose of a study by city officials
→ 5-2 city officials had conducted a study of car, bus, and bicycle traffic volumes and patterns in the downtown area to determine ...
(D) The location of some new installations
→ 5-3 city work crews will be installing new racks for these bikes at popular tourist spots in and around the city

訳 問題18–20は次の記事に関するものです。

市議会がメドウストンのサイクリングロードを承認

メドウストン（2月18日）――メドウストン市議会は今週、市の南北をつなぐ往来の激しい幹線道路サンティアゴ通り両側の新しいサイクリングロードを承認した。本プロジェクトはまた、市中心部にある（サンティアゴ通りよりも）細い舗装道路に線を引き、自転車用レーンを作ることも含んでいる。これら専用レーンは目下、バスのルートのために使用することができなかったが、サイクリストたちはバスレーンを使用することが許可され、自転車用レーンは白い印で示される予定だ。

市議会議員のCurtis Campbellによると、市は自転車用レーンが導入可能かどうかを判断するため、市街地の車、バス、そして自転車の通行量とパターンを調査した。「市のレンタサイクルプログラムが始まってから、市街地での自転車の利用がここ5年で大幅に増えていることがわかりました」とCampbell氏は語る。「昨今は観光客、地元民ともにますます自転車で市内を移動するようになっています。新しいレーンは私たちの道路をあらゆる人々にとってより安全なものにしてくれるでしょう」。

市議会の発表によれば、新レーンは夏前に追加される。また、市はメドウストンのレンタサイクルの数も増やす予定だ。今後数カ月で市の作業班が市内および周辺の人気観光地に増加分の自転車置き場を設置する。

語注
□ thoroughfare 名 主要道路　□ stripe 動 ～に縞模様をつける　□ pavement 名 舗装道路
□ district 名 地区　□ dedicated 形 専用の　□ conduct 動 ～を実行する
□ pattern 名 パターン　□ determine 動 ～を決定する　□ significantly 副 大幅に
□ rack 名 台

18. メドウストンのいくつかの道路について何が示されていますか。
(A) 補修が必要である。
(B) バスは通行不可である。
(C) 塗装される予定である。
(D) 広くなった。

19. レンタサイクルプログラムに関して何が述べられていますか。
(A) 自転車の交通量増加の要因となった。
(B) 予算が理由で縮小された。
(C) 学生用に特別に設計されている。
(D) 地元の観光業をサポートするために作られた。

20. 記事の中で述べられていないものは何ですか。
(A) 通りがつないでいる場所
(B) 市の改善案の予算
(C) 市が行った調査の目的
(D) 新しい設置物の場所

Part 7 スコアアップの鍵は「いかに慣れるか」ですが、これまでの解説と実践問題で Part 7 に対する対応力は十分についていますから、安心してください。次はいよいよ最後のセクションでマルチパッセージを攻略します。

「慣れ」とは「経験値をためる」こと

前ページでPart 7は「いかに慣れるか」が鍵だと書きましたが、ここで効果的な「慣れ」について触れておきます。ここで言う慣れとは「経験値をためる」という意味です。つまり、多くの問題集を買って手当たり次第に解くよりも、**1つの問題から学び取れるものをすべて吸収する**ことが大事です。具体的には、

① 知らない単語が出てきたら、調べて終わりではなくその文章ごと覚え、ほかの文書でどのように使われているかもチェックする。

② 演習をするときも、Section 1で解説した「分け1」に沿って読み込む。たとえば今日はarticleと決めたら、articleを集中的に解く。

③ 問題のタイプ分けも同様に、脱文挿入の問題（p. 329、Q17のような問題）を解くと決めたら、その問題だけを連続して解く。

④ NOT問題では正解を選ぶ際に理由を書き出す。

(A) 第1段落3行目に記述あり
(B) 第1段落5行目に記述あり
(C) 記述なし ◎正解
(D) 第2段落4行目に記載あり

など、学習が次につながるように進めていきます。

大事なのは、「◯問解いた！」という数ではなく（もちろん、一定の問題数を解くことも必要ではありますが）、**今やっていることをほかの問題でも生かせるほど確立できたか**、という点です。

今の自分の解答手順を別の問題にスライドして使えるかどうかで作業効率はまったく変わってきます。なぜここでこの話をしたかというと、シングルパッセージの解答テクニックをマルチパッセージに活用してほしいからです。

では、次のセクションでその方法を具体的に確認しましょう。

Section 3 マルチパッセージの攻略

わくわくPoint

作戦を立てて、実行

マルチパッセージとは、文書が複数（2～3）出題される文書のことです。簡単にまとめます。

問題番号	文書の数	1セットの問題数	合計問題数
176～185	2（ダブルパッセージ）	5	10
186～200	3（トリプルパッセージ）	5	15

上の表が示しているとおり、Part 7 の 54 問中 25 問がマルチパッセージです。初学者の間ではよく「なんか最後の方にある、文がいっぱい出てくるやつ」と言われますが、**「中盤から出題される、文が最大 3 つ出る問題」**が正解です。

さてこのマルチパッセージ、結論から言えば 6 割以上の問題が**シングルパッセージと同じ方法で解く**ことができます。つまり、複数の文書を読まないと解けない問題は 1 セットの中で 1～2 問。大切なのは、マルチパッセージをいかにシングルパッセージに持っていき、素早く片づけるかです。

ここではその方法を「作戦」と呼びます。効率よく正解するための設計図を作ってから解くイメージです。

1 作戦を立てる

まず、マルチパッセージのセット（文書と問題）は次のようなレイアウトになっています。

■ ダブルパッセージ (DP)

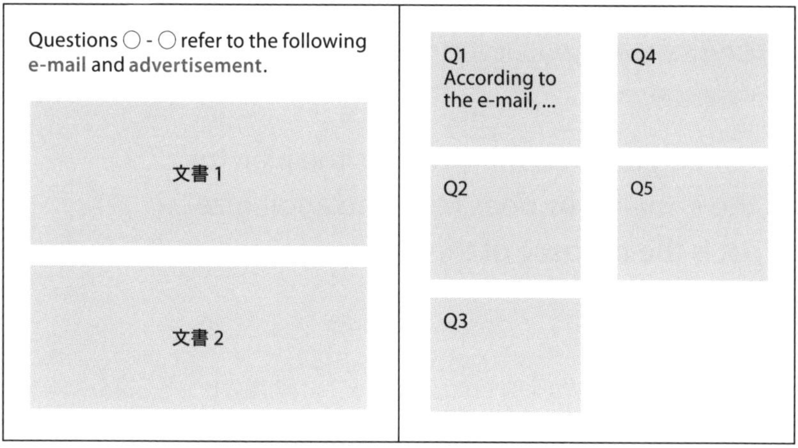

■ トリプルパッセージ (TP)

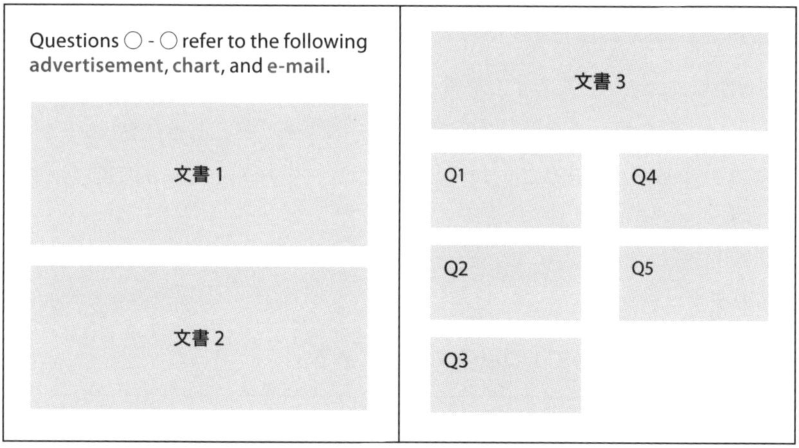

これを使いながら、作戦を立てていきます。やり方は簡単です。

STEP 1 文書を確認

最初にQuestions ◯ - ◯ refer to the following **e-mail** and **advertisement**. の赤字部分を確認（シングルパッセージと同じ）。読むモードをセット。

STEP 2 **問題を確認**

設問でどこを読めばいいか示している部分（赤字）を確認。その文書が解答の根拠がある場所です。

According to the **e-mail**, what is the plan for ...?
In the **e-mail**, why does Mr. Ueno apologize ...?
What is the purpose of the **Web page**?

STEP 3 **SP 化して解く**

STEP 2 で解答の場所がわかったら、それぞれの問題のヒントを探しに本文へ。シングルパッセージと同じく、その問題の根拠が出たらその場で解答します。

2 マルチパッセージのテクニック

「しっかり読めれば、おのずと解答は出る」が王道ですが、シングルパッセージでストーリー例を見たように、マルチパッセージにも「あるあるパターン」が存在します。1の作戦とこのテクニックを合わせれば、マルチパッセージの難しいイメージは消えるはずです。

MP のテクニック 1

1 問目のヒントは必ず 1 つ目の文書内にある。

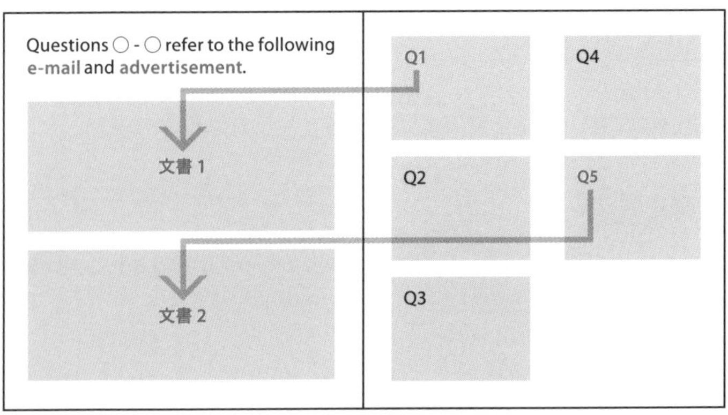

上の図で示したとおり、1 つめの問題は【文書 1】内だけで解答できます。

MP のテクニック 2

DP で 5 問目のヒントは 2 つめの文書内があることが多い。

DP に限ってですが、最後の問題は下で！が鉄則です。

MP のテクニック 3

MP では必ず複数文書を読ませる問題が出題される。

「作戦」で、According to the e-mail, what is the plan for ...? と読む場所（メール）を狙いはしましたが、各セット 5 問のうち、必ず 1 ～ 2 問は複数の文書を読ませる問題が出題されます。仮に e-mail や Web page と明示されていても、ほかの文書を読まないと解けない問題がある、と知っておくだけで落ち着いて解答できます。

なお、複数の文書を読ませる問題は

DP → **3、4 問め**

TP → **3、4、5 問め**

のいずれかで登場する確率が高いです。

MP のテクニック 4

DP の 1 つめの文書、TP の 1 つめと 2 つめの文書を丁寧に読む。

必ず複数の文書にまたがる問題が出るわけですから、**DP の 1 つめ**の文書、**TP の 1、2 つめ**の文書を丁寧に読んでおけば、返り読みの無駄を省けます。

MP のテクニック 5

マルチパッセージはシングルパッセージの後半より簡単。

見かけで敬遠されがちなマルチパッセージですが、問題そのものを見ると、実はシングルパッセージの後半より簡単なものが多いです。2 文書にまたがる問題も、根拠となる限られた部分を見つければすぐに解答できます。**絶対に捨ててはいけません！**

実践問題

シングルパッセージの解き方をもとに、マルチパッセージに挑戦します。自分なりに作戦を立て、テクニックを思い出しながら取り組んでください。「思ったより簡単かも」と思えれば、力がついている証拠です。

Questions 21–25 refer to the following memo and e-mail.

To: All employees
From: Jamie Copeland
Date: Thursday, June 16
Subject: Regular inspection

The semiannual inspection is scheduled to take place from July 8 to 11. Its main purpose is to identify possible issues with our factory machinery and systems before costly repairs are required. The inspection also ensures that machines are working properly and that workers can use them safely. Kelly Silvio is the chief inspector, and while he and his team make assessments and conduct tests, we may have to shut down certain machines temporarily. To reduce downtime, the inspectors will be focusing their attention on a specific section of the factory in accordance with each of the following dates.

- July 8: Electrical and air conditioning systems
- July 9: Assembly line machines
- July 10: Packaging machines
- July 11: Warehouse equipment

Please be aware that although the inspection may get in the way of your work, no employee or section will be required to make up for lost time. In addition, the inspectors may ask you questions about the machinery you operate. If you are unable to provide an adequate answer, make sure to direct the inspector to someone who can.

Thank you in advance for your cooperation.

Jamie Copeland
Plant Manager
Bardem Manufacturing

To:	Jamie Copeland
From:	Alison Roberts
Date:	July 15
Subject:	Inspection

Hello Mr. Copeland,

We have always been able to count on you when it comes to organizing and overseeing our regular plant inspection. Thank you for making sure that all our staff were well prepared and also for helping the inspectors perform their jobs effectively and in a timely manner.

I received a copy of the inspection report from the person in charge of the audit. Upon reviewing it, I was relieved to learn that the factory's electrical system is still operating at maximum efficiency. Nevertheless, it is nearly twenty years old, so we should consider an upgrade soon. As you are aware, the inspectors also brought to our attention that a component in one of our packaging machines is worn down and has to be replaced. If you have not already ordered the part, please do so as soon as possible. In the meantime, staff in the section should leave the machine off.

Apart from that, the inspectors found no other problems with any of our machines or systems. They did, however, notice a bottle of cleaner on the factory floor. This was not a critical violation of any factory safety standard, but please remind our workers of our policy regarding the storage of chemicals.

Once again, thank you for overseeing a successful inspection.

Best regards,

Alison Roberts
Vice President
Bardem Manufacturing

21. What does Mr. Copeland suggest about the inspection?

(A) It is conducted annually.
(B) It can cause disruptions.
(C) It is often rescheduled.
(D) It requires a checklist.

22. According to the memo, what will employees be expected to do?

(A) Learn about a new technology
(B) Rearrange some machines
(C) Work faster after a delay
(D) Help to answer questions

23. What does Ms. Roberts want employees reminded about?

(A) Where to use a device
(B) Who to report problems to
(C) How to store chemicals
(D) When to upgrade a system

24. What is indicated in the e-mail?

(A) Mr. Copeland met with Ms. Roberts on July 12.
(B) Ms. Roberts received a document from Mr. Silvio.
(C) Operations at the factory were suspended for a day.
(D) A component is too large for a piece of equipment.

25. When did the inspectors most likely find a damaged part?

(A) On July 8
(B) On July 9
(C) On July 10
(D) On July 11

NO TEST MATERIAL ON THIS PAGE
（このページに問題はありません）

Questions 26–30 refer to the following form and e-mail.

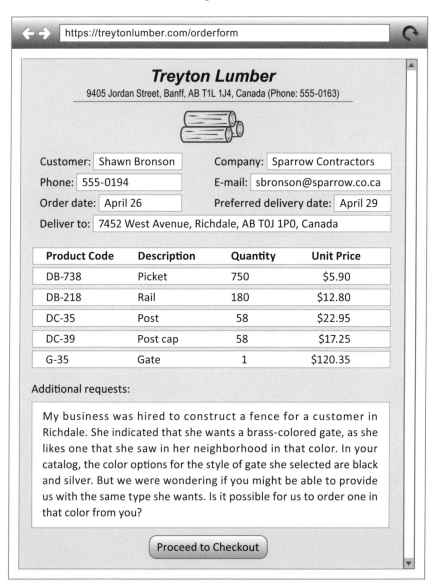

https://treytonlumber.com/orderform

Treyton Lumber

9405 Jordan Street, Banff, AB T1L 1J4, Canada (Phone: 555-0163)

Customer: Shawn Bronson

Company: Sparrow Contractors

Phone: 555-0194

E-mail: sbronson@sparrow.co.ca

Order date: April 26

Preferred delivery date: April 29

Deliver to: 7452 West Avenue, Richdale, AB T0J 1P0, Canada

Product Code	Description	Quantity	Unit Price
DB-738	Picket	750	$5.90
DB-218	Rail	180	$12.80
DC-35	Post	58	$22.95
DC-39	Post cap	58	$17.25
G-35	Gate	1	$120.35

Additional requests:

My business was hired to construct a fence for a customer in Richdale. She indicated that she wants a brass-colored gate, as she likes one that she saw in her neighborhood in that color. In your catalog, the color options for the style of gate she selected are black and silver. But we were wondering if you might be able to provide us with the same type she wants. Is it possible for us to order one in that color from you?

Proceed to Checkout

To:	Shawn Bronson
From:	Nadia Connell
Date:	April 27
Re:	April 26 Order
Attachment:	images_Bronson.jpg

Dear Mr. Bronson,

We received your order last night, and this morning we checked our inventory for the items you want. Delivering to Richdale on the day you requested will not be a problem for us, but unfortunately we do not have any of the item marked as DC-39 in our online catalog. We are sorry for not having updated our catalog sooner, and we will be getting a new shipment of that particular item early next month. If you do not mind waiting until May 6 to receive all the materials, we will waive the delivery fee as a means of apologizing for the inconvenience.

In regard to your inquiry, we can provide you with the specific item your customer wishes to have added to her fence. This will be at no extra cost. I have attached a photo of the product so you can confirm with your customer that it is the type she has in mind.

Please let us know how we should proceed with your order. You can call me at 555-0163.

Sincerely,

Nadia Connell
Customer Service
Treyton Lumber

26. Why did Mr. Bronson fill out the form?

(A) To register for a woodworking workshop
(B) To promote a construction business
(C) To order some building supplies
(D) To schedule a pick-up time

27. Why does Ms. Connell apologize to Mr. Bronson?

(A) A catalog was incorrect.
(B) An employee is unavailable.
(C) A deadline has been missed.
(D) A shipment has been lost.

28. According to the e-mail, what will Treyton Lumber do for Mr. Bronson?

(A) Schedule a pick-up time
(B) Report a product flaw
(C) Revise a price estimate
(D) Provide a free delivery

29. According to Ms. Connell, what type of item is out of stock?

(A) Pickets
(B) Rails
(C) Posts
(D) Post caps

30. What is Ms. Connell sending with the e-mail?

(A) A list of rates for freight deliveries
(B) A picture of a gate in a brass color
(C) A blueprint for a construction project
(D) An updated catalog publication schedule

NO TEST MATERIAL ON THIS PAGE
（このページに問題はありません）

Questions 31–35 refer to the following invitation, schedule, and article.

12 August

Dr. Sophie Rogers
8415 Griffith Street,
Lyneham, ACT 2602,
Canberra, Australia

Dear Dr. Rogers:

On behalf of the organizing committee for the Infinite Energy Symposium (IES), I would like to cordially invite you to participate as a speaker at our event this year, which will be held at the Emory Hotel in Sydney on 17 and 18 November.

The conference will bring together leading experts in the field of renewable and sustainable energy. Its focus will be on renewable electricity sources in Australia. Because of your extensive knowledge on biomass energy, we would be honoured if you were to give a talk on the first day of the event. For your information, your former colleague Dr. Douglas Parker will be one of the opening keynote speakers on that day and will give a talk on 18 November as well.

Enclosed is an incomplete schedule for 17 November, which will give you an idea of the subjects that will be covered. Furthermore, we expect attendance to be higher than in previous years. This is because Dr. Fiona Lombard will be presenting a major paper on her latest research into tidal energy. We are already receiving inquiries from around the world about her presentation.

Should you wish to join us this year as a speaker, please let us know at your earliest convenience.

Yours sincerely,

Jerome Thompson

Jerome Thompson
Event Director
Infinite Energy Symposium

Infinite Energy Symposium
Schedule for 17 November

Session	Speaker	Time	Location
Opening	Various	9:00 A.M. to 10:00 A.M.	Colosso Auditorium
Present and Future of Wind Energy Engineering	Dr. Yoichi Kawata	10:30 A.M. to Noon	Conference Hall 1
To be determined	To be determined	10:30 A.M. to Noon	Conference Hall 2
Environmental Effects of Tidal Energy Development	Dr. Fiona Lombard	1:30 P.M. to 3:30 P.M.	Conference Hall 1
New Prototype System for Storing Solar Energy	Dr. Jameel Tubali	1:30 P.M. to 3:30 P.M.	Conference Hall 2
Evening Reception	—	4:30 P.M. to 6:00 P.M.	Deakin Dining Hall

Please note:

- Speakers are responsible for their own travel and accommodations. To take advantage of special discounted rates for IES participants, we recommend staying at the Emory Hotel.
- Speakers receive complimentary registration to the full symposium.
- The names of presentations and speakers for the second day of the event will be posted at www.infiniteenergy.org/event/schedule towards the end of September, after it has been finalised.

Annual Energy Symposium Gets Underway in Sydney

NEW SOUTH WALES (17 NOV) — Today marked the first day of the Infinite Energy Symposium, a two-day meeting during which renowned experts come together to talk about new and potential technological solutions for the renewable and sustainable energy industry.

Among those who gave talks today was Dr. Fiona Lombard, who is well known for her creation of a lightweight underwater turbine now being used around the world to generate electricity from tidal energy. Dr. Sophie Rogers, from the University of Otagon, discussed her work on a new method for processing agricultural waste to generate biomass energy. Dr. Yoichi Kawata talked about trends in wind energy engineering. And in another session, Dr. Jameel Tubali introduced a new technology.

The symposium, which is being held at the Emory Hotel in downtown Sydney, will continue tomorrow and end with a closing banquet. For more details about the speakers and their talks, as well as a video of today's first session, visit the symposium's Web site at www.infiniteenergy.org.

31. According to the invitation, why are more people expected to attend the symposium this year?

(A) Renewable electricity sources are more affordable.
(B) New research on tidal energy will be presented.
(C) Promotion of the symposium has been expanded.
(D) More people can be accommodated by a hotel.

32. What information is included with the schedule?

(A) An evening reception will end at seven o'clock.
(B) A complete schedule will be posted online in August.
(C) Speakers will be able to attend the sessions for free.
(D) Hotel accommodations are included in the registration fee.

33. According to the article, how will the symposium be concluded?

(A) With a speech
(B) With a panel discussion
(C) With a performance
(D) With a meal

34. When did Dr. Rogers probably begin her talk?

(A) At 9:00 A.M.
(B) At 10:30 A.M.
(C) At 1:30 P.M.
(D) At 4:30 P.M.

35. Whose talk can be watched on the symposium's Web site?

(A) Dr. Douglas Parker
(B) Dr. Yoichi Kawata
(C) Dr. Fiona Lombard
(D) Dr. Jameel Tubali

Questions 36–40 refer to the following Web page, announcement, and text message.

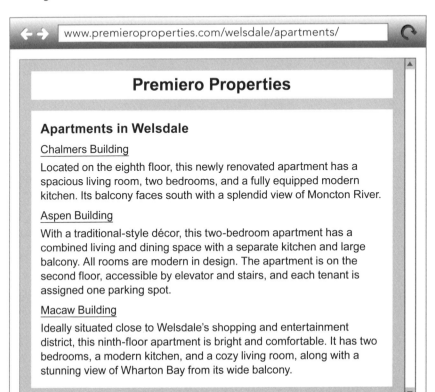

www.premieroproperties.com/welsdale/apartments/

Premiero Properties

Apartments in Welsdale

Chalmers Building

Located on the eighth floor, this newly renovated apartment has a spacious living room, two bedrooms, and a fully equipped modern kitchen. Its balcony faces south with a splendid view of Moncton River.

Aspen Building

With a traditional-style décor, this two-bedroom apartment has a combined living and dining space with a separate kitchen and large balcony. All rooms are modern in design. The apartment is on the second floor, accessible by elevator and stairs, and each tenant is assigned one parking spot.

Macaw Building

Ideally situated close to Welsdale's shopping and entertainment district, this ninth-floor apartment is bright and comfortable. It has two bedrooms, a modern kitchen, and a cozy living room, along with a stunning view of Wharton Bay from its wide balcony.

PREMIERO PROPERTIES — OPEN HOUSE EVENTS

NEW!

We will be holding an open house on February 4 in the Bianca Building in the neighborhood of Greenpoint. There are currently a variety of apartments for sale here, ranging from studios to large five-bedroom units. It is not necessary to make a reservation in advance. All you have to do is show up in the building's lobby between 10:30 A.M. and 2:30 P.M., and one of our agents will show you around. For those who plan to stop by, please be aware that the sidewalk along Lombard Avenue will be undergoing repairs during the open house. The front door to the building will therefore be inaccessible. To reach the lobby, use the rear entrance facing the building's parking lot on Gillespie Street. For more information about properties for sale and for rent, visit www.premieroproperties.com.

From: Greg Crawford
Time: 3:24 P.M., Sunday, February 4

Hello Ms. Dwyer.

This is Greg Crawford from Premiero Properties. I'm terribly sorry, but I'm running slightly behind schedule and won't be there at the building for another 15 minutes or so. Our agency held an open house today at a location in Greenpoint, and I hadn't anticipated that traffic would be this bad between that neighborhood and Welsdale. Again, I apologize for not being able to meet you at 3:30. I hope you will be able to wait so I can show you the apartment, which I'm sure you'll like — especially its remarkable view from its wide balcony. I hope to see you soon. Greg

36. What is NOT mentioned about the apartments on the Web page?

(A) They have a balcony.
(B) They have modern kitchens.
(C) They have high ceilings.
(D) They have two bedrooms.

37. What is suggested about the Bianca Building in the announcement?

(A) Its main entrance is on Lombard Avenue.
(B) Its apartments are all the same size.
(C) Its lobby is undergoing a refurbishment.
(D) Its parking lot is for tenants only.

38. Why did Mr. Crawford send the text message?
(A) He cannot find a building.
(B) He will be late for a meeting.
(C) He has to cancel an appointment.
(D) He made a mistake on a schedule.

39. Where most likely was Mr. Crawford before he sent the text message?
(A) At the Chalmers Building
(B) At the Aspen Building
(C) At the Macaw Building
(D) At the Bianca Building

40. What is stated about the apartment that Ms. Dwyer planned to see?
(A) It is on the eighth floor of a building.
(B) It has a traditional-style décor.
(C) It has a view of Wharton Bay.
(D) It is a five-bedroom unit.

実践問題

解答と解説

問題 21-25 の解答と解説

手順 1 〉 まずは文書の種類をチェック。【1】通知と【2】メールです。

Questions 21–25 refer to the following memo and e-mail.

手順 2 〉 根拠がある場所を整理し、作戦を立てます。

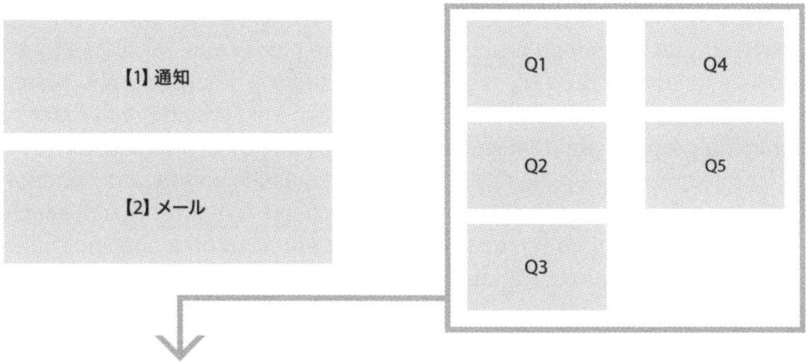

問題	根拠の場所
21. What does Mr. Copeland suggest about the inspection?	【1】memo ＊ MP のテクニック 1 より
22. According to the memo, what will employees be expected to do?	【1】memo
23. What does Ms. Roberts want employees reminded about?	【1】に Roberts さんが出ているかこの段階では不明。 【2】ヘッダー（送受信者、日付、件名）をサッとチェックしメールを書いたのが Roberts さんだと確認。
24. What is indicated in the e-mail?	【2】e-mail
25. When did the inspectors most likely find a damaged part?	【1】【2】と予想する。 ＊ MP のテクニック 3 より

5 問中 3 問がシングルパッセージ扱いで解くことが可能です。また、Q25 は 2 つの文書を照合させる問題だと当たりをつけます。これをもとに問題を攻略していきましょう。

Questions 21–25 refer to the following memo and e-mail.

シングルパッセージ同様、【通知】の宛先と差出人、日付、件名を必ずチェック！ 今回は全社員宛で、定期検査について。

To: All employees
From: Jamie Copeland
Date: Thursday, June 16
Subject: Regular inspection

The semiannual inspection is scheduled to take place from July 8 to 11. Its main purpose is to identify possible issues with our factory machinery and systems before costly repairs are required. The inspection also ensures that machines are working properly and that workers can use them safely. ⑥Kelly Silvio is the chief inspector, and while he and his team make assessments and conduct tests, ①we may have to shut down certain machines temporarily. To reduce downtime, the inspectors will be focusing their attention on a specific section of the factory in accordance with each of the following dates.

- July 8: Electrical and air conditioning systems
- July 9: Assembly line machines
- July 10: Packaging machines
- July 11: Warehouse equipment

⑧

②Please be aware that although the inspection may get in the way of your work, no employee or section will be required to make up for lost time. In addition, ③the inspectors may ask you questions about the machinery you operate. If you are unable to provide an adequate answer, make sure to direct the inspector to someone who can.

Thank you in advance for your cooperation.

Jamie Copeland
Plant Manager
Bardem Manufacturing

21. 正解 B

What does Mr. Copeland suggest about the inspection?

(A) It is conducted annually.
(B) **It can cause disruptions.**
(C) It is often rescheduled.
(D) It requires a checklist.

Q21. Copeland さんが検査について言っていること、Q22. 従業員がするように言われていることを【通知】から探す。Q21 が登山問題のため、全文を読む。

【通知】第 1 段落後半①「一時的に機械の電源を切る」、第 2 段落冒頭②「仕事中に検査の立ち入りがある」が、(B) の cause disruptions（妨げとなる）と一致。(A) annually（年に 1 度）は冒頭の semiannual（半年に 1 度の）と不一致です。(C)(D) については記述がありません。

22. 正解 D

According to the memo, what will employees be expected to do?

(A) Learn about a new technology
(B) Rearrange some machines
(C) Work faster after a delay
(D) **Help to answer questions**

【通知】第 2 段落後半③「検査員が質問することがある」「質問に答えるか、答えられる人に聞く」が、(D) の内容と一致します。

To: Jamie Copeland
From: Alison Roberts
Date: July 15
Subject: Inspection

Hello Mr. Copeland,

We have always been able to count on you when it comes to organizing and overseeing our regular plant inspection. Thank you for making sure that all our staff were well prepared and also for helping the inspectors perform their jobs effectively and in a timely manner.

⑤I received a copy of the inspection report from the person in charge of the audit. Upon reviewing it, I was relieved to learn that the factory's electrical system is still operating at maximum efficiency. Nevertheless, it is nearly twenty years old, so we should consider an upgrade soon. As you are aware, ⑦the inspectors also brought to our attention that a component in one of our packaging machines is worn down and has to be replaced. If you have not already ordered the part, please do so as soon as possible. In the meantime, staff in the section should leave the machine off.

Apart from that, the inspectors found no other problems with any of our machines or systems. They did, however, ④notice a bottle of cleaner on the factory floor. This was not a critical violation of any factory safety standard, but please remind our workers of our policy regarding the storage of chemicals.

Once again, thank you for overseeing a successful inspection.

Best regards,

Alison Roberts
Vice President
Bardem Manufacturing

【メール】の送信者がRobertsさんであること、件名が検査であることをチェック。また日付の7月15日は【通知】にある箇条書きの日程と照合し、15日時点で検査がすべて完了していることを確認。

23. 正解 C

What does Ms. Roberts want employees reminded about?

(A) Where to use a device
(B) Who to report problems to
(C) How to store chemicals
(D) When to upgrade a system

Q23. Robertsさんが従業員に思い起こしてほしいこと、Q24. メールで示されていることを探す。Q24. が登山問題のため、全文を読む。

【メール】後半の④でクリーナーのボトルが床に置かれていたので化学薬品の保管について please remind と述べています。

24. 正解 B

What is indicated in the e-mail?

(A) Mr. Copeland met with Ms. Roberts on July 12.
(B) Ms. Roberts received a document from Mr. Silvio.
(C) Operations at the factory were suspended for a day.
(D) A component is too large for a piece of equipment.

【メール】第2段落冒頭⑤に「検査報告書を受け取った」とあります。が、その人物がSilvio氏であるかはわかりません。the person in charge of the audit（検査の責任者）とだけ書かれています。
【通知】前半の⑥にKelly Silvio is the chief inspectorとあり、彼が検査の責任者だとわかります。Q24は文書2【メール】だけでは解けないため、文書1【通知】を確認する必要があります。

25. 正解 C

When did the inspectors most likely find a damaged part?

(A) On July 8
(B) On July 9
(C) On July 10
(D) On July 11

【メール】⑦にpackaging machines（梱包機）の部品が摩耗しているとあります。
【通知】箇条書きの⑧を見ると、梱包機の検査は7月10日のため、(C)が正解です。

文書1訳

問題21-25は次の通知とメールに関するものです。

宛先：全従業員
差出人：Jamie Copeland
日付：6月16日 木曜日
件名：定期点検
半年に1度の点検が7月8日～11日に予定されています。本点検の主な目的は、費用のかかる修理が必要となる前に、工場の機械とシステムについて起こり得る問題を洗い出すことです。また、点検をすることで機械が適切に稼働していること、従業員が安全にそれらを使用可能であるかを確かめます。検査チーム主任はKelly Silvioです。彼と班のメンバーが機器の審査・検査を行っている間、一時的に機械の電源を落とす必要が出てくる場合があります。停止時間を短くするため、検査スタッフは下記日程のとおり特定の部門に集中して作業を行います。
• 7月8日：電気および空調システム

• 7月9日：組み立てライン機器
• 7月10日：梱包機器
• 7月11日：倉庫設備

皆さんの勤務中に検査が入ることがありますが、全従業員およびすべての課について、停止時間の埋め合わせは必要ないことをあらかじめお知らせします。また、検査員は皆さんが扱う機械についていくつか質問をすることもあります。質問に十分な回答ができない場合は、必ずそれが可能な社員に答えてもらうよう、お願いいたします。

ご協力のほど、お願い申し上げます。

Jamie Copeland
工場長
Bardem Manufacturing

語注 □ inspection 名 検査、点検　□ semiannual 形 半年に1度の　□ identify 動 ～を特定する　□ issue 名 問題　□ costly 形 費用のかかる　□ assessment 名 評価　□ specific 形 特定の　□ in accordance with ～に応じて　□ adequate 形 十分な

文書2訳

受信者：Jamie Copeland
送信者：Alison Roberts
日付：7月15日
件名：検査

Copelandさん

工場の定期検査に関わる監督と段取りについて、いつも頼りにしています。社員たちが皆、十分に準備でき、また検査員の方たちが検査を効率的、かつ適切なタイミンで行えるようにご尽力いただき、感謝申し上げます。

審査責任者から、検査報告書を1部受け取っております。これを読み、工場の電気システムが最高水準の効率で稼働できていることがわかって安心しました。しかしながら、もうこの電気システムも20年ほどになるため、近くアップグレードすることも考えなければと思っています。あなたがお気づきのように、検査員も梱包機器のうちの1台の部品が摩耗し、交換の必要があると指摘しています。もし、まだ部品を注文してなければ、できるだけ早く注文してください。その間、その課のスタッフは機械をオフにしておいた方がいいでしょう。

それ以外は、機械やシステムに関して検査員から問題は報告されていません。しかし、工場の床にクリーナーのボトルが置いてあったとのことです。工場の安全基準から見れば深刻な違反ではないものの、今一度、化学薬品の保管ルールに関して通知をお願いいたします。

繰り返しとなりますが、検査を無事終えられたこと、ありがとうございました。

敬具

Alison Roberts

副社長

Bardem Manufacturing

語注 □count on ～を頼りにする □timely 形 タイミングのよい □audit 名 審査、監査 □component 名 部品 □in the meantime その間 □violation 名 違反

21. Copeland さんは検査について何を示していますか。
    (A) 年に 1 度実施される。
    (B) 妨げになることがある。
    (C) よくスケジュールの変更がある。
    (D) チェックリストが必要だ。

22. 通知によれば、従業員は何を期待されていますか。
    (A) 新しい技術について学ぶこと
    (B) いくつかの機械を配置し直すこと
    (C) 遅延後はより速く働くこと
    (D) 質問に答えること

23. Roberts さんが従業員に思い起こしてほしいことは何ですか。
    (A) 装置を使う場所
    (B) 問題を報告する人物
    (C) 化学薬品の保管方法
    (D) システムのアップグレードの時期

24. メールから何がわかりますか。
    (A) Copeland さんは Roberts さんと 7 月 12 日に会った。
    (B) Roberts さんは Silvio さんから文書を受け取った。
    (C) 工場の作業は 1 日、一時停止した。
    (D) 部品は装置には大きすぎた。

25. 検査員は破損した部品にいつ気がつきましたか。
    (A) 7 月 8 日
    (B) 7 月 9 日
    (C) 7 月 10 日
    (D) 7 月 11 日

問題 26-30 の解答と解説

手順 1 〉文書の種類をチェック。【1】フォームと【2】メールです。

Questions 26–30 refer to the following form and e-mail.

手順 2 〉根拠がある場所を整理し、作戦を立てます。

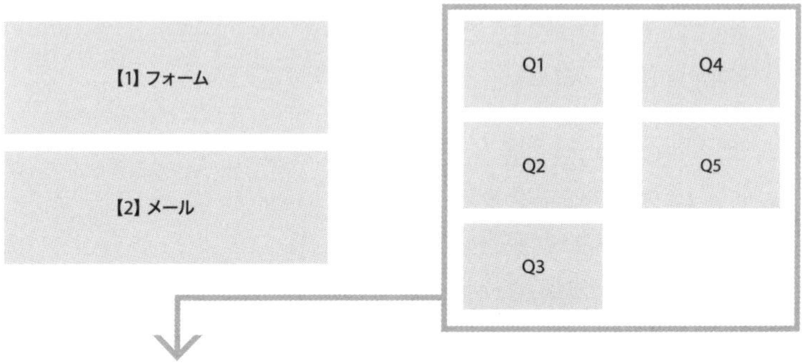

問題	根拠の場所
26. Why did Mr. Bronson fill out the form?	【1】form
27. Why does Ms. Connell apologize to Mr. Bronson?	【1】formのヘッダー部分をサッとチェックするとConnellさんが出てこない＝【2】のメールで登場するはず、と予想。
28. According to the e-mail, what will Treyton Lumber do for Mr. Bronson?	【2】e-mail
29. According to Ms. Connell, what type of item is out of stock?	【2】Connellさんはメールで解く作戦。
30. What is Ms. Connell sending with the e-mail?	【2】e-mail

マルチパッセージには、必ず複数の文書を照合させる問題が出てくるため、問題 27 ～ 30 で【2】のメールを読んでも解答できないものがあれば、【1】のフォームを確認、というスタンスで解答します。ではさっそく、作戦を実行していきましょう。

Questions 26–30 refer to the following form and e-mail.

https://treytonlumber.com/①orderform

Treyton Lumber

9405 Jordan Street, Banff, AB T1L 1J4, Canada (Phone: 555-0163)

Customer: Shawn ②Bronson　Company: Sparrow Contractors
Phone: 555-0194　E-mail: sbronson@sparrow.co.ca
②Order date: April 26　Preferred delivery date: April 29
Deliver to: 7452 West Avenue, Richdale, AB T0J 1P0, Canada

Product Code	**Description**	**Quantity**	**Unit Price**
DB-738	Picket	750	$5.90
DB-218	Rail	180	$12.80
DC-35	Post	58	$22.95
⑦DC-39	Post cap	58	$17.25
G-35	Gate	1	$120.35

③Additional requests:
My business was hired to construct a fence for a customer in Richdale. ⑨She indicated that she wants a brass-colored gate, as she likes one that she saw in her neighborhood in that color. In your catalog, the color options for the style of gate she selected are black and silver. But we were wondering if you might be able to provide us with the same type she wants. Is it possible for us to order one in that color from you?

[Proceed to Checkout]

26. 正解 C

Why did Mr. Bronson fill out the form?

(A) To register for a woodworking workshop
(B) To promote a construction business
(C) **To order some building supplies**
(D) To schedule a pick-up time

【フォーム】①アドレスバーの order form、②顧客名が Bronson さんの名前で、Order date（注文日）の項目があること、③資材についてのリクエストから、注文のためにフォームを記入したことがわかります。

To: Shawn Bronson
From: Nadia Connell
Date: April 27
Re: April 26 Order
Attachment: images_Bronson.jpg

Dear Mr. Bronson,

We received your order last night, and this morning we checked our inventory for the items you want. Delivering to Richdale on the day you requested will not be a problem for us, but ⑥unfortunately we do not have any of the item marked as DC-39 in our online catalog. ④We are sorry for not having updated our catalog sooner, and we will be getting a new shipment of that particular item early next month. If you do not mind waiting until May 6 to receive all the materials, ⑤we will waive the delivery fee as a means of apologizing for the inconvenience.

In regard to your inquiry, we can provide you with the specific item your customer wishes to have added to her fence. This will be at no extra cost. ⑧I have attached a photo of the product so you can confirm with your customer that it is the type she has in mind.

Please let us know how we should proceed with your order. You can call me at 555-0163.

Sincerely,

Nadia Connell
Customer Service
Treyton Lumber

27. 正解 A

Why does Ms. Connell apologize to Mr. Bronson?

(A) A catalog was incorrect.
(B) An employee is unavailable.
(C) A deadline has been missed.
(D) A shipment has been lost.

【メール】第1段落④でカタログを更新していなかったことを謝っています。

28. 正解 D

According to the e-mail, what will Treyton Lumber do for Mr. Bronson?

(A) Schedule a pick-up time
(B) Report a product flaw
(C) Revise a price estimate
(D) **Provide a free delivery**

【メール】第 1 段落の最後⑤で配送料を無料にすると述べています。

29. 正解 D

According to Ms. Connell, what type of item is out of stock?

(A) Pickets
(B) Rails
(C) Posts
(D) **Post caps**

【メール】第 1 段落⑥で DC-39 の在庫がないことを述べています。選択肢に DC-39 がないため、【フォーム】で DC-39 が何かを確認。⑦から DC-39 は Post cap とわかります。

30. 正解 B

What is Ms. Connell sending with the e-mail?

(A) A list of rates for freight deliveries
(B) **A picture of a gate in a brass color**
(C) A blueprint for a construction project
(D) An updated catalog publication schedule

【メール】第 2 段落⑧から、顧客が望んでいるものと一致しているかどうかの確認用に写真を添付したことがわかります。
【フォーム】後半の⑨から、顧客が望んだものが、真鍮色の門だとわかります。

文書 1 訳

問題 26–30 は次のフォームとメールに関するものです。

https://treytonlumber.com/orderform

Treyton Lumber

ジョーダン通り 9405 バンフ アルバータ州 T1L 1J4 カナダ（電話番号：555-0163）

お名前：Shawn Bronson　　会社名：Sparrow Contractors
電話番号：555-0194　　メールアドレス：sbronson@sparrow.co.ca
ご注文日：4 月 26 日　　ご希望の配送日：4 月 29 日

お届け先：ウェスト通り 7452 リッチデール アルバータ州 T0J 1P0 カナダ

商品コード	商品説明	個数	単価
DB-738	杭	750	5.9 ドル
DB-218	レール	180	12.8 ドル
DC-35	ポスト	58	22.95 ドル
DC-39	ポストの蓋	58	17.25 ドル
G-35	門	1	120.35 ドル

その他のご希望：

リッチデール在住のお客様からフェンス設置の注文をもらっています。お客様が最近、ご近所でその色の門を見て気に入ったそうで、真鍮色の門にしたいとご希望です。御社のカタログではお客様ご指定の形式の門で選べる色が黒と銀になっています。ですが、お客様のご希望されているものと同じタイプのものがあればと思っております。御社でその色の門は注文可能でしょうか。

お支払い

語注 | □ description 名 詳細、説明　□ picket 名 杭

文書 2 訳

受信者：Shawn Bronson

送信者：Nadia Connell

日付：4 月 27 日

件名：4 月 26 日の ご注文の件

添付：images_Bronson.jpg

Bronson 様

昨晩、ご注文を承り、今朝、ご希望の商品の在庫を確認いたしました。ご希望の日にリッチデールへ発送すること自体は可能ですが、あいにくオンラインカタログにありましたDC-39が 欠品中です。カタログを更新しておらず、お詫び申し上げます。来月初旬に当該商品が届く予定です。もし、5 月 6 日まですべての商品のお受け取りをお待ちいただけるようでしたら、ご不便をおかけしたお詫びとして、配送料は頂きません。

お問い合わせいただいた件ですが、ご依頼の方がフェンスに取り付けたいとご希望の商品の手配が可能でございます。これに関して追加料金はかかりません。また、この商品の写真を添付しております。ご依頼主の方が思っていらっしゃるものか確認される場合にお使いいただければ幸いです。

ご注文に関し、どのように進めればよいかお知らせください。555-0163 にてお電話をお待ちしております。

敬具

Nadia Connell
カスタマーサービス
Treyton Lumber

語注 | □ inventory 名 在庫　□ waive 動 〜を放棄する、適用しない　□ attach 動 〜を添付する

26. Bronson さんがフォームを記入したのはなぜですか。
    (A) 木工工作のワークショップに登録するため
    (B) 建設業のプロモーションをするため
    (C) 建築資材を注文するため
    (D) 受け取り時間を決めるため

27. なぜ Connell さんは Bronson さんに謝っていますか。
    (A) カタログに誤りがあった。
    (B) 従業員が確保できない。
    (C) 締切日を過ぎた。
    (D) 配送品が紛失した。

28. メールによれば、Treyton Lumber は Bronson さんに何をしますか。
    (A) 受け取りの時刻を決める
    (B) 商品の欠陥を報告する
    (C) 見積もり費用を修正する
    (D) 無料配送を行う

29. Connell さんによれば、どの商品が在庫切れになっていますか。
    (A) 杭
    (B) レール
    (C) ポスト
    (D) ポストの蓋

30. Connell さんはメールと一緒に何を送っていますか。
    (A) 貨物運送の料金レート
    (B) 真鍮色の門の写真
    (C) 建築計画の青写真
    (D) 更新したカタログ刊行スケジュール

問題 31-35 の解答と解説

トリプルパッセージになっても、することは同じです。解答の作戦を立て、その順序で作戦実行です。さっそく見ていきましょう。

手順 1 〉文書の種類をチェック。【1】招待状、【2】スケジュール、【3】記事です。

Questions 31–35 refer to the following **invitation**, **schedule**, and **article**.

手順 2 〉作戦もダブルパッセージ同様に、根拠がある場所を整理します。

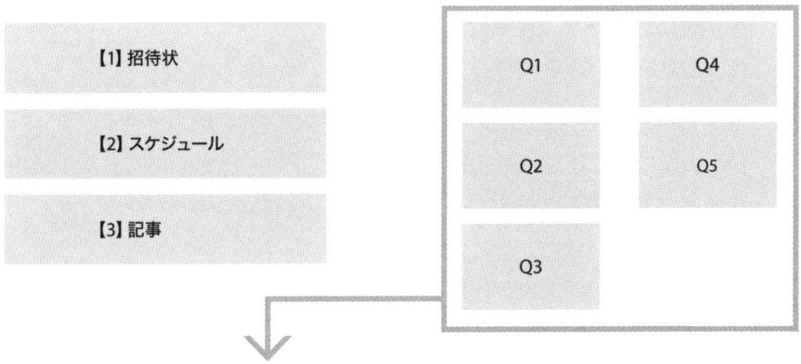

問題	根拠の場所
31. According to the **invitation**, why are more people expected to attend the symposium this year?	【1】invitation
32. What information is included with the **schedule**?	【2】schedule
33. According to the **article**, how will the symposium be concluded?	【2】article
34. When did Dr. Rogers probably begin her talk?	この時点では不明
35. Whose talk can be watched on the symposium's Web site?	この時点では不明

Questions 31–35 refer to the following **invitation**, **schedule**, and **article**.

12 August

Dr. Sophie Rogers
8415 Griffith Street,
Lyneham, ACT 2602,
Canberra, Australia

Dear Dr. Rogers:

On behalf of the organizing committee for the Infinite Energy Symposium (IES), I would like to cordially invite you to participate as a speaker at our event this year, which will be held at the Emory Hotel in Sydney on 17 and 18 November.

The conference will bring together leading experts in the field of renewable and sustainable energy. Its focus will be on renewable electricity sources in Australia. Because of your extensive knowledge on biomass energy, ④we would be honoured if you were to give a talk on the first day of the event. For your information, your former colleague Dr. Douglas Parker will be one of the opening keynote speakers on that day and will give a talk on 18 November as well.

⑤Enclosed is an incomplete schedule for 17 November, which will give you an idea of the subjects that will be covered. Furthermore, ①we expect attendance to be higher than in previous years. This is because Dr. Fiona Lombard will be presenting a major paper on her latest research into tidal energy. We are already receiving inquiries from around the world about her presentation.

Should you wish to join us this year as a speaker, please let us know at your earliest convenience.

Yours sincerely,

Jerome Thompson

Jerome Thompson
Event Director
Infinite Energy Symposium

31. 正解 B

According to the invitation, why are more people expected to attend the symposium this year?

(A) Renewable electricity sources are more affordable.
(B) New research on tidal energy will be presented.
(C) Promotion of the symposium has been expanded.
(D) More people can be accommodated by a hotel.

【招待状】第 3 段落① Lombard 博士が潮汐エネルギーの発表をするため、参加者増が見込まれているとあります。

Infinite Energy Symposium
Schedule for 17 November

Session	Speaker	Time	Location
Opening	Various	9:00 A.M. to 10:00 A.M.	Colosso Auditorium
⑧Present and Future of Wind Energy Engineering	Dr. Yoichi Kawata	10:30 A.M. to Noon	Conference Hall 1
⑥To be determined	To be determined	10:30 A.M. to Noon	Conference Hall 2
Environmental Effects of Tidal Energy Development	Dr. Fiona Lombard	1:30 P.M. to 3:30 P.M.	Conference Hall 1
New Prototype System for Storing Solar Energy	Dr. Jameel Tubali	1:30 P.M. to 3:30 P.M.	Conference Hall 2
Evening Reception	—	4:30 P.M. to 6:00 P.M.	Deakin Dining Hall

Please note:

- Speakers are responsible for their own travel and accommodations. To take advantage of special discounted rates for IES participants, we recommend staying at the Emory Hotel.
- ②Speakers receive complimentary registration to the full symposium.
- The names of presentations and speakers for the second day of the event will be posted at www.infiniteenergy.org/event/schedule towards the end of September, after it has been finalised.

32. 正解 C

What information is included with the schedule?

(A) An evening reception will end at seven o'clock.
(B) A complete schedule will be posted online in August.
(C) Speakers will be able to attend the sessions for free.
(D) Hotel accommodations are included in the registration fee.

【スケジュール】Please note 欄②に講演者は「全シンポジウム」(つまりすべてのセッション)に無料で参加できる、とあります。

Annual Energy Symposium Gets Underway in Sydney

NEW SOUTH WALES (17 NOV) — Today marked the first day of the Infinite Energy Symposium, a two-day meeting during which renowned experts come together to talk about new and potential technological solutions for the renewable and sustainable energy industry.

Among those who gave talks today was Dr. Fiona Lombard, who is well known for her creation of a lightweight underwater turbine now being used around the world to generate electricity from tidal energy. Dr. Sophie Rogers, from the University of Otagon, discussed her work on a new method for processing agricultural waste to generate biomass energy. Dr. Yoichi Kawata talked about trends in wind energy engineering. And in another session, Dr. Jameel Tubali introduced a new technology.

The symposium, which is being held at the Emory Hotel in downtown Sydney, will continue tomorrow and ③end with a closing banquet. For more details about the speakers and their talks, ⑦as well as a video of today's first session, visit the symposium's Web site at www.infiniteenergy.org.

33. 正解 D

According to the article, how will the symposium be concluded?

(A) With a speech
(B) With a panel discussion
(C) With a performance
(D) **With a meal**

【記事】最終段落③に祝宴をもって幕を閉じる、とあります。

34. 正解 B

When did Dr. Rogers probably begin her talk?

(A) At 9:00 A.M.
(B) **At 10:30 A.M.**
(C) At 1:30 P.M.
(D) At 4:30 P.M.

【招待状】宛先、第 2 段落④、第 3 段落⑤の内容から、Rogers さんはシンポジウム初日(11/17) の講演を依頼され、その内容についてまだ決定していないことがわかります。
【スケジュール】⑥から、講演者と内容が調整中なのは 10:30 のセッションのみです。

35. 正解 B

Whose talk can be watched on the symposium's Web site?

(A) Dr. Douglas Parker
(B) **Dr. Yoichi Kawata**
(C) Dr. Fiona Lombard
(D) Dr. Jameel Tubali

【記事】最終段落⑦から、初日の最初の講演動画がウェブサイトで見られることがわかります。
【スケジュール】タイムテーブル冒頭の⑧から、最初の講演は Yoichi Kawata 博士によるものとわかります。

なお、このセット同様、3 文書すべてを読まないと解けない問題はほぼ出ません。つまり、ほぼダブルパッセージの要領で解くことが可能です。最後のセットでも同様に解けることを確認しましょう。

文書 1 訳

問題 31–35 は次の招待状、スケジュール、記事に関するものです。

8 月 12 日

Sophie Rogers 博士
グリフィス通り 8415 番地
ラインハム ACT 2602
キャンベラ オーストラリア

Rogers 博士
無限エネルギーシンポジウム組織委員会（IES）を代表して、今年、博士にスピーカーとしてご登壇いただきたく謹んでお招き申し上げます。会合は 11 月 17、18 日にシドニーの Emory Hotel で開催されます。
本会合は再生・持続可能エネルギー分野の第一人者の皆さまをご招待する予定です。主な議題は、オーストラリアにおける再生可能な電気エネルギーについてです。先生はバイオマスエネルギーについての見識がおありですので、会の初日にお話しいただければ幸甚です。ご参考までに、同じ日に先生の元同僚である Douglas Parker 博士に開会の基調講演を行っていただきます。Douglas 先生には 11 月 18 日にもご講演いただきます。
11 月 17 日の暫定スケジュールを同封いたします。こちらをご覧になって、先生のテーマの参考にしていただければと思います。なお、今年は例年より多くの参加者が見込まれています。これは Fiona Lombard 博士が、潮汐エネルギーに関するご自身の最新の研究を扱った主要論文を発表されるためです。すでに世界中から彼女の発表に関する問い合わせを頂いております。
今年の講演者のお一人としてご参加いただける場合は、早めにご連絡いただければ幸いです。
敬具
Jerome Thompson
イベントディレクター

無限エネルギーシンポジウム学会

語注 | □ cordially 副 謹んで　□ renewable 形 再生可能な　□ sustainable 形 持続可能な
□ biomass 名 バイオマス（動植物由来の生物資源）　□ tidal 形 潮汐の

文書 2 訳

無限エネルギーシンポジウム
11 月 17 日の予定

セッション	講演者	時間	場所
開会	複数名	午前 9:00 ～ 午前 10:00	Colosso 講堂
風力エネルギー技術の今と未来	Yoichi Kawata 博士	午前 10:30 ～ 正午	大会議室 1
調整中	調整中	午前 10:30 ～ 正午	大会議室 2
潮汐エネルギー発展の環境作用	Fiona Lombard 博士	午後 1:30 ～ 午後 3:30	大会議室 1
太陽エネルギー貯蓄の新しいプロトタイプシステム	Jameel Tubali 博士	午後 1:30 ～ 午後 3:30	大会議室 2
イブニングレセプション	―	午後 4:30 ～ 午後 6:00	Deakin ダイニング

ご注意：

- 講演者の移動と宿泊は自己手配となります。IES 参加者の特別割引がありますので、Emory Hotel のご滞在をご検討ください。
- 講演者はシンポジウムのどのセッションにも無料でご登録いただけます。
- 2 日目の演題と発表者は決定次第、9 月末を目処に www.infiniteenergy.org/event/schedule にて、お知らせいたします。

語注 | □ determine 動 ～を決定する　□ store 動 ～を保存する

文書 3 訳

エネルギーシンポジウム年次大会、シドニーで開催

ニュー・サウス・ウェールズ（11 月 17 日）――本日、無限エネルギーシンポジウムが初日を迎えた。シンポジウムは 2 日にわたって行われ、著名な専門家が一堂に会して、エネルギー産業において見込みのある最新の再生・持続可能な問題解決技術について講演する。

本日の発表者の一人、Fiona Lombard 博士は、現在世界中で使用されている、潮汐エネルギーを電力化する水中軽量タービンの考案者として名高い。Otagon 大学の Sophie Rogers 博士は自身の研究——農業廃棄物からバイオマスエネルギーを生み出す新しい手法について話した。Yoichi Kawata 博士は風力エネルギー技術の動向について講演した。ほかに、Jameel Tubali 博士が新技術について紹介した。
このシンポジウムはシドニー中心部の Emory Hotel で明日まで行われ、閉会の宴で幕を閉じる。講演者と講演内容、また本日の第 1 セッションの動画については、シンポジウムのウェブサイト www.infiniteenergy.org. で確認、試聴できる。

語注 | □ renowned 形 著名な　□ turbine 名 タービン

31. 招待状によれば、なぜ、今までより多くの人が今年のシンポジウムに参加すると見込まれていますか。
(A) 再生電気は今までより手頃だから。
(B) 潮汐エネルギーの新しい研究が発表されるから。
(C) シンポジウムのプロモーションが拡大しているから 。
(D) より多くの人々がホテルに宿泊できるから。

32. スケジュールにはどんな情報が含まれていますか。
(A) イブニングレセプションは 7 時に終了する。
(B) スケジュールの完成版は 8 月にオンラインで発表される。
(C) 講演者はセッションに無料で参加できる。
(D) ホテルの宿泊料は登録料に含まれている。

33. 記事によれば、シンポジウムにどのように終了しますか。
(A) スピーチで
(B) パネルディスカッションで
(C) パフォーマンスで
(D) 食事で

34. Rogers 博士はいつ講演を始めると思われますか。
(A) 午前 9:00
(B) 午前 10:30
(C) 午後 1:30
(D) 午後 4:30

35. シンポジウムのウェブサイトでは誰の講演が視聴できますか。
(A) Douglas Parker 博士
(B) Yoichi Kawata 博士
(C) Fiona Lombard 博士
(D) Jameel Tubali 博士

問題 36-40 の解答と解説

手順 1 〉文書の種類をチェック。【1】ウェブサイト、【2】お知らせ、【3】テキストメッセージです。

Questions 36–40 refer to the following **Web page**, **announcement**, and **text message**.

手順 2 〉解答の作戦は以下のとおり。

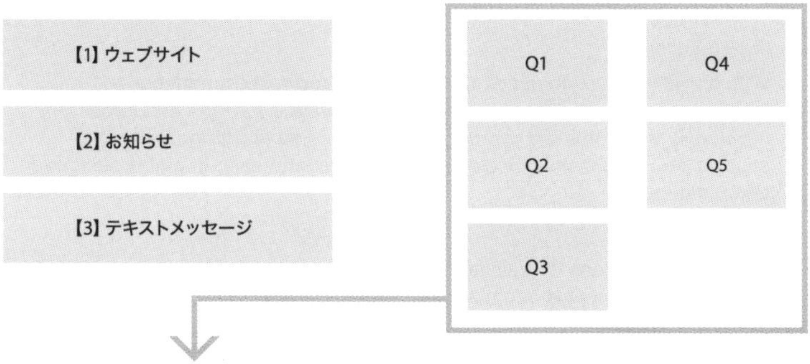

問題	根拠の場所
36. What is **NOT** mentioned about the apartments on the **Web page**?	【1】Web page。登山問題のため、一気に最後まで読んで解く。
37. What is suggested about the Bianca Building in the **announcement**?	【2】announcement
38. Why did Mr. Crawford send the **text message?**	【3】text message
39. Where most likely was Mr. Crawford before he sent the **text message**?	【3】text message
40. What is stated about the apartment that Ms. Dwyer planned to see?	【3】text message の本文最初に Dwyer さんの名前があることを確認。apartment の記述に注意して読む。

38 ～ 40 に関しては MP のルールより、ほかの文書の照合も必要であると予測しておきます。

Questions 36–40 refer to the following **Web page**, **announcement**, and **text message**.

www.premieroproperties.com/welsdale/apartments/

Premiero Properties

Apartments in Welsdale

Chalmers Building

Located on the eighth floor, this newly renovated apartment has a spacious living room, ③**two bedrooms**, and a fully equipped ②**modern kitchen**. Its ①**balcony** faces south with a splendid view of Moncton River.

Aspen Building

With a traditional-style décor, this ③**two-bedroom** apartment has a combined living and dining space with a separate ②**kitchen** and large ①**balcony**. All rooms are ②**modern** in design. The apartment is on the second floor, accessible by elevator and stairs, and each tenant is assigned one parking spot.

Macaw Building

Ideally situated close to Welsdale's shopping and entertainment district, this ninth-floor apartment is bright and comfortable. It has ③**two bedrooms**, a ②**modern kitchen**, and a cozy living room, along with a ⑩stunning view of Wharton Bay from its wide ①**balcony**.

36. 正解 C

What is NOT mentioned about the apartments on the Web page?

(A) They have a balcony.
(B) They have modern kitchens.
(C) **They have high ceilings.**
(D) They have two bedrooms.

【ウェブページ】から、(A) ①に記述あり、(B) ②に記述あり、(C) 記述なし、(D) ③に記述あり。NOT 問題なので (C) が正解です。

PREMIERO PROPERTIES — OPEN HOUSE EVENTS

NEW!

⑧We will be holding an open house on February 4 in the Bianca Building in the neighborhood of Greenpoint. There are currently a variety of apartments for sale here, ranging from studios to large five-bedroom units. It is not necessary to make a reservation in advance. All you have to do is show up in the building's lobby between 10:30 A.M. and 2:30 P.M., and one of our agents will show you around. For those who plan to stop by, ④please be aware that the sidewalk along Lombard Avenue will be undergoing repairs during the open house. The front door to the building will therefore be inaccessible. To reach the lobby, use the rear entrance facing the building's parking lot on Gillespie Street. For more information about properties for sale and for rent, visit www.premieroproperties.com.

37. 正解 A

What is suggested about the Bianca Building in the announcement?

(A) Its main entrance is on Lombard Avenue.
(B) Its apartments are all the same size.
(C) Its lobby is undergoing a refurbishment.
(D) Its parking lot is for tenants only.

【お知らせ】④ロンバード通り沿いの歩道が舗装中であること、そのため正面玄関が使えないことが書いてあり、入り口がロンバード通りに面していることがわかます。

From: Greg Crawford
Time: 3:24 P.M., Sunday, ⑥February 4

Hello Ms. Dwyer.

This is Greg Crawford from Premiero Properties. ⑤I'm terribly sorry, but I'm running slightly behind schedule and won't be there at the building for another 15 minutes or so. ⑦Our agency held an open house today at a location in Greenpoint, and I hadn't anticipated that traffic would be this bad between that neighborhood and Welsdale. Again, I apologize for not being able to meet you at 3:30. I hope you will be able to wait so I can show you the apartment, which ⑨I'm sure you'll like — especially its remarkable view from its wide balcony. I hope to see you soon. Greg

38. 正解 B

Why did Mr. Crawford send the text message?

(A) He cannot find a building.
(B) He will be late for a meeting.
(C) He has to cancel an appointment.
(D) He made a mistake on a schedule.

【テキストメッセージ】冒頭⑤予定の時間に到着できず遅れると書いています。

39. 正解 D

Where most likely was Mr. Crawford before he sent the text message?

(A) At the Chalmers Building
(B) At the Aspen Building
(C) At the Macaw Building
(D) **At the Bianca Building**

【テキストメッセージ】⑥日付が 2 月 4 日であること、⑦グリーンポイントで内覧会をしていたことがわかります。
【お知らせ】冒頭⑧ 2 月 4 日のグリーンポイントでの内覧会は Bianca ビルで行われることがわかります。

40. 正解 C

What is stated about the apartment that Ms. Dwyer planned to see?

(A) It is on the eighth floor of a building.
(B) It has a traditional-style décor.
(C) **It has a view of Wharton Bay.**
(D) It is a five-bedroom unit.

【テキストメッセージ】最後⑨ wide balcony からの景色について述べています。
【ウェブページ】Macaw ビルの⑩に a stunning view of Wharton Bay from its wide balcony と記述があります。

文書 1 訳

問題 36–40 は次のウェブページ、お知らせ、テキストメッセージに関するものです。

www.premieroproperties.com/welsdale/apartments/

Premiero 不動産

ウェルスデールの物件

Chalmers ビル

8 階のこちらのお部屋はリフォームされたばかりです。広々としたリビング、2 つの寝室、またモダンなキッチンはすべてのものがそろっています。バルコニーは南向きでモンクトン川に面した最高の景色です。

Aspen ビル

トラッドな装飾のこちらは 2 つの寝室、リビングとダイニングは一体となっており、キッチンは独立型、バルコニーが大きな作りです。お部屋はすべてモダンなデザインです。こちらのお部屋は 2 階のため、エレベーター、階段のどちらも利用できます。各テナント、駐車スペースが 1 台分利用可能です。

Macaw ビル

ウェルスデールの商業地域からほど近い理想的なロケーションのお部屋は 9 階にあり、明るく快適です。寝室 2 部屋、モダンなキッチン、居心地のよいリビングがあるほか、広いバルコニーからはワートン湾の息を飲むような景色をご覧いただけます。

語注 □ spacious 形 広々とした　□ splendid 形 素晴らしい　□ décor 名 装飾
□ ideally 副 理想的に　□ district 名 地区　□ cozy 形 居心地のよい
□ stunning 形 息を飲むような

文書 2 訳

PREMIERO 不動産――内覧会

新着！
グリーンポイントエリアにある Bianca ビルで、2 月 4 日に内覧会を行います。こちらでは現在ワンルームから 5 つの寝室がある大きなお部屋まで、さまざまなお部屋を販売中です。事前のご予約は必要ありません。午前 10 時半～午後 2 時半の間にロビーにお越しいただければ、係の者がご案内いたします。お越しいただく方は、内覧会期間中ロンバード通りの歩道が舗装中となっておりますのでご注意ください。そのため、ビル正面入り口は使用できません。ロビーにお越しの際は、ギレスピー通りの駐車場に面した裏口をご利用ください。分譲、賃貸のお部屋に関して詳しくは www.premieroproperties.com をご覧ください。

語注 □ range 動 連なる、及ぶ　□ studio 名 ワンルームの部屋　□ inaccessible 形 立入禁止の
□ rear 形 後部の

文書 3 訳

送信者：Greg Crawford
時間：2 月 4 日 日曜、午後 3:24
Dwyer 様。
Premiero 不動産の Greg Crawford です。誠に申し訳ございませんが、やや予定に遅れており、ビル到着まであと 15 分くらいかかりそうです。本日、弊社はグリーンポイントで内覧会をしており、そこから ウェルスデールまでの道がこれほど混み合うとは想定しておりませんでした。3 時 30 分に間に合わないこと、あらためてお詫び申し上げます。物件のご案内まで、今しばらくお待ちいただけましたら幸いです。広いバルコニーからの素晴らしい景色のこちらのお部屋、必ずお客様に気に入っていただけると存じます。もうまもなくお目にかかれます。Greg

語注 □ terribly 副 ひどく　□ slightly 副 わずかに　□ anticipate 動 ～を予想する

36. ウェブサイトに載っている部屋について書かれていないことは何ですか。

(A) バルコニーがある。

(B) モダンなキッチンがある。

(C) 高い天井がある。

(D) 寝室が 2 部屋ある。

37. Bianca ビルについてお知らせで何がわかりますか。

(A) 正面入り口がロンバード通りに面している。

(B) 部屋の大きさはすべて同じ。

(C) ロビーが改装中。

(D) 駐車場の利用はテナントに限られている。

38. Crawford さんはなぜテキストメッセージを送りましたか。

(A) ビルが見つけられないため。

(B) 約束に遅れるため。

(C) 予約をキャンセルしなければならないため。

(D) スケジュールを間違えたため。

39. Crawford さんはテキストメッセージを送る前にどこにいたと考えられますか。

(A) Chalmers ビル

(B) Aspen ビル

(C) Macaw ビル

(D) Bianca ビル

40. Dwyer さんが内覧予定の部屋について何が述べられていますか。

(A) ビルの 8 階にある。

(B) トラッドなスタイルの装飾だ。

(C) ワートン湾の景色が見える。

(D) 寝室が 5 部屋ある。

Part 7 まとめ　何度も解くことが効果的な理由

40問もの問題演習、お疲れさまでした。このタイミングで、やはりしていただきたいことは復習です。疲れていたらコーヒーでも飲んで少し休んで、それでもまたペンを持って、もう一度解いてほしいと思います。

こういった案内をすると、必ず出る質問があります。それは「一度解いた問題なので答えを覚えているのですが、いいんですか?」というもの。もちろんOKです。答えを覚えるくらい繰り返して問題を解くことは、たとえばあなたの通学・通勤経路と似ています。

初めて知らない目的地に行くときは「○駅から○線に乗り、○駅で乗り換えた後、○駅で下車。○改札から出る」というように一つ一つのポイントを意識して確認したはずです。が、学校なり職場なりに数回通ううち、それを意識せずとも目的地へ到着していたでしょう。仮にその目的地が隣の駅に変わったとしても、注意すべきは降りる駅と出口程度。初めて乗ったときとは状況はまったく変わっているはずです。

Part 7でも同じようなことが言えます。「メールが送られてきた目的は発送品に不備があったから。そのお詫びと代替品の提案があった。問題の根拠はここに書いてあった」。そういった経験が必ず次に生きてきます。だから、答えを覚えるくらいのやりこみ方でちょうどいいのです。そしてPart 5で紹介したように音読をして、その英文を体に染みこませてください。

さて、そのうえでさらに演習を積みたい方は、公式問題集や『TOEIC® L&Rテスト精選模試リーディング3』(ジャパンタイムズ出版)などの「精選」シリーズに挑戦し、学習したことが初見の問題で対応できるかどうか試してみてください。とくに精選シリーズは学習者の弱点を突く問題が多く入っていますので、力試しにもってこいです。

ゼロからのTOEIC® L&R テスト リーディング講義

Part 5 基本問題 解答用紙

Section 1

No.	ANSWER A	B	C	D
1	Ⓐ	Ⓑ	Ⓒ	Ⓓ
2	Ⓐ	Ⓑ	Ⓒ	Ⓓ
3	Ⓐ	Ⓑ	Ⓒ	Ⓓ
4	Ⓐ	Ⓑ	Ⓒ	Ⓓ
5	Ⓐ	Ⓑ	Ⓒ	Ⓓ
6	Ⓐ	Ⓑ	Ⓒ	Ⓓ
7	Ⓐ	Ⓑ	Ⓒ	Ⓓ
8	Ⓐ	Ⓑ	Ⓒ	Ⓓ
9	Ⓐ	Ⓑ	Ⓒ	Ⓓ
10	Ⓐ	Ⓑ	Ⓒ	Ⓓ

Section 2

No.	ANSWER A	B	C	D
1	Ⓐ	Ⓑ	Ⓒ	Ⓓ
2	Ⓐ	Ⓑ	Ⓒ	Ⓓ
3	Ⓐ	Ⓑ	Ⓒ	Ⓓ
4	Ⓐ	Ⓑ	Ⓒ	Ⓓ
5	Ⓐ	Ⓑ	Ⓒ	Ⓓ
6	Ⓐ	Ⓑ	Ⓒ	Ⓓ
7	Ⓐ	Ⓑ	Ⓒ	Ⓓ
8	Ⓐ	Ⓑ	Ⓒ	Ⓓ
9	Ⓐ	Ⓑ	Ⓒ	Ⓓ
10	Ⓐ	Ⓑ	Ⓒ	Ⓓ

Section 3

No.	ANSWER A	B	C	D
1	Ⓐ	Ⓑ	Ⓒ	Ⓓ
2	Ⓐ	Ⓑ	Ⓒ	Ⓓ
3	Ⓐ	Ⓑ	Ⓒ	Ⓓ
4	Ⓐ	Ⓑ	Ⓒ	Ⓓ
5	Ⓐ	Ⓑ	Ⓒ	Ⓓ
6	Ⓐ	Ⓑ	Ⓒ	Ⓓ
7	Ⓐ	Ⓑ	Ⓒ	Ⓓ
8	Ⓐ	Ⓑ	Ⓒ	Ⓓ
9	Ⓐ	Ⓑ	Ⓒ	Ⓓ
10	Ⓐ	Ⓑ	Ⓒ	Ⓓ

Section 4

No.	ANSWER A	B	C	D
1	Ⓐ	Ⓑ	Ⓒ	Ⓓ
2	Ⓐ	Ⓑ	Ⓒ	Ⓓ
3	Ⓐ	Ⓑ	Ⓒ	Ⓓ
4	Ⓐ	Ⓑ	Ⓒ	Ⓓ
5	Ⓐ	Ⓑ	Ⓒ	Ⓓ
6	Ⓐ	Ⓑ	Ⓒ	Ⓓ
7	Ⓐ	Ⓑ	Ⓒ	Ⓓ
8	Ⓐ	Ⓑ	Ⓒ	Ⓓ
9	Ⓐ	Ⓑ	Ⓒ	Ⓓ
10	Ⓐ	Ⓑ	Ⓒ	Ⓓ

Section 5

No.	ANSWER A	B	C	D
1	Ⓐ	Ⓑ	Ⓒ	Ⓓ
2	Ⓐ	Ⓑ	Ⓒ	Ⓓ
3	Ⓐ	Ⓑ	Ⓒ	Ⓓ
4	Ⓐ	Ⓑ	Ⓒ	Ⓓ
5	Ⓐ	Ⓑ	Ⓒ	Ⓓ
6	Ⓐ	Ⓑ	Ⓒ	Ⓓ
7	Ⓐ	Ⓑ	Ⓒ	Ⓓ
8	Ⓐ	Ⓑ	Ⓒ	Ⓓ
9	Ⓐ	Ⓑ	Ⓒ	Ⓓ
10	Ⓐ	Ⓑ	Ⓒ	Ⓓ

Section 6

No.	ANSWER A	B	C	D
1	Ⓐ	Ⓑ	Ⓒ	Ⓓ
2	Ⓐ	Ⓑ	Ⓒ	Ⓓ
3	Ⓐ	Ⓑ	Ⓒ	Ⓓ
4	Ⓐ	Ⓑ	Ⓒ	Ⓓ
5	Ⓐ	Ⓑ	Ⓒ	Ⓓ
6	Ⓐ	Ⓑ	Ⓒ	Ⓓ
7	Ⓐ	Ⓑ	Ⓒ	Ⓓ
8	Ⓐ	Ⓑ	Ⓒ	Ⓓ
9	Ⓐ	Ⓑ	Ⓒ	Ⓓ
10	Ⓐ	Ⓑ	Ⓒ	Ⓓ

Section 7

No.	ANSWER A	B	C	D
1	Ⓐ	Ⓑ	Ⓒ	Ⓓ
2	Ⓐ	Ⓑ	Ⓒ	Ⓓ
3	Ⓐ	Ⓑ	Ⓒ	Ⓓ
4	Ⓐ	Ⓑ	Ⓒ	Ⓓ
5	Ⓐ	Ⓑ	Ⓒ	Ⓓ
6	Ⓐ	Ⓑ	Ⓒ	Ⓓ
7	Ⓐ	Ⓑ	Ⓒ	Ⓓ
8	Ⓐ	Ⓑ	Ⓒ	Ⓓ
9	Ⓐ	Ⓑ	Ⓒ	Ⓓ
10	Ⓐ	Ⓑ	Ⓒ	Ⓓ

＊ BOOK CLUB（https://bookclub.japantimes.co.jp/book/b590008.html）からもダウンロードできます。

ゼロからのTOEIC® L&R テスト リーディング講義

Part 5 実践問題 解答用紙

Section 1

No.	ANSWER			
	A	B	C	D
1	Ⓐ	Ⓑ	Ⓒ	Ⓓ
2	Ⓐ	Ⓑ	Ⓒ	Ⓓ
3	Ⓐ	Ⓑ	Ⓒ	Ⓓ
4	Ⓐ	Ⓑ	Ⓒ	Ⓓ
5	Ⓐ	Ⓑ	Ⓒ	Ⓓ
6	Ⓐ	Ⓑ	Ⓒ	Ⓓ
7	Ⓐ	Ⓑ	Ⓒ	Ⓓ
8	Ⓐ	Ⓑ	Ⓒ	Ⓓ
9	Ⓐ	Ⓑ	Ⓒ	Ⓓ
10	Ⓐ	Ⓑ	Ⓒ	Ⓓ

Section 2

No.	ANSWER			
	A	B	C	D
1	Ⓐ	Ⓑ	Ⓒ	Ⓓ
2	Ⓐ	Ⓑ	Ⓒ	Ⓓ
3	Ⓐ	Ⓑ	Ⓒ	Ⓓ
4	Ⓐ	Ⓑ	Ⓒ	Ⓓ
5	Ⓐ	Ⓑ	Ⓒ	Ⓓ
6	Ⓐ	Ⓑ	Ⓒ	Ⓓ
7	Ⓐ	Ⓑ	Ⓒ	Ⓓ
8	Ⓐ	Ⓑ	Ⓒ	Ⓓ
9	Ⓐ	Ⓑ	Ⓒ	Ⓓ
10	Ⓐ	Ⓑ	Ⓒ	Ⓓ

Section 3

No.	ANSWER			
	A	B	C	D
1	Ⓐ	Ⓑ	Ⓒ	Ⓓ
2	Ⓐ	Ⓑ	Ⓒ	Ⓓ
3	Ⓐ	Ⓑ	Ⓒ	Ⓓ
4	Ⓐ	Ⓑ	Ⓒ	Ⓓ
5	Ⓐ	Ⓑ	Ⓒ	Ⓓ
6	Ⓐ	Ⓑ	Ⓒ	Ⓓ
7	Ⓐ	Ⓑ	Ⓒ	Ⓓ
8	Ⓐ	Ⓑ	Ⓒ	Ⓓ
9	Ⓐ	Ⓑ	Ⓒ	Ⓓ
10	Ⓐ	Ⓑ	Ⓒ	Ⓓ

Section 4

No.	ANSWER			
	A	B	C	D
1	Ⓐ	Ⓑ	Ⓒ	Ⓓ
2	Ⓐ	Ⓑ	Ⓒ	Ⓓ
3	Ⓐ	Ⓑ	Ⓒ	Ⓓ
4	Ⓐ	Ⓑ	Ⓒ	Ⓓ
5	Ⓐ	Ⓑ	Ⓒ	Ⓓ
6	Ⓐ	Ⓑ	Ⓒ	Ⓓ
7	Ⓐ	Ⓑ	Ⓒ	Ⓓ
8	Ⓐ	Ⓑ	Ⓒ	Ⓓ
9	Ⓐ	Ⓑ	Ⓒ	Ⓓ
10	Ⓐ	Ⓑ	Ⓒ	Ⓓ

Section 5

No.	ANSWER			
	A	B	C	D
1	Ⓐ	Ⓑ	Ⓒ	Ⓓ
2	Ⓐ	Ⓑ	Ⓒ	Ⓓ
3	Ⓐ	Ⓑ	Ⓒ	Ⓓ
4	Ⓐ	Ⓑ	Ⓒ	Ⓓ
5	Ⓐ	Ⓑ	Ⓒ	Ⓓ
6	Ⓐ	Ⓑ	Ⓒ	Ⓓ
7	Ⓐ	Ⓑ	Ⓒ	Ⓓ
8	Ⓐ	Ⓑ	Ⓒ	Ⓓ
9	Ⓐ	Ⓑ	Ⓒ	Ⓓ
10	Ⓐ	Ⓑ	Ⓒ	Ⓓ

Section 6

No.	ANSWER			
	A	B	C	D
1	Ⓐ	Ⓑ	Ⓒ	Ⓓ
2	Ⓐ	Ⓑ	Ⓒ	Ⓓ
3	Ⓐ	Ⓑ	Ⓒ	Ⓓ
4	Ⓐ	Ⓑ	Ⓒ	Ⓓ
5	Ⓐ	Ⓑ	Ⓒ	Ⓓ
6	Ⓐ	Ⓑ	Ⓒ	Ⓓ
7	Ⓐ	Ⓑ	Ⓒ	Ⓓ
8	Ⓐ	Ⓑ	Ⓒ	Ⓓ
9	Ⓐ	Ⓑ	Ⓒ	Ⓓ
10	Ⓐ	Ⓑ	Ⓒ	Ⓓ

Section 7

No.	ANSWER			
	A	B	C	D
1	Ⓐ	Ⓑ	Ⓒ	Ⓓ
2	Ⓐ	Ⓑ	Ⓒ	Ⓓ
3	Ⓐ	Ⓑ	Ⓒ	Ⓓ
4	Ⓐ	Ⓑ	Ⓒ	Ⓓ
5	Ⓐ	Ⓑ	Ⓒ	Ⓓ
6	Ⓐ	Ⓑ	Ⓒ	Ⓓ
7	Ⓐ	Ⓑ	Ⓒ	Ⓓ
8	Ⓐ	Ⓑ	Ⓒ	Ⓓ
9	Ⓐ	Ⓑ	Ⓒ	Ⓓ
10	Ⓐ	Ⓑ	Ⓒ	Ⓓ

＊ BOOK CLUB（https://bookclub.japantimes.co.jp/book/b590008.html）からもダウンロードできます。

ゼロからのTOEIC® L&R テスト リーディング講義

Part 6 解答用紙

	Section 1					Section 2					Section 3					Section 4				
	No.	ANSWER				No.	ANSWER				No.	ANSWER				No.	ANSWER			
		A	B	C	D		A	B	C	D		A	B	C	D		A	B	C	D
基本問題	1	Ⓐ	Ⓑ	Ⓒ	Ⓓ	1	Ⓐ	Ⓑ	Ⓒ	Ⓓ	1	Ⓐ	Ⓑ	Ⓒ	Ⓓ	1	Ⓐ	Ⓑ	Ⓒ	Ⓓ
	2	Ⓐ	Ⓑ	Ⓒ	Ⓓ	2	Ⓐ	Ⓑ	Ⓒ	Ⓓ	2	Ⓐ	Ⓑ	Ⓒ	Ⓓ	2	Ⓐ	Ⓑ	Ⓒ	Ⓓ
	3	Ⓐ	Ⓑ	Ⓒ	Ⓓ	3	Ⓐ	Ⓑ	Ⓒ	Ⓓ	3	Ⓐ	Ⓑ	Ⓒ	Ⓓ	3	Ⓐ	Ⓑ	Ⓒ	Ⓓ
	4	Ⓐ	Ⓑ	Ⓒ	Ⓓ	4	Ⓐ	Ⓑ	Ⓒ	Ⓓ	4	Ⓐ	Ⓑ	Ⓒ	Ⓓ	4	Ⓐ	Ⓑ	Ⓒ	Ⓓ
実践問題	1	Ⓐ	Ⓑ	Ⓒ	Ⓓ	1	Ⓐ	Ⓑ	Ⓒ	Ⓓ	1	Ⓐ	Ⓑ	Ⓒ	Ⓓ	1	Ⓐ	Ⓑ	Ⓒ	Ⓓ
	2	Ⓐ	Ⓑ	Ⓒ	Ⓓ	2	Ⓐ	Ⓑ	Ⓒ	Ⓓ	2	Ⓐ	Ⓑ	Ⓒ	Ⓓ	2	Ⓐ	Ⓑ	Ⓒ	Ⓓ
	3	Ⓐ	Ⓑ	Ⓒ	Ⓓ	3	Ⓐ	Ⓑ	Ⓒ	Ⓓ	3	Ⓐ	Ⓑ	Ⓒ	Ⓓ	3	Ⓐ	Ⓑ	Ⓒ	Ⓓ
	4	Ⓐ	Ⓑ	Ⓒ	Ⓓ	4	Ⓐ	Ⓑ	Ⓒ	Ⓓ	4	Ⓐ	Ⓑ	Ⓒ	Ⓓ	4	Ⓐ	Ⓑ	Ⓒ	Ⓓ

	Section 5				
	No.	ANSWER			
		A	B	C	D
基本問題	1	Ⓐ	Ⓑ	Ⓒ	Ⓓ
	2	Ⓐ	Ⓑ	Ⓒ	Ⓓ
実践問題	1	Ⓐ	Ⓑ	Ⓒ	Ⓓ

Section 6									
No.	ANSWER				No.	ANSWER			
	A	B	C	D		A	B	C	D
1	Ⓐ	Ⓑ	Ⓒ	Ⓓ	9	Ⓐ	Ⓑ	Ⓒ	Ⓓ
2	Ⓐ	Ⓑ	Ⓒ	Ⓓ	10	Ⓐ	Ⓑ	Ⓒ	Ⓓ
3	Ⓐ	Ⓑ	Ⓒ	Ⓓ	11	Ⓐ	Ⓑ	Ⓒ	Ⓓ
4	Ⓐ	Ⓑ	Ⓒ	Ⓓ	12	Ⓐ	Ⓑ	Ⓒ	Ⓓ
5	Ⓐ	Ⓑ	Ⓒ	Ⓓ	13	Ⓐ	Ⓑ	Ⓒ	Ⓓ
6	Ⓐ	Ⓑ	Ⓒ	Ⓓ	14	Ⓐ	Ⓑ	Ⓒ	Ⓓ
7	Ⓐ	Ⓑ	Ⓒ	Ⓓ	15	Ⓐ	Ⓑ	Ⓒ	Ⓓ
8	Ⓐ	Ⓑ	Ⓒ	Ⓓ	16	Ⓐ	Ⓑ	Ⓒ	Ⓓ

＊ BOOK CLUB（https://bookclub.japantimes.co.jp/book/b590008.html）からもダウンロードできます。

ゼロからのTOEIC® L&R テスト リーディング講義

Part 7 解答用紙

シングルパッセージ										マルチパッセージ									
No.	ANSWER				No.	ANSWER				No.	ANSWER				No.	ANSWER			
	A	B	C	D		A	B	C	D		A	B	C	D		A	B	C	D
1	Ⓐ	Ⓑ	Ⓒ	Ⓓ	11	Ⓐ	Ⓑ	Ⓒ	Ⓓ	21	Ⓐ	Ⓑ	Ⓒ	Ⓓ	31	Ⓐ	Ⓑ	Ⓒ	Ⓓ
2	Ⓐ	Ⓑ	Ⓒ	Ⓓ	12	Ⓐ	Ⓑ	Ⓒ	Ⓓ	22	Ⓐ	Ⓑ	Ⓒ	Ⓓ	32	Ⓐ	Ⓑ	Ⓒ	Ⓓ
3	Ⓐ	Ⓑ	Ⓒ	Ⓓ	13	Ⓐ	Ⓑ	Ⓒ	Ⓓ	23	Ⓐ	Ⓑ	Ⓒ	Ⓓ	33	Ⓐ	Ⓑ	Ⓒ	Ⓓ
4	Ⓐ	Ⓑ	Ⓒ	Ⓓ	14	Ⓐ	Ⓑ	Ⓒ	Ⓓ	24	Ⓐ	Ⓑ	Ⓒ	Ⓓ	34	Ⓐ	Ⓑ	Ⓒ	Ⓓ
5	Ⓐ	Ⓑ	Ⓒ	Ⓓ	15	Ⓐ	Ⓑ	Ⓒ	Ⓓ	25	Ⓐ	Ⓑ	Ⓒ	Ⓓ	35	Ⓐ	Ⓑ	Ⓒ	Ⓓ
6	Ⓐ	Ⓑ	Ⓒ	Ⓓ	16	Ⓐ	Ⓑ	Ⓒ	Ⓓ	26	Ⓐ	Ⓑ	Ⓒ	Ⓓ	36	Ⓐ	Ⓑ	Ⓒ	Ⓓ
7	Ⓐ	Ⓑ	Ⓒ	Ⓓ	17	Ⓐ	Ⓑ	Ⓒ	Ⓓ	27	Ⓐ	Ⓑ	Ⓒ	Ⓓ	37	Ⓐ	Ⓑ	Ⓒ	Ⓓ
8	Ⓐ	Ⓑ	Ⓒ	Ⓓ	18	Ⓐ	Ⓑ	Ⓒ	Ⓓ	28	Ⓐ	Ⓑ	Ⓒ	Ⓓ	38	Ⓐ	Ⓑ	Ⓒ	Ⓓ
9	Ⓐ	Ⓑ	Ⓒ	Ⓓ	19	Ⓐ	Ⓑ	Ⓒ	Ⓓ	29	Ⓐ	Ⓑ	Ⓒ	Ⓓ	39	Ⓐ	Ⓑ	Ⓒ	Ⓓ
10	Ⓐ	Ⓑ	Ⓒ	Ⓓ	20	Ⓐ	Ⓑ	Ⓒ	Ⓓ	30	Ⓐ	Ⓑ	Ⓒ	Ⓓ	40	Ⓐ	Ⓑ	Ⓒ	Ⓓ

＊ BOOK CLUB（https://bookclub.japantimes.co.jp/book/b590008.html）からもダウンロードできます。

終わりに

私の父は、その会社員人生の数年を海外で過ごしました。だからなのか、休日は意識して幼い私と遊ぶ時間を取っていたように思います。そして、身内の欲目とは感じつつ、いろいろなことを教えるのがうまかったような気がします。

たとえば自転車に乗る練習では多くを語らず、後ろで私の乗る不安定な自転車を支えるだけでした。補助輪を両方につけ、片方だけ外し、いよいよ両方を外す段階になっても、「さっきと一緒。前を見て漕ぐだけ。そうそう、その調子」と言うだけ。私が転んでも「いい感じ、その調子」と意に介しません。たぶん父は「足がここに来たら体重をかけて、その時反対の足はここに乗せて」と口で説明するより、「自転車に乗れた」という成功体験を積ませればよい、と思っていたのでしょう。ほどなくして私は自転車に乗れるようになり、転ぶこともなくなりました。

あれから時がたって、幼稚園に通う私の息子が真新しい自転車にまたがっています。私はあのときの父と同じように、ただ後ろで支えながら「いい感じ、その調子」と声をかけるつもりでいました。しかし、勢いよくペダルを踏み込んだ息子は、まったく転ぶ素振りを見せずにすいすいと自転車を操っています。私は普段感じている以上に自分が必要のない人間に思え、加えて驚きとうれしさの混ざった複雑な気持ちで息子の「ヤッホーイ！」を聞いていたのです。

私の出番がなくなった原因はきっと「STRIDER」です。祖父となった父が孫に買い与えたこの小さな乗り物で、息子は知らず知らずのうちにバランスと自転車に乗れる感覚を身につけていたのでしょう。

本書には息子に言えなかった「いい感じ、その調子」を込めました。「STRIDER」のごとく、知らず知らずのうちに問題が解ける一助となれば、これほどうれしいことはありません。

本書はともに学ぶ学生たちと、応援してくれる家族、いつも勇気づけてくれる友人の上野仁寛君と、丁寧な仕事で支えてくださったThe Japan Times出版の皆さまのおかげで形となりました。深くお礼申し上げます。

和久健司（わく けんじ）

1980年生まれ。東京都出身。小学6年生のときに英語がまったく話せない状態でアメリカ・オレゴン州にて1カ月間ホームステイを体験。大学時代はバックパッカーとして世界各地を放浪。早稲田大学第一文学部文芸専修卒業後、サラリーマン、オーストラリア移住、旅行雑誌編集などを経て、現在、帝京平成大学助教・神田外語学院非常勤講師。著書に『ゼロからのTOEIC® L&Rテスト600点 全パート講義』、共著に『Develop Four Skills through English News』(三修社)。

ゼロからの
TOEIC® L&R テスト
リーディング講義

2021年9月20日　初版発行

著　者　和久健司

発行者　伊藤秀樹
発行所　株式会社ジャパンタイムズ出版
〒102-0082 東京都千代田区一番町 2-2
一番町第二TGビル2F
電話　050-3646-9500（出版営業部）
ウェブサイト　https://jtpublishing.co.jp/
印刷所　日経印刷株式会社

・本書の内容に関するお問い合わせは、上記ウェブサイトまたは郵便でお受けいたします。
・万一、乱丁落丁のある場合は、送料当社負担でお取りかえいたします。ジャパンタイムズ出版・出版営業部あてにお送りください。

定価はカバーに表示してあります。
Printed in Japan　ISBN978-4-7890-1794-7

本書のご感想をお寄せください。
https://jtpublishing.co.jp/contact/comment/